DA INDEPENDÊNCIA A LULA E BOLSONARO

BOLÍVAR LAMOUNIER

DA INDEPENDÊNCIA A LULA E BOLSONARO

Dois séculos de política brasileira

2ª edição revista e ampliada

FGV EDITORA

Direitos desta edição reservados à
FGV EDITORA
Rua Jornalista Orlando Dantas, 9
22231-010 | Rio de Janeiro, RJ | Brasil
Tel.: (21) 3799-4427
editora@fgv.br | pedidoseditora@fgv.br
www.fgv.br/editora

Impresso no Brasil | *Printed in Brazil*

1ª edição – 2005 (São Paulo: Augurium)
2ª edição – 2021

Preparação de originais: Sandra Frank
Editoração eletrônica: Abreu's System
Revisão: Adriana Alves | Fatima Caroni
Capa: Estúdio 513

Dados Internacionais de Catalogação na Publicação (CIP)
Ficha catalográfica elaborada pela Biblioteca Mario Henrique Simonsen/FGV

Lamounier, Bolívar, 1943-
Da Independência a Lula e Bolsonaro : dois séculos de política brasileira / Bolívar Lamounier. – 2. ed. rev. e ampl. – Rio de Janeiro : FGV Editora, 2021.
268 p.

Inclui bibliografia.
ISBN: 978-65-5652-078-0

1. Brasil – Política e governo – História. 2. Democracia – Brasil. 3. Brasil – Política e governo. I. Fundação Getulio Vargas. II. Título.

CDD – 320.981

Elaborada por Rafaela Ramos de Moraes – CRB-7/6625

Para Maria Eugênia Roxo Nobre e Maria Teresa Sadek.

In memoriam:
Para meu inesquecível amigo Leôncio Martins Rodrigues (1934-2021)

Bonum certamen certavi, cursum consummavi, fidem servavi.

São Paulo, apóstolo.

Sumário

Prefácio à 2ª edição

A primeira edição deste livro esgotou-se num breve período. Esse resultado estimulou-me a reeditá-lo, levando em conta algumas reflexões que passo a expor.

O ambiente político brasileiro de 2020 é totalmente diferente do que prevalecia em 2005, quando redigi a primeira edição. A partir de 2015, ao detectar o esquema de corrupção que se instalara na Petrobras, a Operação Lava Jato estabeleceu um divisor de águas na história judiciária brasileira. O governo Dilma Rousseff deixou uma herança amarga tanto na economia quanto no tocante ao *impeachment* e suas sequelas. Esses dois fatos conferiram à eleição presidencial de 2018 uma lógica de aguda radicalização, contrapondo o bolsonarismo à precedente experiência petista e esmagando o centro do espectro partidário. Às dificuldades decorrentes da radicalização veio somar-se a eclosão mundial da Covid-19, a partir de janeiro de 2020, que nos colheu em cheio, agravando a situação econômica e provocando muitas dezenas de milhares de mortes.

A indagação que tomei como fio condutor é se o sistema político brasileiro é capaz de produzir um empuxo forte o suficiente para impulsionar o crescimento econômico e nos levar a níveis aceitáveis de bem-estar antes que tendências desagregadoras inviabilizem por completo esse ideal.

Devido ao exposto no parágrafo anterior, resisti à tentação de me estender sobre os governos Lula, Dilma e Temer, limitando-me às atualizações indispensáveis e a algumas alterações de forma. Concentrei meu esforço no capítulo 8, repensando em profundidade a questão da reforma política, e no capítulo 9, fazendo o devido registro sobre o preocupante retrocesso que a democracia vem sofrendo em quase todo o mundo.

Do ponto de vista teórico, mantive o ponto central da primeira edição, qual seja, o de que a historiografia política brasileira só agora começa a superar o economicismo dogmático que a caracterizou desde os anos 1950. A partir da Segunda Guerra Mundial, numerosos autores e praticamente todo o meio universitário puseram em relevo os efeitos da colonização portuguesa e nossas relações de dependência econômica em relação à Inglaterra e aos Estados Unidos, mas poucos deram a devida atenção à construção institucional da democracia representativa, cujo início remonta à Independência e à Constituição de 1824. Esta segunda edição, revista e atualizada, é, portanto, uma tentativa de sustentar a reorientação iniciada na primeira.

São Paulo, 21 de agosto de 2020
Bolívar Lamounier

Prefácio à 1ª edição

Neste livro, reuni análises e reflexões que fiz ao longo dos últimos 30 anos, na expectativa de que possam contribuir para um reexame da história política brasileira.

O reexame a que me refiro haverá de ressaltar a dimensão política e a paulatina conformação de nossas instituições democráticas. No Brasil, o sistema representativo foi questionado, desde seus primórdios, no século 19, por políticos, intelectuais e jornalistas, que o viam como uma superestrutura importada, ideia fora de lugar. Na primeira metade do século 20, a hostilidade latente nessas antigas imagens ganhou contornos mais definidos devido à propagação do protofascismo (mescla de positivismo, nacionalismo e endeusamento do Estado) e do marxismo. Tais ideologias exerceram forte influência sobre os historiadores e cientistas sociais, moldando uma visão histórica reducionista, avessa a uma concepção do sistema político como uma esfera diferenciada e relativamente autônoma.

Há 30 anos, o regime instaurado pelo golpe militar de 1964 parecia um monólito invulnerável. Encarnava as Forças Armadas como instituição e contava com expressivo apoio na sociedade, graças sobretudo ao acelerado crescimento da economia. Para a maioria dos cientistas sociais, o retorno ao regime civil e democrático era uma hipótese remota — pessimismo continuamente alimentado, não nos esqueçamos, pelo ambiente repressivo então reinante. Diante de tal quadro, esforcei-me por difundir uma ciência política mais consciente de seu objeto e uma visão da democracia como um arcabouço construído, obra de um *crafting* institucional deliberado. As eleições de 1974 me convenceram de que a engrenagem eleitoral, mesmo sob as condições negativas daquele período, seria provavelmente a mola propulsora de uma distensão que cedo ou tarde haveria de ultrapassar os limites admitidos pelos estrategistas do sistema de poder dominante. Essa convicção devia-se também à ambivalência daquele regime: uma ditadura que ciosamente evitara um rompimento formal e definitivo com as fontes constitucionais da legitimidade democrática e com a tradição liberal brasileira.

Hoje, decorridas duas décadas do restabelecimento do poder civil, é necessário reconhecer que nossos esforços para construir a democracia produziram resultados desiguais, se não contraditórios. Organizamos razoavelmente bem a esfera específica do voto, mas não a dos partidos, do Legislativo, do sistema de governo e da Federação. Nestes e noutros aspectos, imperfeições institucionais remanescentes comprometem o funcionamento de nosso sistema democrático-representativo, ainda muito vulnerável à corrupção, à descrença popular e ao potencial de disrupção representado pelas desigualdades sociais e pela criminalidade.

Alguns dos textos aqui reunidos foram escritos e publicados há algum tempo. Fiz as atualizações indispensáveis e revisei-lhes a forma, mas não o conteúdo. Alterações de maior profundidade, como já se notou, foram feitas nos capítulos 8 e 9, referentes à reforma política e à atual situação internacional da democracia. Tendo em vista o rápido crescimento da literatura especializada, dispensei-me de fazer uma atualização bibliográfica rigorosa, limitando-me a indicar, entre os títulos recentes, os que me pareceram diretamente pertinentes aos objetivos do livro.

Agradecimentos (1ª edição)

Quero consignar um especial agradecimento às seguintes instituições, que generosamente me permitiram reaproveitar trabalhos precedentemente publicados:

- Editora da Fundação Getulio Vargas, na pessoa da dra. Alzira Abreu, pelo texto "E no entanto se move: formação e evolução do Estado democrático no Brasil, 1930-1994", incluído na obra coletiva *50 anos da Fundação Getulio Vargas*, de 1995.
- Fundação Konrad-Adenauer, na pessoa do dr. Wilhelm Hofmeister, por trechos de *A democracia brasileira no limiar do século 21*, de 1996.
- Fundação Casa de Rui Barbosa, na pessoa de seu presidente, dr. José Almino de Alencar, por trechos de *Rui Barbosa e a construção institucional da democracia brasileira*, de 1999.

Devo agradecimentos, também muito especiais, a Antônio Octávio Cintra, Antônio Paim e Edmar Bacha, por me haverem instado a produzir este livro, e a diversos outros amigos pelo estímulo e pela ajuda em diferentes etapas da empreitada: Amaury de Souza, Ana Luíza Backes, Carlos Pio, Eliane Cruxen, Geraldo Forbes, João Bosco Bezerra Bonfim, Leôncio Martins Rodrigues, Maria Teresa Sadek, Mário Brockman Machado, Mário Miranda Filho, Pérsio Arida e Simon Schwartzman. Sou igualmente grato a Elzira Arantes, por sua valiosa contribuição na finalização do texto; a Vera Galli, pela cuidadosa produção gráfica; e a Alessandra de Angelis e Daniel

Rodrigues Alves dos Santos, pelo apoio administrativo e logístico. Naturalmente, os erros e imprecisões que o livro possa ainda conter são de minha exclusiva responsabilidade.

São Paulo, 12 de julho de 2005

Introdução
Formação da democracia brasileira: discurso, teoria, história

O estudioso da história política brasileira tem às vezes a impressão de viver entre discípulos de Pírron de Élis, o filósofo grego (365-275 a.C.) que pretendeu transformar o ceticismo em método e o pessimismo em doutrina. Realmente, na literatura histórica, no debate jornalístico e mesmo em obras de ficção ou no anedotário, defrontamo-nos a toda hora com um sentimento de descrença que impressiona por sua ubiquidade e pela constância de seu objeto. O alvo por excelência da descrença nacional sempre foram os mecanismos de representação política: eleições, partidos e Legislativo. Desde seus primórdios, no século 19, a democracia representativa foi questionada por políticos, intelectuais e jornalistas, que a viam como uma superestrutura importada, ideia fora de lugar, fruto do idealismo utópico da elite dirigente ou, pior que isso, cínico instrumento de dominação a serviço da classe latifundiária. Sutil e moderado em Machado de Assis e Sérgio Buarque de Holanda, caudaloso e violento em João Francisco Lisboa, Oliveira Vianna e tantos outros, o discurso pirrônico permeia ainda hoje tanto a linguagem intelectual quanto a popular, podendo sem dúvida ser considerado um dos traços mais importantes de nossa cultura política.

É bem verdade que o pirronismo começou a se abrandar no último quartel do século 20, sob a influência do processo de redemocratização (1974-1985). O regime militar implantado em 1964 manipulou de várias formas o processo eleitoral, mas não o suprimiu por completo; preservado como espaço de disputa, ele se converteu em importante arma na luta pela redemocratização, em particular a partir de 1974. Em 1981, ocorreu-me registrar que a velha descrença brasileira tenderia a se suavizar, em consequência da abertura política:

"Diante desses fatos, tinha de atenuar-se, como de fato vem se atenuando, a visão tradicional segundo a qual nosso regime representativo seria mera farsa de país colonial" (Lamounier, 1981:12).

Em 1984, na campanha das Diretas Já, milhões de brasileiros foram às ruas para exigir o restabelecimento de eleições diretas para a presidência da República. Embora sem atingir seu objetivo precípuo, esse movimento contribuiu de forma notável para valorizar, aos olhos do cidadão comum, o papel do voto e a arena eleitoral. Em 1989, a primeira eleição direta para presidente da República, após um intervalo de 29 anos, foi acolhida com exagerado entusiasmo, como se equivalesse ao imediato equacionamento dos problemas do país. Igualmente forte no sentido de semear otimismo seria o inédito recurso ao *impeachment* movido contra o presidente Fernando Collor de Mello em 1992, e seu ordeiro processamento. Novo estímulo ao ego nacional, este de origem externa, viria no ano 2000: o imbróglio da eleição de George W. Bush na Flórida que nos propiciou excelente oportunidade de proclamar aos quatro ventos a superioridade de nosso arcabouço eleitoral. Mais que atenuar o pessimismo, essa série de bons acontecimentos levou parte da elite brasileira a um extremo oposto — a um otimismo por vezes panglossiano, à luz do qual nossa história política se transfigurou em notável desfile de sabedoria e virtude cívica.

Raízes culturais e históricas do pirronismo

Como se explica que tal descrença e essa peculiar hostilidade ao sistema representativo tenham perdurado no Brasil por tanto tempo e com tamanha virulência? A indagação já pressupõe que o pessimismo não resulta apenas de deficiências objetivas das instituições ou da sociedade, mas também de percepções ideológicas assimiladas pelas elites e de interpretações teoricamente deficientes. Seu pano de fundo (mundial, não só brasileiro) é um modo de pensar antiliberal e antiparlamentar, fundado em filosofias historicistas e organicistas, que se manifesta na Europa, no começo do século 19, contrapondo-se ao espírito "abstrato" e "ultraindividualista" encarnado pela França iluminista. Lembremo-nos de que os primeiros tempos da democracia coincidem com essa forte rejeição aos excessos da Revolução Francesa e aos ideais do nascente liberalismo. E consideremos, em relação ao Brasil, a importante diferença entre as culturas econômica e política. Nossa cultura econômica é dinâmica e voltada para o futuro, pois tem como foco gerador uma história de sucesso — a industrialização e as transformações estruturais do século 20. Já o foco gerador da cultura política está no século 19 e na primeira metade do século 20, época em que os defeitos da democracia eram palpáveis e suas qualidades eram ainda conjecturas a respeito de um futuro distante.

Nas primeiras décadas do século 20, a aversão à democracia representativa foi reforçada no Brasil por duas potentes ideologias: o protofascismo (mescla de positivismo, nacionalismo e endeusamento do Estado "forte", que se difundiu a partir da Itália e dos países ibéricos) e o marxismo, este sobretudo na versão stalinista da Terceira Internacional.[1] Intrinsecamente antiliberais e antiparlamentares, essas duas ideologias tiveram também um efeito indireto, moldando uma visão histórica reducionista, avessa à análise do sistema político como uma esfera relativamente autônoma. Para o marxismo, as instituições e os regimes políticos podem muito bem ser reduzidos à estrutura de classes; para o protofascismo, a um passado remoto e a complexos culturais supostamente imutáveis, fundados na ordem privada dos clãs patriarcais. Considerando que uma análise detalhada da historiografia associada às ideologias mencionadas fugiria aos objetivos deste livro, sintetizo-a a seguir, contrastando-a à minha proposta de revisão.

Historiografia convencional e proposta de revisão[2]

Na historiografia convencional, a "concepção da política e do Estado" é essencialmente reducionista. As instituições e processos políticos explicam-se diretamente pela "infraestrutura" (dominação de classe, traços socioculturais do senhoriato rural etc.). As mazelas políticas brasileiras seriam decorrência direta da tentativa de implantar instituições representativas numa sociedade pós-colonial e escravista. Minha proposta de revisão é conceber as instituições e práticas políticas como relativamente autônomas, formando um subsistema diferenciado, com uma lógica própria e em contínua modificação mercê de

[1] Ver Gregor (1969:30-92) sobre o protofascismo na Europa e Lamounier (1977) sobre a formação do pensamento autoritário no Brasil.

[2] Descartar o reducionismo endêmico na historiografia obviamente não significa saltar para o extremo oposto, como se o desenvolvimento da democracia nada tivesse a ver com as condições econômicas ou sociais subjacentes. O tema será retomado no capítulo final.

seu funcionamento intrínseco ou por esforços deliberados de *crafting*, ou construção institucional. As mazelas habitualmente apontadas não são uma singularidade brasileira; ocorreram também, em maior ou menor grau, mesmo na Europa e nos Estados Unidos.

Origens I. Efeito condicionante no desenvolvimento político-democrático. Para a historiografia convencional, nossos antecedentes coloniais foram desfavoráveis, "grilhões do passado", devido, *inter alia*, à concentração da propriedade fundiária, à escravidão e à estrutura patrimonialista de governo. Minha proposta também vê tais estruturas e processos como desfavoráveis, mas não como impeditivos. A estrutura agrária e o patrimonialismo não geraram uma elite compacta, imune a divergências e conflitos de interesse.

Origens II. Da Independência (1822) à Revolução Praieira (1848): implantação da monarquia institucional e do regime parlamentarista. Para a historiografia convencional, esse período é uma mera continuidade do sistema colonial sob nova roupagem. A mudança de regime teria sido uma mera cópia de "formas" políticas europeias, que em nada teriam alterado as estruturas de poder nem envolvido riscos relevantes para elas. Para mim, essa foi uma conjuntura problemática, que exigiu uma ampla repactuação. A adoção da monarquia constitucional e, por via de consequência, do princípio representativo foi uma opção consciente, lógica, de fundamental importância para a evolução política brasileira no longo prazo.

Implantação dos partidos e de práticas eleitorais. Tentativas de reforma durante o século 19 e na primeira metade do século 20. Na visão convencional, a transição para o novo sistema teria sido intrinsecamente irreal, um processo que jamais se adensaria ou enriqueceria, fadada a permanecer *ad aeternum* como uma farsa. A esfera pública era e se mantém como mera superestrutura, destituída de vitalidade social. Em contraste com tal visão, considero que a opção pela monarquia constitucional por si só implicava a implantação de um parlamento e uma máquina judiciária, uma opção adequada nas condições da época. A consolidação de tais mecanismos tem sido uma aprendizagem demorada, por tentativa e erro. No século 20, fizemos importantes avanços no tocante à abrangência do sufrágio, à autonomia individual do eleitor e à consolidação de um poder arbitral — a Justiça Eleitoral.

"Decolagem democrática": a partir de que momento a democracia se configura com clareza? Na perspectiva convencional, essa questão carece de sentido, uma vez que não pode haver democracia política onde não há "democracia social" (eliminação da pobreza, redução das desigualdades). Meu entendimento é o

de que nenhuma democracia nasceu em condições de substancial igualdade. A engrenagem democrática tem como patamar mínimo a regularização do jogo eleitoral — eleições limpas e livres —, do qual decorre a incerteza na votação total e a paulatina pacificação dos enfrentamentos.

Da Revolução de 1930 aos dias de hoje. Na ótica convencional, temos uma visão compartimentalizada em períodos, sendo a transição entre eles interpretada nos mesmos termos reducionistas e anti-institucionais delineados anteriormente. Minha proposta é uma visão integrada, acentuando a continuidade histórica e explicando os retrocessos e rupturas. Considero essencial frisar a decantação (para o bem ou para o mal) de estruturas institucionais no transcurso dos sucessivos regimes e conjunturas. Situo o debate sobre reformas políticas no contexto dessas continuidades e descontinuidades.

É claro que existem outras formas de reducionismo, além do marxismo e do protofascismo. Certo reducionismo, uma negação ou uma percepção empobrecedora da esfera política, ocorre com frequência em conexão com o conceito de "construção do Estado". Em ciência política, a literatura em geral utiliza essa expressão para se referir ao Estado apenas como *hardware*, com foco exclusivo na fixação da soberania sobre o território e na implantação dos principais aparelhos burocráticos (administrativos, tributários, policiais, judiciários etc.). Na contramarcha dessa tendência, entendo que uma parte importante do Estado é um *software* que "se forma no ar", isto é, por meio dos "formalismos" e "abstrações" do mecanismo representativo. Em sua rigidez, a historiografia convencional desconsidera que a linha divisória entre as dimensões "burocrática" e "representativa" não é conhecida de antemão nem fixada de uma vez por todas. É uma linha móvel, estabelecida ao longo do tempo, por tentativa e erro ou como consequência dos embates políticos. Na verdade, o que chamamos de "construção do Estado" é a constituição e a estabilização de uma estrutura de autoridade, processo multidimensional e gradativo. Do ponto de vista histórico, a evolução em direção ao moderno estado de direito aumenta a importância relativa do *software* representativo, do qual emana a legitimação, em última instância, de todo o sistema estatal.

Grilhões do passado colonial: a questão do patrimonialismo

Mas, afinal, quão desfavorável para a formação do Estado democrático terá sido a origem colonial do Brasil? Como acreditar que a democracia pudesse ter chances razoáveis em um país moldado, no campo econômico, pela exploração colonial, monocultora e escravista; e, no aspecto político e administrativo, pelo absolutismo e pelo patrimonialismo do Estado português?[3]

A questão do condicionamento pelas origens remonta no mínimo ao estudo de Tocqueville sobre a configuração excepcionalmente favorável que facilitou o advento e o enraizamento da democracia nos Estados Unidos. Sua obra *A democracia na América* é um clássico sobre "origens", ou seja, sobre o efeito condicionante, de uma configuração político-econômica preexistente. Tocqueville ressalta que nos Estados Unidos se evidenciava uma relativa "igualdade de condições" entre pessoas e grupos sociais, tanto no plano da riqueza material quanto no dos valores, além de inexistir o poder burocrático concentrado presente na época em seu país natal, a França. O caráter descentralizado da estrutura originária deveu-se à prévia existência, nos Estados Unidos, de colônias independentes.[4]

Deslocando o foco para a Europa e a Ásia, outros historiadores analisaram padrões opostos de concentração × dispersão originária do poder, com vistas a esclarecer qual desses polos seria mais propício à evolução da democracia. Em termos gerais, tais estudos concluíram que as antigas autocracias (estruturas centralizadas e burocráticas, genericamente designadas "patrimonialistas") seriam inerentemente desfavoráveis à democracia; favoráveis a ela teriam sido os sistemas descentralizados, entre os quais

---

[3] Ao se tratar do passado patrimonialista brasileiro, o nome obrigatório é Raymundo Faoro (1987), mas o debate sobre a questão vem de longe. Ver Duarte (1966); Oliveira Vianna (1951); Buarque de Holanda (1971); Uricoechea (1978); Schwartzman (2015); Lisboa (1984); Nunes Leal (1986); Carvalho (1980, 1988); Pang (1988).

[4] Existe na literatura uma clara bifurcação entre o prisma histórico-evolutivo (diacrônico) aqui delineado e o estudo comparativo (sincrônico) de democracias já constituídas, limitando-se este último ao período posterior a 1945. Nessa segunda perspectiva, baseada em comparações estatísticas entre países, o que se estuda é fundamentalmente a relação entre graus de desenvolvimento econômico e de durabilidade (ou consolidação) das democracias, tendo como moldura um sistema mundial de poder no qual o princípio democrático desempenha papel-chave como critério de legitimação. Meio século atrás, em seu livro *Political man: the social bases of politics*, Seymour M. Lipset (1981) já ressaltava uma correlação positiva: países situados acima de certo nível de renda e bem-estar teriam melhores chances de se tornar democráticos, e assim permanecer, do que os situados abaixo de tal nível. Outros pesquisadores retomaram e atualizaram essa linha de pesquisa, mas não alteraram, no essencial, as conclusões de Lipset. Ver Huntington (1968); Rustow (1970); Dahl (1971); Diamond et al. (1995); Przeworski et al. (2000). Neste livro, meu objetivo é distinto: focalizo a democracia em suas distantes raízes históricas, *in statu nascendi* e antes de existir o referido sistema mundial de poder.

sobressai o feudalismo europeu ocidental, constituído sobre os escombros do império carolíngio.[5]

Referência obrigatória nesse contexto é o historiador alemão Otto Hintze (1861-1940). Num ensaio de 1931, Hintze descreve o moderno Estado representativo como resultado evolutivo do feudalismo europeu ocidental e, de maneira mais específica, dos antigos parlamentos "estamentais" (divididos entre nobreza, clero, povo e agricultores). O absolutismo monárquico dos séculos 17 e 18 pareceria negar essa tese, mas Hintze (1967:145) o vê apenas como uma inflexão exigida pela dilatação territorial dos diferentes reinos, no processo de construção do moderno Estado nacional:

> [...] como fenômeno concomitante das lutas pelas quais se realizou a transição do precedente conglomerado de pequenas formações estatais aos grandes Estados centralizados, o absolutismo [de fato] refreia as constituições estamentais. Trata-se, sem embargo, tão somente de uma situação transitória, devida a terem as constituições estamentais muitas vezes se convertido em obstáculo à [consolidação] de uma formação estatal maior. Logo que se completa a constituição dessa entidade estatal mais ampla, exigida pela necessidade política, vemos ressuscitar, dentro dos grandes Estados centralizados, o princípio representativo, simultaneamente com o despertar de uma consciência política nacional.

O absolutismo causou também o enfraquecimento político dos estamentos. Não a ponto de abolir todos os privilégios que eles antes encarnavam, mas o suficiente para ensejar o aparecimento, na Europa, daquela "igualdade de condições" de que fala Tocqueville: o nascimento da cidadania, a emancipação de indivíduos que, submetidos até então às restrições feudais, passaram a se integrar ao marco jurídico e simbólico do Estado nacional.

---

[5] Refiro-me aqui à dominação patrimonial estudada por Weber e ao "modo asiático de produção" a que se refere Marx (Avineri, 1969), ao "despotismo oriental" de que fala Wittfogel (1957) e aos "impérios burocráticos" estudados por Eisenstadt (1963). Segundo Weber (1978), nos impérios patrimonialistas inexistia distinção clara entre o público e o privado. A sociedade era governada como uma extensão da casa real; os chefes regionais, conquanto poderosos, eram tipicamente sátrapas, delegados do poder central, e não potentados autônomos, como os do feudalismo. A discussão de Weber sobre o patrimonialismo (1978, cap. XIII) é de uma imensa complexidade. Entre as boas exposições concisas, sugiro Parsons (1964, cap. IV), Gerth e Mills (1946, cap. VIII) e Bendix (1962, caps. IX-XIII). Entre as principais aplicações ao caso brasileiro, cabe destacar Faoro (1987), Senna (1995) e Schwartzman (2015).

Quadro 1
Evolução histórica do sistema político brasileiro — 1822-2020

Períodos/ regimes	Estado e governo	Sistema partidário	Relações civis/ militares	Término
Império (1822-1889)	Opção constitucional por um Estado monárquico-representativo. Implantação das instituições eleitorais e judiciais. Governo parlamentar desde 1847.	Indefinido até os anos 1840 e bipartidarismo (Liberal × Conservador) a partir de então. Partidos republicanos surgem nos anos 1870.	Hegemonia civil encarnada pela monarquia e garantida pela Guarda Nacional. A "questão militar" surge a partir da Guerra do Paraguai.	Golpe civil-militar proclama a República (15/11/1889).
Primeira República (1889-1930)	Após Deodoro e Floriano, militares, presidentes civis eleitos por voto direto até 1930. Federação muito descentralizada e precariamente institucionalizada.	Partidos únicos ("republicanos") na maioria dos estados; principal exceção é o Rio Grande do Sul. Níveis muito baixos de participação política e eleitoral.	Presença significativa das Forças Armadas na vida nacional e crescente tensão entre oficiais jovens e políticos tradicionais.	Derrotado para a presidência, Getúlio Vargas chefia movimento revolucionário e toma o poder em outubro de 1930.
Revolução de 1930 (1930-1937)	Getúlio é o chefe do governo provisório até a promulgação da Constituição de 1934 e presidente eleito pelo Congresso daí em diante.	"Protopartidos" numerosos e instáveis; crescente mobilização comunista e "integralista" (fascista).	Exército em processo de consolidação como instituição-chave.	"Autogolpe" de Getúlio, com apoio militar, implanta ditadura.
Estado Novo (1937-1945)	Regime autoritário, economicamente modernizante e politicamente desmobilizador.	Interdição geral. Regime suprime os partidos existentes e suspende processos eleitorais.	Exército identificado com o Estado Novo com base em ideologia nacionalista e doutrina de segurança nacional.	Em 1945, com a derrota militar do fascismo na Europa, cúpula militar força Getúlio a renunciar.
Regime democrático (1945-1964)	Constituição de 1946: democracia liberal e pluralista, com eleição direta de presidentes, Federação e Congresso Nacional com amplas prerrogativas.	Treze partidos, sendo os principais PSD, UDN e PTB. Comunistas são novamente ilegalizados em 1947-1948. Polarização entre getulismo e antigetulismo torna-se crescentemente ideológica.	Múltiplas linhas de colaboração e de conflito entre facções militares e grupos políticos civis.	No dia 31 de março, um golpe militar, com substancial apoio civil e de massas, depõe o presidente João Goulart.

▼

▼

Regime militar (1964-1985)	Presidência da República torna-se um monopólio *de facto* das Forças Armadas, cujas escolhas são apenas ratificadas, até 1985, por um Colégio Eleitoral. Legislativos e Federação severamente debilitados.	Em 1965, o precedente multipartidarismo é substituído por um bipartidarismo compulsório (Arena × MDB). Em 1979, retorno controlado ao multipartidarismo. Comunistas continuam na ilegalidade.	Hegemônicas no controle político, as Forças Armadas dão respaldo a governos "tecnocráticos" e estimulam crescimento econômico acelerado.	Prolongada peleja política e eleitoral fortalece a "frente de oposições" agrupada no MDB, e viabiliza retorno gradual ao governo civil, consumado com a eleição de Tancredo Neves pelo Colégio Eleitoral, em 1985.
Novo regime democrático (1985-)	Eleição direta restabelecida em todos os níveis como princípio constitucional; Federação e Legislativo são revigorados; nova Constituição é promulgada em 1988; reeleição para presidente, governadores e prefeitos de grandes cidades, admitida a partir de 1997.	Multipartidarismo ampliado, inclusive com a legalização dos partidos comunistas. Acentuada fragmentação partidária força presidentes a buscar apoio em coalizões amplas e heterogêneas.	Controle civil formalmente restabelecido; presença pública das Forças Armadas ocorre nos limites fixados pela Constituição de 1988.	–

Fonte: elaborado pelo autor (1995).

É óbvio que o Brasil não se beneficiou dos fatores favoráveis à construção da democracia que se apresentaram aos Estados Unidos, nem da dispersão do poder propiciada ao ocidente europeu pelo feudalismo e pela estrutura estamental, nem de impulsos econômicos abrangentes como as chamadas "revoluções burguesas" europeias. Mas a avaliação de que nossas origens coloniais tenham sido em tudo e por tudo desfavoráveis precisa ser reexaminada e relativizada sob alguns aspectos, a começar pelo patrimonialismo. Não me parece que essa forma de organização tenha se implantado entre nós com a efetividade e a abrangência às vezes sugerida — e que a caracterizaram, sem dúvida, nos antigos impérios egípcio e chinês, por exemplo. Mesmo porque, em nosso caso, a instância última do poder colonial achava-se no além-mar. Não chegarei ao extremo de dizer que o patrimonialismo brasileiro tenha sido uma figura de retórica, mas direi que foi uma engrenagem débil e desconjuntada, com escasso poder de coordenação e de penetração na sociedade, como débil foi de resto todo o domínio colonial português, inepto até para cobrar impostos e combater o contrabando, e certamente incapaz de moldar em profundidade os valores culturais e religiosos de seus súditos ("não existe pecado do lado de baixo do Equador"). Longe de contradizer essa avaliação, penso que a extrema violência repressiva a que o colonialismo português recorreu em diversas ocasiões ilustra e comprova sua insegurança e a consciência de sua própria fragilidade (Lamounier, 2004:258-270).

Destaquemos alguns pontos.

Em primeiro lugar, são assaz desencontradas as avaliações a respeito da abrangência geográfica e temporal do Estado colonial em sua feição centralizada e patrimonialista. Para Faoro (1987), ele remonta no mínimo ao início do século 17; já Francisco Iglésias (1964), Caio Prado Jr. (1961) e outros datam-no do auge da mineração, no século 18; Schwartzman (2015) o vê forte do Rio para cima, no século 19, mas fraco na área cafeeira, plenamente capitalista; Pang (1988) opina que o patrimonialismo se robusteceu durante a monarquia, consolidando-se durante o Segundo Reinado e começando a fazer água por volta de 1870.

Em segundo lugar, destaco o caráter alodial da propriedade fundiária, que permitiu o surgimento de um incipiente mercado de terras, desde o período colonial. Um traço importante do "despotismo oriental", salientado por Marx no caso da Índia e até certo ponto também no da China, é a inexistência de propriedade privada da terra (Avineri, 1969:8). No Brasil, ao contrário, a "sesmaria" tinha caráter privado, praticamente nada impedindo o sesmeiro de dela dispor a seu alvitre (Prado Jr., 1961:11-27; Lamounier, 2004:296-311).

Em terceiro lugar, tendo ou não sido forte na colônia, a dominação patrimonial com certeza se debilitou na virada do século 18 para o 19, em função da crise econômica do sistema colonial (Novais, 1983; Viotti da Costa, 1977). A formidável série de problemas que desafiava a elite dirigente incluía: (1) o conflito entre setores da classe dominante quanto a manter a conexão monopolista com Portugal ou adotar o livre-comércio (na prática, sujeitando-se à Inglaterra); (2) o estado crítico da economia e das finanças do país na época da Independência, quando o ouro já se exaurira e o açúcar perdera competitividade; o governo, virtualmente falido, precisou recorrer a volumosas emissões para financiar despesas correntes; (3) a presença, por vezes agressiva, de uma nascente classe média e, sem dúvida, os numerosos conflitos armados que pipocavam em diferentes regiões.

E um quarto aspecto: com a Independência, o patrimonialismo passa a se enlaçar com o sistema representativo. Por centralizado que fosse, o sistema político do Império encadeava uma "metade" autocrática, centralizante e cooptativa, com outra que implicava uma representatividade embrionária. A primeira tendência prevaleceu cada vez mais, tendo como pedra de toque a formação de uma elite, um mandarinato patrimonial do qual se valeu o Segundo Reinado para subalternizar a representação eletiva até por volta de 1870. A partir de então fica patente a dissociação entre o governo e o país, o Rio de Janeiro e as regiões, a Corte e a vida econômica real, ensejando até o aparecimento de movimentos republicanos. Na verdade, o patrimonialismo brasileiro se enfraqueceu como engrenagem de governo em grande parte devido ao emaranhado de leis, regulamentos e controles necessários para sua consolidação como aparato administrativo.[6]

Portanto, patrimonialismo, sim, mas fraco, compatível com a hipótese de certa dispersão originária do poder, inclusive no seio do senhoriato rural — admitindo, naturalmente, que tal dispersão não teve entre nós força comparável à do feudalismo europeu. Com certeza, tal dispersão não gerou uma tendência à democracia, como ocorreu nos Estados Unidos. Mas foi suficiente para induzir a elite dirigente a uma atitude flexível, como escreveu Euclides da Cunha (1967:218), "adaptada a todas as combinações e surpresas de uma pátria em formação acelerada". Flexível, como eu vinha dizendo, até para aconselhar uma repactuação importante, como condição para reconstituir

[6] Antecipando uma questão a ser tratada no fim do livro, ouso afirmar que o conceito de patrimonialismo na acepção empregada por Raymundo Faoro (1987) está perdendo sua serventia. Nas duas primeiras décadas do século 20, existem claras indicações de que ele está se transformando num monstrengo bifronte, num movimento simultâneo de esgarçamento e de concentração. De um lado, há uma "democratização" perversa: cada vez mais, o velho patrimonialismo de origem portuguesa se desmancha e se reencarna numa infinidade de grupos corporativistas, notadamente no serviço público e nas estatais, cada um aferrado a seus interesses estritos. Do outro, a antiga acepção de núcleos de poder econômico e político mediante favorecimentos — distribuição de patrimônios aos "amigos do rei"— converte-se numa pálida realidade frente à grande concentração desvendada pela Operação Lava Jato na Petrobras, um esquema constituído com o beneplácito do Executivo, mediante o qual meia dúzia de grandes empreiteiros, associados a altos dirigentes do Partido dos Trabalhadores e da burocracia pública, puseram no bolso literalmente todo o sistema partidário. A partir do momento em que uma grande estatal passa a ser controlada por uma complexa teia de superfaturamentos e em que uma empresa mantém um "departamento de operações estruturadas" incumbido de contabilizar a distribuição de propinas a políticos, não é mais de patrimonialismo que estamos falando, mas pura e simplesmente de corrupção.

a estrutura de autoridade, em seus diferentes níveis, na passagem do país de colônia para independente.[7]

Lapidar, nesse sentido, é a síntese de Cintra (1965:62) sobre a estrutura estatal do século 19:

> O esforço centrípeto feito no período imperial não redundava, por certo, num Estado onipresente, permeando todos os setores da sociedade e estendendo seu poder a todo o território [...]. Dadas as condições da época, era natural que o poder privado comandasse extensas áreas das relações sociais e preenchesse os vazios da autoridade pública na imensidão territorial do país.[8]

Quadro 2
Principais rebeliões e conflitos — 1822-1850

Rebeliões e conflitos	Período	Região e caráter
Guerras da Independência	1823-1827	Após o 7 de setembro de 1822, cresceu a hostilidade dos brasileiros contra a preponderância de portugueses nas Forças Armadas e no comércio. Daí terem as lutas pela consolidação da independência ocorrido sobretudo onde a presença lusitana era maior: Bahia, Pará, Maranhão e Cisplatina.
Confederação do Equador	1824-1825	*Pernambuco*. Movimentos de inspiração liberal, republicana e federalista, hostis aos comerciantes portugueses. Liderados por membros da elite regional, contaram com importante apoio popular, inclusive noutras províncias do Nordeste. Em 1825, os principais chefes são detidos e condenados à prisão; frei Caneca é executado.
Abdicação de Pedro I	1831	Enfrentando forte oposição política e, em parte, militar, no Rio de Janeiro, dom Pedro I abdica ao Trono (7 de abril).
Novembrada	1831	*Pernambuco*. Em novembro, outra revolta antiportuguesa, apoiada por políticos republicanos e federalistas, é rapidamente dominada por tropas legalistas.

▼

[7] Nossas elites, afirma Euclides da Cunha (1967:218), eram democráticas "apenas pela carência de uma seleção histórica", ou seja, por não terem se sedimentado como aristocracia, evolução obstada pela pobreza material e pela rarefação cultural da colônia.

[8] Essa passagem chama a atenção para a tese oposta, a do poder privado — inspirada em Duarte (1966) e Pereira de Queiroz (1976), entre outros —, que comporta duas interpretações distintas: (1) havia dissensões importantes no seio da classe senhorial, feudalizando na prática o patrimonialismo oficial; essa interpretação reforça meu argumento de que o patrimonialismo não foi onipotente e não impediu uma dispersão originária do poder; (2) não havia dissensões importantes; aqui se trata da fantasia marxista de uma classe senhorial politicamente compacta, que discutirei na próxima seção. Observe-se que é fácil conciliar a tese do patrimonialismo fraco com a do poder privado, superando a artificial disjuntiva que a esse respeito sempre medrou na historiografia.

▼

Setembrada	1831-1832	No *Maranhão*, revolta nacionalista, antiportuguesa. É sufocada em 1823 por uma força naval.
Movimentos restauradores	1833-1835	Levante da Guarnição de *Ouro Preto*, com apoio em cidades próximas, exige o retorno de dom Pedro I. A 23 de maio, tropas legalistas ocupam Ouro Preto e controlam o movimento. Nos sertões de *Pernambuco* e *Alagoas*, eclode em abril uma nova insurreição restauradora, a "abrilada", com apoio de escravos fugidos, camponeses e índios da região. A luta só termina em 1835, após a morte de dom Pedro I.
Cabanagem	1833-1841	No *Pará*, amplo movimento contra os comerciantes portugueses. De cunho marcadamente popular, chega a proclamar a República em Belém. É reprimido com extrema violência e finalmente controlado por tropas legalistas sob comando do mercenário inglês Grenfell.
Revolução Farroupilha ("Guerra dos Farrapos")	1835-1845	*Rio Grande do Sul*. Organizado por grandes proprietários e políticos liberais, o movimento protesta contra a forte taxação de produtos agropecuários pelo governo central. Em 1836, os rebeldes proclamam a República em Piratini. Em 1845, atacados por tropas brasileiras e uruguaias, os rebeldes se rendem; os oficiais são anistiados e incorporados ao Exército brasileiro, e os escravos são libertados.
Sabinada	1837-1838	*Bahia*. Influenciada pela Farroupilha, a "Sabinada" começou como resistência ao recrutamento de tropas para combater no Rio Grande do Sul. Liderados pelo médico Francisco Sabino da Rocha Vieira, os revoltosos proclamam a República Bahiense. São dominados a 13 de março de 1838, após cinco meses de luta, por tropas legalistas.
Balaiada	1838-1841	Movimento deflagrado no Maranhão no final de 1838, sob a liderança de Manuel dos Anjos Ferreira, conhecido como "Balaio". Protestos contra o controle governista do processo eleitoral recebem apoio de Cosme, um negro liberto que liderava numeroso grupo de escravos fugitivos, se transformam em rebelião sertaneja, com ramificações no Ceará e no Piauí. Acossados por tropas legalistas comandadas por Caxias, 2.500 revoltosos aceitam a anistia oferecida em 1840 por dom Pedro II. Detido, Cosme morre na forca.
Revoluções liberais de Minas Gerais e São Paulo	1842	*São Paulo* e *Minas Gerais*. Revoltas contra o governo do Partido Conservador, ambas derrotadas por Caxias. Em Minas Gerais, a revolta começa em Barbacena e ganha apoio na populosa região centro-leste. Temendo a generalização do movimento para outras províncias, a Corte adotou amplas medidas de repressão, mobilizando tropas do Exército e da Guarda Nacional. O combate final deu-se em Santa Luzia.
Praieira	1848-1849	*Pernambuco*. Movimento armado iniciado por políticos de ambos os partidos, com reivindicações claramente liberais, como o sufrágio universal e a liberdade de imprensa. Durou cinco meses.

Fonte: elaborado pelo autor.

Nevrálgico, no debate brasileiro, é o porquê da opção pelo princípio representativo, com a consequente implantação de mecanismos eleitorais e parlamentares. Cumpre repetir que, de acordo com a avaliação convencional, a superestrutura constitucional do Império era encenação para inglês ver. Mas, ao contrário do que esse estereótipo deixa entrever, penso que as conjunturas da Independência e da Regência foram tensas, com elevado potencial de ruptura. Naquele quadro, a adoção do princípio representativo foi uma opção lógica, à luz de fatores tanto externos quanto internos. Externos, porque a monarquia constitucional era o modelo mais "à mão", dados os vínculos estreitos do Brasil com Portugal e Inglaterra e os riscos da opção pelo modelo republicano, que à época se firmava nos Estados Unidos e começava a ser (mal) praticado na América espanhola. Internos, porque o príncipe, tendo declarado a Independência, precisava reforçar o apoio de que dispunha e, de modo mais amplo, porque a atenuação do absolutismo era um requisito "hobbesiano" para a fundação da nova ordem política.

A problemática hobbesiana é a da instituição pactuada de uma comunidade política. Seu cerne é a reflexão sobre um momento histórico de *ruptura e refundação*, quando o convívio político se apresenta a seus protagonistas como um futuro incerto e perigoso. Hobbes (1972) prescinde de argumentos derivados de possíveis vínculos naturais de colaboração, para pensar a construção do Estado como uma autorização de cada um tendo em vista seu próprio interesse na sobrevivência da coletividade. Como ensina Hanna Pitkin (1964:912), Hobbes propõe um exercício lógico, um "jogo verbal" que alude a uma multiplicidade de "indivíduos separados", com "desejos" que se entrechocam; mas esse jogo se refere ao problema muito real da criação do consenso, ou da pactuação de uma comunidade política, numa situação que pode de fato regredir para a anarquia ou a "guerra de todos contra todos". A referência a "indivíduos" não deve ser entendida como um estreito individualismo. O que importa é a ideia de interesses que se contrapõem, sem vínculos naturais que os amorteçam — portanto, com elevado potencial de conflito. Tais interesses podem ser tanto individuais quanto de grupos, localidades ou regiões.

Com efeito, nos primeiros tempos do Império os líderes políticos se viram a braços com a tarefa de reinstituir uma ordem política — nada mais, nada menos que a efetiva fundação, no Brasil, do Estado nacional. Em abstrato, defrontavam-se com três alternativas: (1) manter o absolutismo e a centralização anteriores à Independência, instituindo uma espécie de ditadura monárquica; (2) constitucionalizar e descentralizar, mas anular na prática os efeitos dessas medidas por meio da distribuição de vantagens e da cooptação, ou seja, do patrimonialismo; (3) praticar de maneira efetiva e transparente o regime representativo, aceitando o grau de descentralização que adviesse dos próprios embates político-eleitorais. A primeira hipótese pressupõe uma capacidade de repressão desmentida pelos próprios acontecimentos, ou seja, pelas numerosas rebeliões do período, em diferentes regiões. A segunda foi adotada, mas só teve êxito no Segundo Reinado, *após* a pacificação e de maneira gradual: no início, o poder central não tinha sequer essa capacidade; como sugere Eul-Soo Pang (1988), a própria administração patrimonialista foi edificada passo a passo. Quanto à terceira, embora tenha sido posta em prática, tampouco poderia surtir os efeitos desejados em curto prazo (inclusive pela incipiência dos procedimentos parlamentares e eleitorais, como veremos nos capítulos 1 e 2; e discuto no capítulo 3 como a evolução nesse sentido seria uma lenta e difícil progressão "aristotélica").

Portanto, ao constatar que a conjuntura envolvia riscos e exigia substancial esforço de construção institucional, os fundadores (dom Pedro I e os principais líderes) optaram, entre os modelos disponíveis, por uma monarquia constitucional. No início, os congressistas liberais tentaram descentralizá-la, com as leis de 1832 e 1834; depois, recuaram para a centralização, mas *em momento algum cogitaram abolir o princípio representativo* (e com isso acolher a ditadura monárquica, primeira das três alternativas apontadas). Na verdade, pode-se ver na Constituição de 1824 e na posterior evolução política do Império um compromisso entre o remanescente absolutismo da monarquia portuguesa e o nascente Estado constitucional e representativo. Este último, do qual a Câmara dos Deputados era o principal protagonista, foi em grande parte subalternizado pelo centralismo patrimonialista, exercido por meio de diversas instituições: o Poder Moderador, encarnado no imperador; o Conselho de Estado, formado por conselheiros livremente nomeados pelo monarca; o Poder Executivo, exercido pelo Gabinete de Ministros, nomeados pelo imperador; o Senado vitalício, também constituído a partir da livre escolha do soberano, com base em listas tríplices integradas por candidatos eleitos pelas províncias.

A questão mais relevante não é a inviabilidade em curto prazo de um regime representativo plenamente configurado, mas sim o fato de ele ter se acoplado dialeticamente à opção centralizante e cooptativa, funcionando como contrapeso e válvula de escape. Tratava-se de implantar, com todas as limitações e imperfeições da época, um processo de representação dotado da generalidade dos mecanismos eleitorais e, por conseguinte, de sua incerteza. Por mais que o controle do eleitorado (com base em relações de subordinação econômica, na fraude ou na violência pura e simples) anulasse os pretendidos atributos de generalidade e incerteza, ainda assim o mecanismo representativo era necessário. Sem ele e, em consequência, sem câmaras eletivas, o poder central ver-se-ia forçado a recorrer a nomeações de forma indiscriminada e a assumir sozinho a responsabilidade pela entrega do controle de localidades e regiões a indivíduos ou facções especificamente designados. Tal delegação de poder, praticada com demasiada frequência, estimularia pequenas guerras civis e frustraria precisamente o objetivo principal: evitar a beligerância generalizada.

A representação como ato de fundação

A opção inicial por um modelo misto, representativo e autocrático, pode ser proveitosamente examinada com base no conceito hobbesiano de representação: autorização a alguém, mediante um procedimento formal preestabelecido, para falar, ou fazer algo, em nome de outrem.[9] Que é este o cerne irredutível de qualquer comunidade política, viu-o claramente Hobbes (1972:134):

> Uma comunidade política pode dizer-se instituída quando um grande número de homens se põem de acordo, e pactuam entre si, que a maioria deles dará a qualquer um deles, ou a uma assembleia dentre eles, o direito de apresentar a pessoa de todos eles, isto é, de ser seu representante; cada um autorizará todas as ações e julgamentos daquele homem, ou daquela assembleia de homens, tal como se fossem ações e julgamentos dele próprio, com o objetivo de viverem em paz entre si, e de cada um se proteger dos demais.

---

[9] Representar, como se sabe, é tornar presente algo ou alguém que não está de fato presente. Mas, como lembra Pitkin (1967), essa ideia comporta múltiplas interpretações. Uma, derivada da filosofia de Hobbes, tem o sentido estrito de "autorização formal"; sugere a imagem de um procurador com poderes para representar seu cliente e até para tomar decisões que deverão ser aceitas como válidas e obrigatórias. Outra (evocativa da tradição liberal, de Madison a Stuart Mill) é a interpretação "descritiva", na qual aquilo ou aquele que representa é tido como miniatura ou amostra do universo representado. Uma terceira, evocativa de Burke, é a representação entendida como comportamento — um modo de agir independente, mas sensível às expectativas e aos interesses dos representados. Para a fundação da ordem política, importa sobretudo o conceito de representação como autorização. Só numa fase histórica posterior é que os sentidos descritivo e comportamental do conceito ganham densidade, expressando outras preocupações, correspondentes a novas configurações do conflito social e ideológico.

Evitemos, porém, o equívoco de reduzir o conceito de representação à noção mais comum de reivindicação, ou pressão sobre autoridades. A representação é, na verdade, uma rua de mão dupla: o representante representa o povo diante do poder e o poder diante do povo. Seu significado mais amplo vincula-se, portanto, à fundação e à estabilização de uma estrutura de autoridade, como um fio invisível que transforma uma miríade de vontades individuais dispersas numa estrutura macropolítica. É um erro comum, escreve Sartori (1962:73), considerar as eleições um ato de nomeação, quando, na realidade, elas são "um poder, e um poder recorrente, de nomeação". E acrescenta: "Isto estabelece toda a diferença, porque quem detém o poder de confirmar ou não um dirigente, em prazos determinados, mantém um poder contínuo sobre ele".

Tomado em sentido literal e em seu contexto original de 1651, o *Leviatã* (Hobbes, 1972) soa radicalmente absolutista, como se os súditos conferissem ao soberano uma autorização ilimitada e irreversível. Mas para o olhar contemporâneo, mais flexível, essa autorização não difere do vínculo entre os cidadãos e o Estado, em qualquer país democrático: ao eleger representantes, nós os autorizamos a tomar decisões imperativas — ou seja, a fazer leis às quais teremos de nos submeter, quer nos agradem quer não. No Estado constitucional moderno, as ações do representante são autorizadas para determinado âmbito decisório e com base em expectativas, implícitas ou explícitas, quanto a sua conduta. Portanto, na acepção moderna, o pacto hobbesiano que instaura o Estado exclui ações "despóticas" do representante contra o representado. Se existe tal restrição quanto ao âmbito, ela há de existir também no tempo, pois os representados hão de se reservar o direito de verificar, no futuro, se as ações do soberano permanecem fiéis ao pacto original.

Infere-se, pois, que a ficção hobbesiana da representação política se desdobra em duas: uma que institui o pacto original e outra que o sustenta, ao longo do tempo. A autorização se renova periodicamente, com força de lei, pelo mecanismo eleitoral. Longe de excluir em definitivo o cidadão como juiz das ações do soberano, o processo eleitoral faz o contrário: como poder recorrente de autorização, transforma o eleitorado em um soberano *sui generis*, a ser consultado a intervalos regulares.

Evolução: o universo verbal aristotélico

Ao contrastar o modelo hobbesiano e o aristotélico, Bobbio (1986:42-43) mostra que eles se apoiam sobre pressupostos inteiramente distintos, com consequências também distintas para a análise das instituições. O primeiro (hobbesiano) toma como ponto de partida "o indivíduo no momento de seu isolamento", ao passo que o segundo (aristotélico) concebe os indivíduos como "reunidos em sociedade".

Se a visão hobbesiana concebe a ordem política como um pacto, um processo racional de deliberação pelo qual os súditos renunciam a seus direitos a fim de instituir a comunidade política, a ótica aristotélica é, na verdade, oposta. Segundo Bobbio (1986:43), tal ordem é concebida como fruto de uma evolução que em essência é natural em todas as suas fases:

> [...] entre a sociedade primitiva e originária e a sociedade última e perfeita que é o Estado há uma relação de continuidade, ou de evolução, ou de progressão, no sentido de que, do estado de família ao estado civil, o homem passou por fases intermediárias que fazem do Estado não a antítese de estado pré-político, mas o desaguadouro natural, o ponto de chegada necessário, a conclusão de certo modo quase predeterminada de uma série mais ou menos longa de etapas obrigatórias.

Parece-me, contudo, que Bobbio carrega demais na tecla do naturalismo, pois não frisa a mudança, e nem mesmo a inversão do conteúdo normativo na passagem da família à aldeia, e desta à *polis*. Na visão aristotélica, existe uma progressão, mas também uma diferenciação, da qual resulta um sistema normativo mais amplo, em conflito potencial com o das formas inferiores de organização (família e aldeia). Sérgio Buarque de Holanda (1971:50) insiste nesse ponto: "Há [nessa progressão] um triunfo do geral sobre o particular, do abstrato sobre o corpóreo, e não uma [simples] depuração ou espiritualização de formas mais naturais e elementares". Portanto, a *polis*, ao cabo de um processo de desenvolvimento, se diferencia das formas inferiores, "desprende-se" delas e a elas se contrapõe como uma esfera impessoal, especificamente pública. Ainda Sérgio Buarque:

> O quadro familiar [tornou-se entre nós] tão poderoso e exigente que sua sombra persegue os indivíduos mesmo fora do recinto doméstico. A nostalgia dessa organização compacta, única e intransferível, onde prevalecem necessariamente as preferências

> fundadas em laços afetivos, não podia deixar de marcar nossa sociedade, nossa vida pública, todas nossas atividades. [A família colonial] fornecia a ideia mais normal do poder, da respeitabilidade, da obediência e da coesão entre os homens. O resultado era predominarem, em toda a vida social, sentimentos próprios à comunidade doméstica, naturalmente particularista e antipolítica, uma invasão do público pelo privado, do Estado pela família.

Essência do universo aristotélico, essa ideia de uma difícil progressão é também o cerne da secular descrença que entre nós se instalou a respeito da democracia: o mandonismo local e rural antepondo-se a eleições livres; a autonomia individual, consagrada na lei, mas negada por relações de subordinação social; a esfera pública absorvida e falseada pelo clientelismo e por vínculos de parentesco. Em uma palavra, a difícil emancipação da *polis* frente ao *oikos*.

A construção do sistema representativo

A democracia como hoje a entendemos — com grandes eleitorados, religiosa observância da periodicidade eleitoral, lisura no alistamento eleitoral e na verificação dos resultados e plena aceitação de sua mútua legitimidade pelos principais contendores — é muito mais recente do que se costuma imaginar. É bem provável que até o princípio do século 19, o sistema político dos países europeus se parecesse mais com o chamado *dominium politicum* dos tempos antigos — um condomínio de senhores e notabilidades, ampliando-se ou se contraindo conforme as circunstâncias — do que com a democracia moderna.[10] Mesmo na segunda metade daquele século, as práticas eleitorais em muitos países avançados não eram tão superiores às nossas. Inclusive nos Estados Unidos, milhões de negros foram persistentemente impedidos de votar e de se fazer representar, não raro por métodos violentos, até depois da Segunda Guerra Mundial.

Mas o que é que se constrói quando se constrói o Estado representativo? Para bem compreendermos a democracia *in statu nascendi*, essa é a questão-

[10] Como lembra Crick (1964:19), "quando o juiz Fortescue, em meados do século 15, escreveu que a Inglaterra era um *dominium politicum et regale*, ele quis dizer que o rei podia declarar a lei somente mediante consulta e com a aquiescência do Parlamento, embora fosse absoluto em tudo que dissesse respeito à aplicação dela e à defesa do reino. Um regime puramente *regale* (real) não seria *politicum*".

-chave. O Estado, como vimos, é ao mesmo tempo *hardware* e *software*: burocracia e política, ou administração e representação. Entendida como um conjunto de instituições, a representação compreende pelo menos os seguintes elementos: (1) opção constitucional: decisão inicial de implantar o princípio representativo e, em consequência, um sistema formalizado de eleições, em toda a extensão da comunidade nacional; (2) parlamento nacional (e parlamentos provinciais, conforme o caso); (3) abrangência do sufrágio: definição legal estável de quem terá e quem não terá o direito de voto; (4) sistema eleitoral em sentido estrito, com estabelecimento prévio de regras para converter em cadeiras parlamentares o voto dado aos diferentes partidos e indivíduos; (5) arbitragem e administração do processo eleitoral: definição e implantação da autoridade incumbida de dirimir os dissensos, bem como dos procedimentos e providências técnicas que irão regular as disputas — do simples alistamento à identificação dos eleitores nos momentos de votação, ao ato da votação em si mesmo e à contagem dos votos, até a oficialização dos resultados e a diplomação dos eleitos; (6) pacificação dos enfrentamentos: para a plena configuração do sistema representativo, o sexto e crucial elemento é a clara delineação — tanto como norma jurídica quanto como valor no meio político e na consciência social — do mútuo respeito e do reconhecimento de sua legitimidade pelas partes contendoras.

Incerteza e inteligibilidade: duas faces do processo eleitoral

Um pressuposto básico da democracia é que os governos ajustarão suas decisões (*outputs*), tanto quanto possível, às preferências (*inputs*) dos eleitores, ou seja, atuarão em benefício destes, sendo essa a condição substantiva de sua legitimidade. Do ponto de vista subjetivo, essa disposição a "responder positivamente" é expressa em inglês pelo intraduzível "*responsiveness*" e por sua contrapartida institucional, o também intraduzível "*accountability*": a existência de meios adequados para os eleitores promoverem, por si mesmos ou com apoio de órgãos públicos, a cabível responsabilização do governante insensível ou infiel às preferências populares. Para o cumprimento desse pressuposto geral, é mister que a engrenagem representativa acima descrita opere num ambiente de liberdade e impessoalidade.

Nesse sentido, pode-se dizer que a democracia se baseia em dois requisitos mais específicos: a *incerteza* e a *inteligibilidade* (Lamounier, 1981). O ponto crítico para a "decolagem democrática" é, sem dúvida, a incerteza agregada, isto é, a impossibilidade de determinação cabal de resultados eleitorais por qualquer das partes contendoras ou por qualquer agente externo ao processo. Esse atributo estará tanto mais configurado quanto mais o voto for de fato individual — isto é, livre e autônomo — e quanto maior for a diferenciação e a complexidade dos agrupamentos sociais. A incerteza é, portanto, o requisito eleitoral por excelência, fundado na independência do eleitor e na impessoalidade do processo representativo. Já a inteligibilidade diz respeito ao conteúdo do mandato representativo. É uma rua de mão dupla: para serem *accountable*, os eleitos precisam ter informações adequadas sobre os desejos dos eleitores; estes, por sua vez, quando votam, devem ter uma chance razoável de prever que tipo de governo estão ajudando a constituir. Assim, inteligibilidade é o processo pelo qual os diferentes fluxos de opinião expressos na arena eleitoral são convertidos em um ou alguns mandatos substantivos, ganhando sentido como aprovação ou desaprovação a tais ou quais partidos ou políticas públicas. São especialmente relevantes para configurar a inteligibilidade: (1) o nível de instrução e informação (ou de "conscientização" política) dos eleitores; (2) a articulação e a explicitação dos conteúdos apresentados nas campanhas pelos partidos políticos, pela imprensa e por outras organizações; (3) formatos ou "filtros" institucionais (bi ou multipartidarismo, voto proporcional ou majoritário, Estado federativo ou unitário, regime presidencial ou parlamentar etc.) com base nos quais a sociedade apreende e interpreta o "recado das urnas". Tais fatores determinam a inteligibilidade da manifestação eleitoral para os próprios eleitores e para as autoridades, qualificando determinados líderes como elos privilegiados na estrutura de poder, contribuindo para a formação da agenda pública e, no sentido inverso, moldando os *outputs*, vale dizer, a resposta governamental e a *accountability* das autoridades ao mandato revelado pelas urnas.

O eleitor "sabe votar"?

Essas indicações suscitam a espinhosa questão da qualidade dos vínculos entre representantes e representados. O eleitor "sabe votar"? É legítimo falar em democracia num país com milhões de analfabetos e semianalfabetos? Terá realmente ocorrido, nos últimos anos, um "amadurecimento" ou uma "conscientização" do corpo eleitoral brasileiro? Conforme é sabido por pesquisadores de opinião pública, sociólogos, políticos e dirigentes de partido, os milhões de votos depositados nas urnas expressam algo mais complexo do que um "sim" ou um "não", preferência pelo partido A ou B; e algo bem menos complexo do que as plataformas, os programas de governo e as ideologias presentes no debate intelectualizado. Existe o voto altamente informado, mas há também o voto casual, desinformado. O voto ideológico convive com o voto clientelista, muitas vezes no mesmo grupo social e até no mesmo indivíduo. Uma pessoa pode fazer uma escolha ideológica em uma eleição e dar um voto clientelista na seguinte. A votação total é sempre "contaminada" por uma parcela desinformada, inconsciente, clientelista, ignorante. Esse voto "contaminado" — dizem os pirrônicos em geral e os antidemocráticos em particular — não pode ser levado a sério como expressão de mandato algum; e como esse hibridismo decorre de nosso atraso e de nossa formação colonial, não poderíamos jamais ter cometido a "imprudência" de adotar um modelo constitucional fundado no conceito de soberania popular. Na década de 1930, escreveu, por exemplo, Azevedo Amaral (1938:174), um articulado adepto do Estado Novo: "Supor que a democracia se baseie na igualdade real e prática das unidades componentes do corpo social é uma ideia ilusória [...], que não pode senão resultar em uma caricatura do autêntico sistema representativo".

Ao contrário, porém, do que sustentava Azevedo Amaral, a democracia *não* se baseia "na igualdade real e prática" dos eleitores.[11] Como copiosamente o demonstra a ciência política contemporânea, é próprio do processo eleitoral combinar uma pressão generalizada (decorrente da incerteza) com um *quantum* em geral baixo de informação (inteligibilidade) a respeito das preferências populares. O *quantum* de informação é baixo por toda parte, por maiores que sejam o amadurecimento dos eleitores e o aperfeiçoamento dos referidos "filtros" institucionais. Essencial para que o voto — mesmo tosco como portador de informações — seja um poderoso instrumento de controle sobre os governantes é a incerteza agregada, isto é, a soma de milhões

[11] Como bem frisou Gramsci (1968:89), "um dos lugares-comuns mais banais que se repetem contra o sistema eleitoral de formação dos órgãos estatais é o de que 'nele o número é a lei suprema' e que 'as opiniões de um imbecil qualquer (e inclusive de um analfabeto, em determinados países) vale para efeito de determinar o curso político do Estado, tanto quanto as opiniões de quem dedica à nação suas melhores forças' etc. Mas a verdade é que, de modo nenhum, o número constitui a 'lei suprema', nem o peso da opinião de cada eleitor é exatamente igual. Os números, mesmo nesse caso, são um simples valor instrumental, que dão uma medida, e nada mais. E depois, o que é que se mede? Mede-se precisamente a eficácia e a capacidade de expansão e de persuasão das opiniões de alguns, das minorias ativas, das elites, das vanguardas etc. Isto é, sua racionalidade ou historicidade ou funcionalidade concreta".

de decisões individuais, cada uma com sua peculiar imprevisibilidade. Essa mescla de votos informados e desinformados não reduz necessariamente a incerteza, condição *sine qua non* para que o corpo social possa exercer seu poder recorrente de controle sobre os governantes — aprovando, desaprovando ou corrigindo de modo preventivo os rumos da política oficial.

A pacificação dos enfrentamentos

Designado por Robert Dahl (1971) como "contestação pacífica", esse requisito refere-se, por um lado, à arbitragem efetuada pelo Estado, com base em seus recursos jurídicos, policiais e militares; por outro, a valores políticos — tolerância, respeito e reconhecimento mútuo entre adversários, fidelidade às regras do jogo. A evolução nessas duas esferas (arbitragem estatal e valores) possibilita a pacificação dos enfrentamentos. De modo progressivo, a competição eleitoral se torna rotineira e se institucionaliza como fonte última de legitimação para o acesso a posições de autoridade pública.[12]

Como balizamento institucional, a fixação dos limites da disputa refere-se a uma bem fundada expectativa ou até a uma certa segurança de que a competição se desenvolverá de maneira pacífica. A alternância de adversários no poder é uma questão empírica: pode ou não ocorrer, pois depende da distribuição quantitativa das preferências eleitorais na sociedade. Nas democracias maduras, mesmo a alternância entre partidos ideologicamente divergentes, porém leais aos princípios democráticos, passa a ocorrer como fato normal.

Plano do livro

Este livro analisa o nascimento e a difícil evolução da democracia brasileira. A parte I remonta ao nascedouro, no século 19, com o intuito de apreender a implantação e a paulatina construção das instituições representativas. Assim, começa pela conjuntura da fundação, pela infância do Parlamento e dos partidos políticos. Examina em seguida a expansão do sufrágio, confrontando-a com a situação nos países avançados na mesma época, e avalia os esforços

---

[12] Para a fundamentação histórica dessa noção, ver Mansfield Jr. (1964) e Hofstadter (1969). Sobre o conceito de "contestação pacífica", ver Dahl (1971). Também relevante é o trabalho de Burton e Higley (1987) sobre "acordos de elite".

feitos para assegurar a liberdade do voto. Nos dois primeiros capítulos, procuro mostrar as raízes da secular descrença brasileira em relação à democracia representativa em ponderáveis fatores históricos (como a herança colonial), mas também na insuficiente apreciação de algumas questões teóricas e comparativas.

A Primeira República (1889-1930) representou um retrocesso, ou no mínimo uma longa estagnação: não ampliou o sufrágio nem contribuiu para a confiabilidade dos procedimentos, e os acordos oligárquicos acabaram impedindo de fato a alternância. Não se transformou num regime autoritário de longa duração, como viria a ocorrer na Espanha e em Portugal, mas tampouco estimulou a prática desimpedida do pluralismo democrático. Nesse sentido, podemos, sem dúvida, afirmar que fincou ou aprofundou as raízes de impasses posteriores.

A parte II focaliza o período que se estende de 1930 aos dias de hoje, pondo em relevo a operação e a decantação de travejamentos institucionais no transcurso das sucessivas conjunturas: o Estado Novo e o regime democrático de 1946; o período militar de 1964-1985; a fase de transição e a Constituinte; e, finalmente, o período compreendido pelos governos de Fernando Henrique a Bolsonaro.

Embora não tenha se firmado como regime autoritário, devido à vitória dos Aliados na Segunda Guerra e a outros fatores, o Estado Novo (1937-1945) deixou sequelas difíceis para a democracia que o sucedeu. O chamado "ciclo getulista" é sem dúvida crucial para entender tanto a evolução política quanto a transformação socioeconômica do Brasil no século 20. O regime militar de 1964 a 1985 vetou o acesso de civis à presidência da República e dificultou a alternância entre os dois partidos (Arena e MDB), mesmo na esfera estadual, mas manteve o processo eleitoral. E não criou obstáculos ao alistamento e ao aperfeiçoamento da administração eleitoral, permitindo que evoluíssem de maneira notável. Como fruto dessa evolução, do crescimento da sociedade civil e de outras mudanças sociais e comportamentais ocorridas durante o período, a democracia ressurgiu, fortalecida, nos anos 1970 e 1980. Entre os avanços registrados, especial destaque deve ser dado à pacificação dos enfrentamentos. A consolidação do poder arbitral do Estado, cujo ícone é a Justiça Eleitoral, e a efetiva capacidade de competição dos diferentes partidos propiciaram, com a eleição de Lula, a ascensão ao poder federal de forças marcadamente divergentes do ponto de vista ideológico.

Tais avanços explicam o surgimento, como antípoda do pirronismo, de um otimismo em tese salutar, mas exagerado, diria mesmo panglossiano, que minimiza a gravidade e o custo social de certas disfunções remanescentes no arcabouço institucional brasileiro. Sem negar o amadurecimento político do país nas últimas duas ou três décadas, defendo neste livro um argumento ainda cauteloso. Vejo o atual panglossianismo como um típico caso de *pars pro toto*: uma extrapolação no mínimo discutível da esfera do voto para o conjunto do sistema político. A formação de nosso "espaço eleitoral" é inegavelmente uma história de sucesso: ao cabo de quase dois séculos de clarividente construção, evidencia-se hoje um segmento institucional bem organizado e consolidado. Mas entre reconhecer isso e celebrar as excelências do sistema como um todo, vai uma grande distância. O *crafting* institucional da democracia brasileira ostenta resultados contraditórios: organizamos bem a esfera eleitoral e criamos uma ética para o voto, mas não organizamos nem criamos uma ética para a esfera dos partidos e do Parlamento. O tempo contado desde a efetiva pacificação das disputas é curto. Examinando o entorno social do sistema político, não há como ignorar a vulnerabilidade dessa esfera ao potencial de disrupção representado pelas desigualdades sociais e pela criminalidade — para ficarmos apenas nesses dois aspectos.

Dadas as muitas imperfeições institucionais remanescentes, dedico a parte III do livro ao debate sobre reforma política das últimas duas décadas e a outras questões atuais da democracia. Além de reflexões clássicas, como as referentes a sistemas de governo, organização partidária e sistema eleitoral, abordarei também alguns temas mais amplos, atinentes ao futuro da democracia no mundo contemporâneo, isto é, num universo social crescentemente moldado pelos meios de comunicação de massa, pela globalização e por potentes demandas por igualdade social.

PARTE I

1

A representação na fundação do Império: é também sólido o que se forma no ar

Nas duas décadas que vão da Independência (1822) à maioridade de dom Pedro II (1840), assistimos à implantação no Brasil do modelo monárquico constitucional e representativo, com base na Constituição de 1824. Dadas as circunstâncias, entendo que tal modelo foi uma opção lógica; lógica inclusive como resposta institucional à situação interna, que exigia o abrandamento do absolutismo colonial, e não mera cópia de formas europeias, como creem certos historiadores. Neste capítulo, comentarei como a implantação do modelo de 1824 transcorreu em ambiente tenso, incerto, com elevado potencial de ruptura, obedecendo à necessidade de assegurar a fundação pactuada de uma nova ordem política e a preservação da unidade territorial do país. Argumentarei também que o Parlamento não demorou a ganhar importância, restringindo de maneira significativa os elementos autocráticos da Constituição.

Instalados em 1826, a Câmara e o Senado instituídos pela Constituição de 1824 são a origem da tradição parlamentar brasileira. Transparece nos debates da época a plena consciência dos deputados e senadores acerca do complexo entorno no qual haveria de se dar a "autoconstrução" do Parlamento: a problemática fundação da nova ordem; o noviciado do regime representativo, agravado pelo caráter híbrido, democrático e autocrático da Constituição; o embate do liberalismo em ascensão com a personalidade autoritária de dom Pedro I; o hiato que se abriu com a abdicação de dom Pedro I e a instituição da Regência; e a sequência de graves tumultos e rebeliões, contra os quais o Parlamento, como parte da nascente estrutura de autoridade, precisava também reagir.

Quadro 3
Cronologia política do Império — 1822-1889

1822. Proclamação da Independência.

1823. Guerra da Independência, convocação e dissolução da Constituinte.

1824. Outorga da Constituição por dom Pedro I.

1826. Instalação do Parlamento (primeira legislatura).

1831. A 7 de abril, abdicação de dom Pedro I.

1831. Tem início o período regencial, com a eleição de uma regência trina provisória, integrada pelos senadores José Joaquim Carneiro Campos, marquês de Caravelas, restaurador; Nicolau de Campos Vergueiro, liberal moderado; e pelo brigadeiro Francisco de Lima e Silva, representando a oficialidade militar moderada. A 17 de junho a Assembleia Geral elege a regência trina permanente, integrada pelos deputados José da Costa Carvalho e João Bráulio Muniz, moderados, e pelo brigadeiro Francisco de Lima e Silva. O padre Diogo Antônio Feijó é nomeado ministro da Justiça.

1831. Por proposta de Feijó, a 18 de agosto a Câmara aprova a criação da Guarda Nacional, força vinculada à elite agrária e que servirá de contrapeso ao Exército.

1832. A 29 de novembro é aprovado o Código do Processo Criminal, que descentraliza de maneira significativa o Poder Judiciário. Os juízes de paz passam a ser eleitos pelas localidades, com amplos poderes.

1834. Novo avanço dos liberais e da descentralização. Oficializado pela regência trina a 12 de agosto, o Ato Adicional transfere para as províncias o controle das polícias e forças militares nelas sediadas e permite a eleição de assembleias legislativas. O ato também extingue o Conselho de Estado. Mas fica com o poder central a prerrogativa de indicar o governador provincial, e é mantida a vitaliciedade do Senado. O ato determina também a substituição da regência trina por uma regência una, eletiva e temporária, com mandato de quatro anos.

1834. Morre dom Pedro I em Portugal; em 1835, os restauradores fundam o Partido Conservador.

1835. O cargo de regente é disputado pelo deputado pernambucano conservador Antônio Francisco de Holanda Cavalcanti e pelo padre Diogo Antônio Feijó. Vitorioso, o liberal Feijó defende o fortalecimento do Poder Executivo.

1837. Feijó renuncia ao cargo de regente a 19 de setembro, não chegando a completar dois anos de mandato. Queixa-se da falta de apoio no Parlamento e de recursos para debelar a rebelião Farroupilha, no Rio Grande do Sul, e a Cabanagem, no Pará. Os conservadores ganham então o controle da Câmara dos Deputados e elegem Pedro de Araújo Lima como segundo regente uno, em substituição a Feijó.

1837. A política do "regresso". A segunda regência una (Araújo Lima) começa a reverter as conquistas liberais e descentralizantes do início da década. Aprovada a 12 de maio de 1840, a Lei de Interpretação do Ato Adicional limita novamente o poder das províncias e fortalece o poder central. Multiplicam-se por todo o país os conflitos entre liberais e conservadores.

1840. Maioridade de dom Pedro II. Enfraquecidos desde a queda de Feijó, os liberais articulam o chamado "golpe parlamentar da maioridade", valendo-se do crescente apoio público à tese de que somente a restauração poderia restabelecer a ordem. Dom Pedro II é então declarado maior, embora contasse apenas 15 anos incompletos.

1842. Rebeliões liberais de São Paulo e Minas Gerais.

1845. Fim da Revolução Farroupilha. Anistia.

1845. Inglaterra interdita o tráfico de escravos. O Bill Aberdeen, aprovado pelo Parlamento em agosto, proíbe o tráfico e determina o apresamento pela Marinha britânica de qualquer navio traficante, em qualquer parte do mundo.

▼

▼

1847. Criação do cargo de presidente do Conselho de Ministros (primeiro-ministro) configura plenamente o sistema parlamentar de governo.

1848-1849. Revolução Praieira em Pernambuco.

1850. Fim do tráfico no Brasil. Lei Eusébio de Queiroz proíbe o tráfico para o Brasil, determinação reiterada em 1854 pela Lei Nabuco de Araújo. Últimos escravos vindos da África chegam ao país em 1855.

1853. Política de conciliação de Honório Hermeto, marquês do Paraná.

1855. Lei dos círculos estabelece eleição de deputados em distritos uninominais.

1864-1870. Guerra do Paraguai.

1868. Destituição do Gabinete Zacharias por dom Pedro II e retorno dos conservadores ao poder; Nabuco pronuncia o discurso do sorites, denunciando o despotismo de Pedro II; fim da política de conciliação.

1868-1870. Começam os movimentos republicanos, que progressivamente convergem com os abolicionistas. O Partido Liberal compromete-se publicamente com a causa abolicionista. Finda a Guerra do Paraguai, cresce a adesão de militares ao movimento. No início da década de 1880, organizações políticas dedicadas à abolição recebem o apoio de grandes nomes nacionais, como Joaquim Nabuco, Rui Barbosa e José do Patrocínio. Na segunda metade da década, multiplicam-se as fugas de escravos, recusando-se o Exército, em muitos casos, a persegui-los.

1871. Lei do Ventre Livre: concede a liberdade aos escravos nascituros, mas determina que permaneçam sob a tutela dos senhores até os 21 anos de idade.

1881. Lei Saraiva: altera o sistema eleitoral, suprimindo a eleição de primeiro grau e determinando a organização de um alistamento eleitoral permanente.

1885. Lei dos Sexagenários: liberta os escravos com mais de 65 anos — também de pouco efeito prático, dado que era bem mais baixa a expectativa média de vida dos escravos.

1888. Lei Áurea. A 13 de maio, finalmente, a princesa Isabel sanciona lei declarando extinção definitiva da escravidão. Prejudicada pela decisão, parcela importante da classe proprietária adere à pregação republicana.

1889. Proclamação da República.

Fonte: elaborado pelo autor.

História e historiografia

Como fatos brutos, as rebeliões e os conflitos regionais — que se iniciam já em 1817, antes mesmo da Independência, e só terminam em 1848-1849, com a Revolução Praieira, em Pernambuco — foram devidamente registrados pela historiografia. A reflexão adicional necessária é sobre o significado daquele ciclo, entendido de forma global como agravante das dificuldades políticas inerentes à transição da colônia à condição de país independente.

Não se trata apenas de constatar a ocorrência de um período conflituoso, pois isso se evidencia na simples cronologia dos acontecimentos — as guerras da Independência (1822-1823); a convocação da Assembleia Constituinte em 1823, sua dissolução e a outorga da Constituição em 1824; a abdicação (forçada) de Pedro I em 1831; o prosseguimento das rebeliões e o início da maior delas, a Farroupilha, em 1835; e, para completar, o "golpe da maioridade", em 1840, alçando ao trono um adolescente, solução encontrada por ponderável parcela das forças políticas dominantes para alcançar a estabilidade. Impõe-se salientar a perplexidade dos historiadores — mesmo os que mais insistem na continuidade e na firmeza das estruturas de classe e político-administrativas — diante dos variados e intensos conflitos. Em princípio, quanto maior a solidez atribuída a tais estruturas, tanto maior deveria ser a crença num equacionamento relativamente simples dos conflitos e num processo evolutivo natural, segundo a imagem aristotélica. Inversamente, a percepção de uma ordem frágil sugere a metáfora hobbesiana da fundação pactuada de uma nova comunidade política.

Pelo ângulo da dominação de classe, a referência obrigatória é naturalmente a corrente marxista, para a qual os conflitos políticos entre indivíduos, grupos e até regiões são "epifenômenos". Ortodoxo, Werneck Sodré (1982:218) de fato contesta em toda a linha que as agitações políticas do período tenham tido a profundidade de uma verdadeira crise; para ele, foram "uma pequena pausa na inexorável pressão pelo domínio absoluto da classe proprietária, um rápido hiato, até que ela reorganizasse as suas fileiras". No extenso trecho que dedica à transição da colônia para a independência (p. 169-219), ele se refere repetidas vezes à necessidade de reestruturar o Estado, mas não analisa a Constituição de 1824 nem a adoção do princípio representativo. A absorção do pensamento liberal — europeu e norte-americano — pela parte letrada da elite brasileira parece-lhe interessante como "sintoma" de inconformismos, mas carece de densidade histórica, considerando que, aqui, esse pensamento se apresenta descolado das revoluções burguesas que lhe deram origem.

Manoel Maurício de Albuquerque (1981:334) também começa por afirmar, como tese geral, que "o Estado Escravista Monárquico reproduzia o sistema de classe [e mantinha] a hegemonia necessária para que tal sistema pudesse ser aceito pelo conjunto social sem obstáculos maiores"; com isso, rejeita "a mística [...] de que a monarquia tenha garantido a integridade territorial". No entanto, ao fazer uma descrição cronológica dos fatos, ele se detém na gravidade potencial de certos acontecimentos — por exemplo, avalia que a turbulência atingira proporções consideráveis na conjuntura de 1831 (Albuquerque, 1981:357):

A abdicação de dom Pedro I colocou diante da oposição vitoriosa as perspectivas ameaçadoras representadas por uma possível anarquia ou ditadura militares (devido à importância que o setor armado tivera naquela decisão do soberano), da proclamação da república como o desejavam setores mais radicais, ou de uma guerra civil que poderia levar à quebra da unidade nacional.

Outro fator de continuidade seria o aparelho de Estado colonial. Paradigma dessa visão é, sem dúvida, Raymundo Faoro (1987). Em seu clássico *Os donos do poder*, publicado pela primeira vez em 1958, ele retrata a administração centralizada, de caráter patrimonial, como uma engrenagem inexpugnável, que permeia a vida brasileira de uma ponta a outra, moldando-a nos menores detalhes. Mas, conforme Faoro não demora a constatar, a transformação da colônia em país independente se caracteriza muito mais por contingências e riscos do que pelo predomínio supostamente incontrastável dos aparelhos de governo. A manutenção da unidade política parece-lhe uma "tarefa gigantesca e incerta" (Faoro, 1987:279) desde logo, em vista do "dilaceramento centrífugo das capitanias" e da heterogeneidade dos valores provinciais. Escreve em seguida que, proclamada a Independência e constatadas as limitações pessoais do imperador no papel de árbitro entre as forças em conflito, o país ficou entregue a uma "combinação instável" do tradicionalismo com o "verniz carismático" de Pedro I. O "grupo de domínio", prossegue,

> concentra-se na corte [...], incapaz de irradiar-se a autoridade às províncias, precariamente assimiladas ao Rio de Janeiro, sem que desapareçam as velhas desconfianças. A soberania foi apropriada pelo imperador, em nome de uma aclamação popular, [mas] sem conciliar as forças centrífugas, perigosamente envolvidas nos princípios ultraliberais. O Estado retrai-se na cúpula, assentado sobre o barro amorfo das bases locais [Faoro, 1987:286].

Ao falar de 1831, Faoro (1987:300) repete a inconsistente ênfase "hobbesiana" de Manoel Maurício: "A primeira tarefa do 7 de abril será a de organizar a autoridade, repentina e inesperadamente desaparecida com a abdicação".

Como conciliar essa impressão de desgoverno com o suposto domínio monolítico da classe proprietária e da burocracia dirigente? A resposta se faz evidente: os recursos conceituais dos autores citados são impróprios para apreender o diversificado perfil dos protagonistas. Invocam grandes agregados (a burocracia, a classe dominante senhorial) para analisar um país que, na verdade, nunca tivera uma estrutura de poder tão sólida, cujo *software* político-institucional apenas começava a ser elaborado e no qual os agrupamentos em conflito se agregavam e desagregavam com facilidade em função de rivalidades faccionais e até individuais.

José Murilo de Carvalho (1988:11) evita os exageros marxistas e os de Faoro quanto à solidez das estruturas de domínio, mas insiste noutro elemento de continuidade: "a homogeneidade ideológica da elite, gerada por educação e treinamento político comuns, com as características do Estado herdado da tradição portuguesa absolutista e patrimonial". Entende que a elite, gerada pelo Estado, se mostrou "eficiente na tarefa de fortalecê-lo". Mas essa ênfase na continuidade não impede Carvalho (1988) de ressaltar a profundidade dos conflitos e revoltas que eclodiam a todo momento em diferentes regiões do país — conflitos, frisemos, inclusive entre proprietários. Essa constatação o leva à importante conclusão de que parte da classe proprietária fazia objeção ao Estado como tal:

> As revoltas de proprietários mostravam que o problema de consolidar o sistema de poder não passava apenas pelo controle da população urbana e do campesinato, sem falar dos escravos. A tarefa complicava-se pelo fato de não haver consenso entre as camadas dominantes sobre qual seria o arranjo institucional que melhor servisse a seus interesses. Em parte, a falta de acordo se devia ao fato de que tais interesses nem sempre coincidiam. Em parte, advinham do fato de que muitos dos membros destas camadas, *sobretudo os proprietários rurais, não estavam preparados para conceber a dominação por via da mediação do Estado* [Carvalho, 1988:16, grifo meu].

O noviciado do sistema representativo

Os exemplos acima reproduzidos, recolhidos na literatura histórica, demonstram a insegurança em relação à eficácia dos preexistentes fatores de coesão (a máquina administrativa, a dominação da classe senhorial, a própria monarquia e a existência de uma elite bem preparada) diante do desafio de "refundar" ou repactuar a comunidade política. Corporações ou estamentos baseados em longa memória histórica, como os do feudalismo europeu, não existiam nem poderiam ser criados pela apressada "nobilitação" de grandes senhores em que se empenhou a Coroa. Em 1832, diria o senador Vergueiro (Rodrigues e Rodrigues, 1972, v. 4, t. 1, p. 39) nos debates sobre a reforma constitucional:

> Acusa-se a Constituição de defeituosa [...]. E seria possível fazer uma Constituição no Brasil, e no século em que vivemos, sem dar grande importância ao elemento democrático? Possuímos, acaso, uma verdadeira aristocracia? No Brasil, não havia senão Monarca e povo; não existia classe alguma intermediária; por conseguinte, os poderes, de necessidade, deviam ser distribuídos por esses dois únicos elementos; tudo quanto fosse o contrário seria desacerto.[13]

Portanto, tem razão Faoro (1987:281) ao escrever que "o convívio entre as forças nacionais e a ditadura régia exigia órgãos representativos", mas não a tem quando, concluindo a sentença, qualifica tal exigência como simples atendimento a um "dogma do sistema liberal". Sem aquele "dogma", é difícil ver como se poderia forjar um mínimo de consenso. Qual seria o leito da convergência, se inexistissem procedimentos para regular o acesso a posições oficiais e as autoridades fossem por toda parte impugnadas como despóticas? Oferecendo uma referência normativa potencialmente neutra e impessoal, o "dogma liberal" da representação e o apego à ordem constitucional simplificavam a equação, dela retirando alguns dos focos potenciais de antagonismo. Dito de outro modo, organizar a autoridade não era tarefa que se pudesse cumprir à margem do sistema representativo, ou dele prescindindo, mas sim por meio dele, em conjunção com o princípio monárquico.

A "ditadura régia" referida por Faoro compreendia: o Poder Moderador, que na verdade não era o "poder neutro" da teoria de Henri-Benjamin Constant de Rebecque:[14] era ativo, e o imperador o exercia pessoalmente, assessorado pelo Conselho de Estado integrado por membros de sua livre escolha; o Poder Executivo (Gabinete de Ministros, escolhido com influência preponderante do monarca); o Senado vitalício, cujos membros o soberano indicava a partir de listas tríplices eleitas nas províncias; e os presidentes das províncias, braços regionais do Executivo (durante o Império, o cargo de governador da província não chegou a ser eletivo). O espaço das "forças nacionais" era principalmente a Câmara dos Deputados, temporária e eletiva; as assembleias legislativas provinciais e as câmaras municipais tinham papel bem secundário.

---

[13] Todas as referências a debates parlamentares entre 1826 e 1940 feitas neste capítulo foram extraídas da coleção organizada por José Honório Rodrigues e Leda Boechat Rodrigues sob o título *O Parlamento e a evolução nacional* (1972).

[14] Não confundir o constitucionalista suíço Henri-Benjamin Constant de Rebecque com o militar brasileiro Benjamin Constant Botelho de Magalhães.

A debilidade inicial do Parlamento devia-se em particular a dois fatores: sua inferioridade constitucional em relação à "ditadura régia" e sua própria inexperiência, por ser uma instituição ainda desprovida de organização e identidade. A elite brasileira achava-se em geral familiarizada com a rápida evolução da teoria jurídica e filosófica do Estado representativo na Europa e nos Estados Unidos. Os regulamentos parlamentares foram adaptados principalmente da Inglaterra, sendo que vários deputados e senadores haviam ganhado alguma experiência ao participar das Cortes de Lisboa. Devido, porém, à incipiência institucional a que me refiro, ambiguidades e lacunas manifestavam-se com frequência, dando ensejo a situações arriscadas, tendo em vista a intensidade das dissensões no seio da classe dirigente e, em consequência, no Parlamento. Atentos a esse potencial de conflito, os deputados e senadores preocupavam-se em não abrir precedentes graves, apegando-se de maneira até ritualística à "legalidade" e ao constitucionalismo.

A inexperiência era patente na organização interna do Parlamento e nas interfaces dele com o processo eleitoral. Os parlamentares tinham perfeita consciência de que o país fazia ainda o "noviciado" do regime representativo, como diria em 1826 o deputado Souza França. Questões de fato insólitas evidenciavam-se, por exemplo, no tocante aos requisitos de elegibilidade; na espinhosa questão do "reconhecimento" dos eleitos, feito pelo próprio corpo legislativo, pois inexistia na época o conceito de Justiça Eleitoral especializada; e na ausência prolongada de deputados e senadores, abrindo brechas para o questionamento *inter pares* da validade dos respectivos mandatos.[15]

Problemas de elegibilidade. Era comum um candidato apresentar-se por alguma circunscrição diferente daquela onde residia, ou por várias ao mesmo tempo, e mesmo ser apresentado e votado *in absentia* — como ocorreu com José Bonifácio, muito bem votado para o Senado (mas não escolhido por dom Pedro I) e eleito deputado pela Bahia enquanto vivia exilado na Europa (Rodrigues e Rodrigues, 1972, v. 1, p. 37). Situação também comum era um parlamentar exercer vários cargos ao mesmo tempo. Esforços sérios no sentido de determinar incompatibilidades só teriam início a partir de 1855, com a chamada Lei dos Círculos (Rodrigues e Rodrigues, 1972, v. 1, p. 37 e 77, v. 3, t. 1, p. 265-268).

---

[15] Sobre o início dos trabalhos parlamentares, em 1826, ver Rodrigues e Rodrigues (1972, v. 1, cap. 4). Sobre a precariedade, o caráter pouco profissional e os frequentes conflitos de jurisdição que, de modo geral, caracterizavam a administração pública, ver Uricoechea (1978:113-118).

Reconhecimento dos eleitos. A questão do reconhecimento dos diplomas era mais grave. A orientação inicial, refletindo a já mencionada preocupação da elite política em evitar conflitos em seu seio, foi ultratolerante. Na instalação da Câmara, em abril de 1826, vários casos problemáticos foram examinados e validados com pequenas ressalvas. Em 1828, porém, ocorreram as primeiras recusas. O Senado recusou a carta imperial de nomeação do conde de Lages, tendo em vista uma denúncia do "escandaloso suborno e notória nulidade" de sua eleição pelo Ceará. A Câmara, por sua vez, recusou o diploma de Manuel da Cunha Azeredo Coutinho Sousa Chichorro, eleito por São Paulo, por motivos políticos substantivos, e não técnicos. Em 1825, como juiz de paz em Taubaté, Chichorro enviara representação pedindo para o imperador assumir o poder absoluto e anular a Constituição que outorgara. Nos debates, em estilo bem pouco parlamentar, mas entre "apoiados" gerais, Lino Coutinho propôs marcar "aquele infame com o ferrete que ele merece", acrescentando que não reputava "o povo brasileiro tão sem-vergonha que haja de eleger semelhante homem" (Rodrigues e Rodrigues, 1972, v. 1, p. 62).

Nessas duas primeiras recusas (conde de Lages e Chichorro), como relatam Rodrigues e Rodrigues (1972:62-63), "causou assombro a atitude de ambas as casas", dado seu claro sentido de afirmação frente ao autoritarismo de dom Pedro I. Novos casos surgiriam na segunda legislatura (1830-1833). A Comissão de Poderes deu parecer favorável aos diplomas de José Clemente Pereira, Joaquim Oliveira Álvares e Salvador José Maciel — os dois primeiros, ex-ministros, descritos por José Honório e Leda Boechat como "baluartes do absolutismo"; o terceiro, acusado por sua efetiva militância contra a Independência. Num período de clara ascensão liberal, pode-se imaginar o teor dos debates. Expoentes da Câmara, entre eles Bernardo Pereira de Vasconcelos, pronunciaram-se contra a validação dos diplomas, mas outros liberais, entre eles Feijó, Gonçalves Ledo, Evaristo da Veiga e Paula e Souza, "sustentaram a doutrina constitucional que se opunha às depurações de deputados legitimamente eleitos [e ponderaram] quanto aos perigos de se abrirem exemplos daquela natureza" (Rodrigues e Rodrigues, 1972, v. 1, p. 77).

Em abril de 1833, objeções seriam levantadas a respeito da eleição do próprio Feijó como senador pela província do Rio de Janeiro. O reconhecimento não obteve parecer unânime na Comissão de Constituição, tornando-se necessária a intervenção do plenário. Apresentando voto em separado contra o reconhecimento, José Saturnino da Costa Pereira argumentou que a votação não teria se realizado na mesma data em todas as localidades, como mandava a lei; além disso, os eleitores de segundo grau de Campos não estariam habilitados a participar da eleição, pois essa localidade pertencia à província do Espírito Santo na ocasião em que tais eleitores haviam, por sua vez, sido eleitos (no primeiro grau). Portanto, não teriam mandato dos votantes da província do Rio de Janeiro para eleger Feijó.

Estava-se diante de um labirinto jurídico possivelmente insolúvel nos termos da legislação vigente. Impunha-se, por conseguinte, uma decisão substantiva, política, adoçada na medida do possível por ponderações e apelos à prudência. Para o marquês de Caravelas, a objeção referente às datas "não [entrava] na parte orgânica e essencial do ato das eleições; é apenas uma medida cautelosa, para prevenir procedimentos que [manchariam] a pureza daquele ato, e o tornariam de nenhum efeito". Na mesma linha, interveio Francisco Carneiro de Campos: "Este negócio de fixação de dia é daquelas circunstâncias que menos se pode executar com exatidão". E, finalmente, José Martiniano de Alencar: "Nenhuma só vez se contestou uma eleição; será hoje, dentro do recinto dos anciões da Pátria [...]?" (Rodrigues e Rodrigues, 1972, v. 3, t. 1, p. 321-323). O mandato de Feijó foi validado, claro, mas os argumentos em sua defesa não devem ter soado convincentes numa quadra como aquela, em que se fazia o possível para revestir as decisões com o manto da legalidade.

Ausências. Se o caso da eleição de Feijó encerrava alguma sutileza jurídica, outro tanto não se pode dizer de certas ausências, como a do visconde de Pedra Branca, grande proprietário na Bahia, que levou sete anos para assumir sua cadeira de senador. Eleito e nomeado em 1826, o visconde preferiu ficar em Paris, como encarregado de negócios, sem autorização do Senado. Intimado várias vezes, protelou a volta o quanto pôde, alegando os mais diversos motivos — a morte de sua mulher, a necessidade de velar pela educação da filha e o desejo de passar algum tempo restabelecendo-se na Itália. A questão foi retomada em 1832, quando a Comissão de Constituição e Justiça propôs declarar vago o lugar e proceder a nova eleição. Várias alternativas foram consideradas, mas a decisão final foi mesmo aguardar o retorno do senador ausente. Deve ter pesado, nesse sentido, a defesa feita pelo marquês de Barbacena, frisando convenientemente que não o defendia por amizade, mas sim "pela justiça e [pelo] direito dos senadores". Segundo o marquês, o Senado já havia dado "um funesto exemplo" ao excluir no ano anterior um de seus integrantes, e por esse caminho logo ocorreriam eliminações por diferentes títulos. E concluiu: "A melancolia, senhores, é uma das maiores moléstias, e o visconde, em sua viuvez, parece sofrê-la em extremo grau. [Mas] as paixões quase nunca duram; de outra carta que eu vi, concluo que o seu embarque não passará de agosto" (Rodrigues e Rodrigues, 1972, v. 3, t. 1, p. 313-319).

Tanto no nível parlamentar quanto no eleitoral, seria possível multiplicar os exemplos; tampouco seria difícil encontrar paralelos (quiçá menos pitorescos) em países nos quais o sistema representativo já ia mais avançado.

Se o precário equilíbrio estabelecido no Primeiro Reinado esbarrava em dificuldades substanciais, estas seriam sem dúvida aumentadas com a abdicação de dom Pedro I em 1831, a descentralização instituída pelas leis liberais de 1832 e 1834 e a própria República de fato que iria se instalar no país com a Regência.

Centralização × descentralização: a organização da autoridade

Centralização × descentralização: eis aqui outro eixo fundamental dos embates que se seguiram à Independência. Organizar a autoridade, não nos esqueçamos, é também uma questão de organização espacial do poder. No regime representativo, a distribuição relativamente impessoal de posições entre numerosos "nódulos", por via do mecanismo eleitoral, estende e em tese estabiliza a estrutura de poder, apontando-lhe um meio-termo entre a concentração total e a completa dispersão.[16] Consumada a abdicação, a corrente ultraliberal intensificou a luta pela descentralização. Entendia que, limitando os poderes centrais em benefício das províncias e dando a estas uma autonomia bem caracterizada, quiçá até pela elegibilidade de seus presidentes, seria possível assentar as bases da nova estabilidade e afastar os riscos do despotismo e da recolonização.

A corrente oposta, conservadora, defendia o *status quo*, vale dizer, a centralização. Mais do que desacordo, havia entre os centralistas um intransponível temor diante das propostas liberais, evocando o aterrador cenário de fragmentação desenhado na América espanhola. No vocabulário político da época, "federalismo" equivalia praticamente a "subversão", ou ao menos a

[16] Em teoria, é possível colocar as estruturas de poder em um *continuum* que vai da concentração total à dispersão total; no entanto, levado a tais extremos, o conceito de poder se torna na prática incompreensível. Concentração absoluta evoca a ideia de um "buraco negro", com o poder compactado sobre si mesmo, como um monólito que, excluindo a colaboração de polos menores, se expõe à entropia e à inoperância. Dispersão absoluta significa diluição total, fragmentação, falta de objetivos comuns. Portanto, é só mais para o meio desse *continuum* que podemos visualizar o vínculo entre os conceitos de representação e estrutura de autoridade.

irrealismo e falta de identificação com a nação que se buscava construir. Pior que "federalista", só "republicano".

Em 1832 a Assembleia Geral (reunião conjunta da Câmara e do Senado) debateu a reforma constitucional, tendo em vista a implantação de medidas descentralizadoras. Centralista, o baiano Montezuma discursou para advertir que a "federação" não poderia ter lugar "sem a divisão e o comprometimento da paz pública". Para os liberais, ao contrário, só a descentralização impediria o desmembramento das províncias. Nos debates referentes ao Ato Adicional, em 1834, o liberal Costa Pereira diria que "dois partidos bem pronunciados lutavam nas províncias do norte", e a separação delas seria "o mesmo que abrir-se a boceta de Pandora, donde sairiam males sem conta".[17]

A discórdia local

Teoricamente, como já sugeri, uma das opções institucionais naquele momento seria a descentralização, pela qual as autoridades iriam se constituindo com a prática transparente e desimpedida da competição eleitoral. Entretanto, estabilizar a estrutura de poder apenas por esse caminho seria impossível, fosse pela intensidade das discórdias regionais e locais, fosse pela própria imaturidade da engenharia eleitoral, como veremos no próximo capítulo.

Ao contrário do que os historiadores marxistas em geral sugerem, a questão da discórdia local não se refere necessariamente a classes sociais. Rivalidades de facção, e até entre indivíduos, podem dificultar o desenvolvimento normal da competição política dentro da mesma classe e num mesmo setor de classe (por exemplo, entre proprietários situados numa mesma região e que se dedicam a um mesmo tipo de cultivo). Nesse tempo remoto do qual falamos, disputas em torno de limites de terras, aguadas, reses extraviadas e questões similares podiam com facilidade resultar em violência, minando aquele fundo de concórdia indispensável para institucionalizar as regras do jogo político.

É raro os historiadores explorarem a visão oposta, de que a concórdia pode nascer dessa ubiquidade potencial do conflito. Nessa hipótese, as rivalidades latentes entre grupos e lideranças individuais funcionariam (como de fato

[17] Ver Rodrigues e Rodrigues (1972, v. 4, t. 1, p. 107 e 241). Ver também Pang (1988, cap. 8). Para Nunes Leal (1986:78-79), o risco maior da descentralização estaria na abolição do trabalho escravo por algumas províncias e não pelas demais, dando lugar a uma impossível coexistência entre dois sistemas distintos de organização do trabalho, quiçá "abrindo brechas parciais na muralha, que, para subsistir, teria de defender-se como um todo".

funcionaram até estádio bem avançado, já no século 20) como garantia de um "pluralismo" elementar, resistindo à eventual prepotência de facções, a monolitismos partidários e, em última análise, à imposição pura e simples de interventores pelo poder central. Nesse sentido, as mencionadas rivalidades, incrustadas na estrutura social, têm o potencial de forçar a emergência *ex partes* de alguma concórdia e até da impessoalidade, isto é, a formulação e a aceitação de algum procedimento mutuamente aceitável.

É difícil avaliar qual das duas hipóteses se ajusta melhor às primeiras eleições do Império. No principal relato disponível, de 1872, Francisco Belisário Soares de Souza as descreve como um tumulto sem fim, mas numerosos depoimentos parlamentares sugerem que elas ocorriam de maneira razoavelmente ordeira. Ao se analisar a eleição direta do primeiro regente uno, em 1835 — que mobilizou cerca de 6 mil eleitores —, não parece descabida a hipótese de uma razoável ordem. Por outro lado, é inegável: a possibilidade de excessos e violência gerava permanente preocupação, tanto para o poder central quanto para os grupos dominantes nas províncias. Para o poder central, porque conflitos locais poderiam se ampliar e se multiplicar em focos de agitação regional; para os grupos provinciais, pelo risco a seus esquemas de controle político, enfraquecendo sua posição nas tratativas e eventuais desavenças com o poder central. Estava-se, portanto, diante de um círculo vicioso, devido à insuficiente capacidade arbitral do Rio de Janeiro. Diante das pequenas chances de estabelecer a concórdia de maneira espontânea, era mister sua imposição pelo poder central. Este, por sua vez, era também débil e tinha razões de sobra para temer um envolvimento excessivo no manejo dos problemas regionais. O envolvimento traria consigo o risco da intervenção facciosa e, em consequência, da multiplicação em curto prazo dos conflitos que se pretendia equacionar e estabilizar.

Os presidentes de província e o facciosismo

O sistema político propiciava oportunidades muito frequentes de intervenção facciosa por parte dos agentes do poder central — ou razões e pretextos para as ações deles serem percebidas dessa maneira. Segundo Uricoechea (1978:109-111), o presidente provincial, "responsável apenas frente à Coroa", foi o grande instrumento da centralização política, permanecendo como tal em meio à "impressionante descentralização" introduzida na década de 1830. Ao contrário, porém, dos cronistas da época, Uricoechea não dá ênfase às contradições inerentes a esse cargo. O fato de que, de modo geral, a escolha para o governo era feita entre não naturais das províncias, daí resultando um rodízio semelhante ao dos antigos impérios orientais, leva-o a estabelecer um paralelo demasiado estreito entre nossos presidentes de província e os antigos *literati* chineses. Parece-me possível identificar alguma semelhança na curtíssima permanência dos presidentes de província no cargo (pouco mais de um ano, em média), com o objetivo de imunizá-los contra as facções provinciais, mas no geral as diferenças preponderam. Ao contrário do império chinês, no qual prevalecia o que Uricoechea chama de "politicagem cortesã", o Brasil do século 19 praticou com razoável amplitude a política parlamentar e eleitoral.

O presidente de província devia seu cargo ao poder central, ou seja, ao Gabinete de Ministros, que contava com ele para o objetivo imediato de ganhar eleições e se manter como maioria. Assim, em teoria neutro, o presidente só poderia tornar efetivo seu poder na medida em que distinguisse facções menos ou mais leais ao governo central; fomentando tal distinção, ele corria alto risco de ser envolvido por uma das facções em luta. Essa discrepância entre o poder teoricamente neutro e a prática inerentemente facciosa do papel de governador devia-se também, em parte, ao desigual desenvolvimento das províncias e ao isolamento de muitas delas, como se pode depreender dos debates da primeira legislatura. Em 1826, na discussão sobre se o voto dos conselheiros provinciais deveria ou não ser secreto, alguns deputados, como Souza França (Rodrigues e Rodrigues, 1972, v. 3, t. 2, p. 138), recorreram a elegantes eufemismos em defesa do sigilo: "A maior parte dos conselheiros hão de ser tirados da ordem dos lavradores e negociantes; estes têm relações, têm famílias, têm contemplações, têm, finalmente, mil motivos para se verem muitas vezes embaraçados e vexados nos debates do conselho". Outros, como Almeida e Albuquerque (Rodrigues e Rodrigues, 1972, v. 3, t. 2, p. 142), foram mais diretos:

> Quais hão de ser conselheiros das províncias? Um capitão de ordenanças, que trata de agradar ao seu capitão-mor; um tenente de milícias, que todo se dedica ao seu comandante; um vigário, que não quer desagradar ao seu prelado; e todos cheios de contemplações para com o Presidente, e governador das armas.

Também em 1826, no debate sobre a implantação dos primeiros cursos jurídicos, o liberal mineiro Bernardo Pereira de Vasconcelos não perderia oportunidade tão preciosa para ironizar o governo, defendendo a instalação dos cursos somente na capital do Império:

> Quem é que se atreverá a explicar a Constituição em qualquer das nossas províncias? Um presidente, com a maior facilidade, manda-o para aqui, dizendo que é demagogo e revolucionário; isto é o que todos nós temos visto. Lá faz-se só o que o presidente quer, e aqui não estamos nas mesmas circunstâncias, é uma cidade mais iluminada, os déspotas daqui não estão tão livres como nas províncias, onde se pode dizer sem medo de errar que os presidentes são os herdeiros dos capitães-generais. Não me admiraria se soubesse que um presidente de província, onde estivesse o curso jurídico, tinha mandado em ferros para as fortalezas desta Corte os professores e os estudantes, como republicanos e incendiários [Rodrigues e Rodrigues, 1972, v. 2, t. 1, p. 233].

O risco da over-extension *e o recurso à cooptação*

Uma centralização enérgica, que erradicasse de vez o princípio representativo, teria sido de melhor alvitre? Esta é a hipótese da "ditadura monárquica", não tão teórica, pois foi cogitada por Pedro I em 1829-1830. Ora, se a descentralização suscitava o espectro pavoroso do federalismo e da fragmentação, uma centralização mais forte equivaleria a envolver um poder central fragílimo na administração de conflitos locais e regionais. Multiplicar-se-iam, sem nenhuma dúvida, os riscos de intervenção facciosa e as chances de novos conflitos e rebeldias. Tornado demasiado frequente, o recurso à força perderia sua condição de *ultima ratio*. Nessas circunstâncias, o poder central se exporia fatalmente ao que em inglês se costuma designar *over-extension* — "sobre-extensão" ou esgarçamento —, com a consequente exaustão de seus recursos dissuasórios e repressivos.

A grande vantagem do poder central estava em poder bater uma a uma as rebeliões que eclodissem, evitando se envolver em várias ao mesmo tempo. Lutando simultaneamente em diversas frentes, ficaria como um polvo que, espalhando seus tentáculos, visse cada um deles ser arrancado por criaturas monstruosas. Era esse o cenário temido, e mais ainda no período regencial, quando a Revolução Farroupilha começou a testar severamente a capacidade repressora do governo. A esse respeito, são bem instrutivos os debates no Senado e na Câmara, não obstante o desconto que se lhes deva dar em função dos objetivos políticos dos participantes. Em 1836 — "alarmado e querendo alarmar as Câmaras", na expressão de Honório Rodrigues (Rodrigues e Rodrigues, 1972, v. 1, p. 109) —, diria o então regente Feijó: "O vulcão da anarquia ameaça devorar o Império; aplicai a tempo o remédio". Em maio de 1838 seria a vez de Bernardo de Vasconcelos, a essa altura já convertido em expoente do "regresso" conservador e acumulando as pastas da Justiça e do Império. Interpelado por Montezuma (Rodrigues e Rodrigues, 1972, v. 3, t. 2, p. 184) sobre a incapacidade do governo de debelar as rebeliões no Rio Grande do Sul e no Pará, respondia-lhe Vasconcelos, com sua costumeira rispidez:

> Não rebentou depois do encerramento da Assembleia Geral a rebelião da Bahia? Por que razão não se dá apreço algum aos esforços feitos pelo governo para restabelecer a ordem na capital da província da Bahia? Não se lembra ao menos o nobre deputado de que, por essa rebelião, o governo não só mandou para a Bahia dinheiro e forças, mas ficou privado do dinheiro, das forças e dos valiosos auxílios que aquela província presta à União?

Em 1839, já fora do governo, criticando-o pela mesma incapacidade, Vasconcelos (Rodrigues e Rodrigues, 1972, v. 3, t. 2, p. 238) intervém no debate sobre a Fala do Trono para defender sua anterior atuação como ministro. Questionado, por exemplo, por não haver determinado o confisco do gado proveniente das regiões controladas pelos rebeldes farroupilhas, responde:

> Desde 1821, o país está em agitação; uma oposição tão aturada deve necessariamente ter penetrado em todos os poros do corpo nacional. Em tal situação, foi o país dotado com instituições as mais liberais; refiro-me principalmente às instituições judiciárias. Pode alguém, neste estado de coisas, esperar que uma ordem que ofende a muitos interesses, e de cuja legalidade se possa duvidar, como [essa] de apreender o gado aos que fizeram esse comércio ilícito, não fosse dar pretexto ao menos aos interessados nesse comércio, para alterarem a tranquilidade pública? E um governo que tem tão poucos meios, que, segundo a opinião de um nobre senador, não tem autoridade, nem força para fazer bem, *um governo tal, há de provocar, há de multiplicar as dificuldades*? [grifo meu].

Uma medida de tão alta importância [como o confisco do gado dos revoltosos], diria Vasconcelos, "e tão pouco favorecida pela legislação do país, não podia, sem grande imprudência, ser decidida pelo governo, *era preciso que ele viesse procurar a força necessária no seio do corpo legislativo*" (Rodrigues e Rodrigues, 1972, v. 3, t. 2, p. 238, grifo meu). Se o discurso de Bernardo

Pereira de Vasconcelos já explicitava a conexão entre o "dogma liberal" da representação e a desejada efetividade do poder central, o de Feijó, na mesma sessão (Rodrigues e Rodrigues, 1972, v. 3, t. 2, p. 233), iria mais longe, argumentando que a fragilidade do poder central e o facciosismo de suas intervenções no cenário local eram verso e reverso de uma só moeda. A essa altura, Feijó estava fora do governo, marginalizado e ressentido, mas isso não reduz a relevância de sua intervenção para o ponto que estou expondo:

> Quando o trono nos diz que se alegra muito com esse espírito de ordem das outras províncias, sabendo nós o contrário, isto é, que não há tal espírito de ordem, que mais diríamos nós em resposta ao trono sem escandalizá-lo? Nunca o Brasil esteve em mais desordem do que está atualmente. Em todas as províncias são atropeladas as eleições, sabemos que esse elemento de liberdade está acabado. Não há hoje uma eleição para juiz de fora que seja eleição do povo; três ou quatro indivíduos atropelam tudo, e fazem o que querem. Ora, se o Senado representa o Brasil, deve dizer ao trono que esse espírito de ordem que [ele] nos inculca só se dá no sentir do gabinete, [que precisa ser corretamente] informado, de que o Brasil está perdido, que o espírito de desordem progride em toda parte.

De acordo com José Honório Rodrigues (Rodrigues e Rodrigues, 1972, v. 1, p. 155), movimentos populares do tipo da Cabanada eram reprimidos com muito maior violência do que as dissensões de elite, como a Farroupilha. Seja como for, o temor à *over-extension* se aprofundava diante da possibilidade de uma rebelião se generalizar, transformando-se em insurreição republicana ou popular. Essa percepção acentuava a preocupação com a "legalidade" e com a redução do conflito *inter pares*, e contribuiu para a formação de uma agenda política mais ambiciosa: a antecipação da maioridade de Pedro II, a cooptação dos revoltosos e a incorporação deles a um padrão de disputa partidária — digamos assim — normal, institucionalizada, menos arraigada em princípios. Em 1840, Álvares Machado (Rodrigues e Rodrigues, 1972, v. 3, t. 2, p. 236-244) diria exatamente isso: não haveria paz sem um governo com o prestígio da monarquia; retardando a maioridade, o Parlamento mais cedo ou mais tarde seria levado de roldão por alguma rebelião descontrolada:

> Supondo, por um momento, que um movimento popular derribasse este governo e pusesse sobre o trono o senhor dom Pedro II, quem nos diz que o povo parasse no lugar que a providência indica? Senhores, isto de movimentos populares é como o rochedo

que está no alto da montanha; o homem muitas vezes pode aluí-lo, desmanchar-lhe a base, fazer com que se despenhe; mas dirigir-lhe o movimento para onde se quer não é dado a ninguém; e algumas vezes acontece que rola por cima dos mesmos que tiveram a imprudência de lhe abalar a base. [...] Senhores, eu não conheço outro remédio para nossos males; tenho quase convicção de que os republicanos do Rio Grande do Sul, esse Bento Gonçalves, Bento Manuel, Netto, Crescêncio, todos estes homens que atualmente desmantelam o País, esses mesmos corifeus do partido republicano, desde o momento em que um governo moral e estável abra as portas à esperança, [hão] de entrar pela barra do Rio de Janeiro [...].

Das antigas facções à modorra

Analisando o movimento centralizador iniciado na década de 1840, Uricoechea (1978:115) caracteriza o sistema político do Império como "uma série ascendente de pactos [...] cada vez de maior envergadura", tendo como pressuposto a "aguda consciência [por parte do governo central] dos frágeis limites de sua autoridade e da ordem legal que tinha conseguido instituir".

Ao iniciar-se o Segundo Reinado, reduzir o conflito *inter pares* implicava, antes de mais nada, diluir as facções rancorosas formadas ao longo das lutas da Independência e da Regência.[18] A prudência aconselhava a cooptar vencidos e desgostosos, canalizando sua atuação para o âmbito parlamentar. Mais amplamente, tratava-se de envolver no jogo político as facções inclinadas a levar a extremos o combate por princípios ou por doutrinas. Além de uma razoável credibilidade da competição eleitoral nas localidades e províncias, a consecução desse objetivo exigia uma atitude, ou uma política, explícita por parte do governo. E, de fato, a absorção dos partidos da Regência pelo jogo parlamentar normal seria encetada de maneira consciente já na década de 1840, com novas anistias aos envolvidos nas rebeliões liberais de 1842, na Farroupilha (em 1845) e na Praieira de 1848-1849, culminando na "conciliação" arquitetada e conduzida a partir de 1853 pelo marquês do Paraná.

A expressão duradoura dessa política viria com o amadurecimento pessoal e político de dom Pedro II. Valendo-se das prerrogativas constitucionais do Poder

---

[18] A rigor, não cabe falar em partidos no período regencial. O que existiam eram instáveis e camaleônicas facções parlamentares. Ver Rodrigues e Rodrigues (1972, v. 1, cap. 11), Oliveira Torres (1957, cap. 17) e Arinos (1974).

Moderador, o monarca empenhou-se em consolidar os partidos parlamentares e absorver dissidências potencialmente perigosas para o sistema. Mas essa ação tinha verso e reverso. Ao induzir a alternância que o processo eleitoral por si só não parecia capaz de assegurar, Pedro II, na verdade, controlava toda a atividade partidária; sua intervenção "moderadora" falseava no nascedouro a lógica do regime parlamentar, pela qual o comando do governo cabe ao partido com maior número de deputados eleitos. Assim, ao resolver um problema, o imperador criava outro. Reconciliadas, as antigas facções se transformaram em partidos políticos mais ou menos iguais, apêndices parlamentares da Coroa, ambos liderados por notabilidades ligadas ao senhoriato rural — vale dizer, aos clãs ou parentelas patrícias que dividiam entre si o controle das províncias e localidades. Tem aí início a percepção de que a vida política se esvaziara e estiolara. Como consequência, os rótulos de liberal e conservador foram perdendo a importância que haviam tido durante a Regência.

Um paralelo com a Revolução Gloriosa e o início de uma política propriamente parlamentar na Inglaterra ajuda a compreender a transformação ocorrida na passagem da Regência para o Segundo Reinado. Conforme explica Mansfield Jr. (1964:945),

> o governo partidário começou na Grã-Bretanha somente depois que um determinado programa [de construção do poder central] logrou dissolver os grandes partidos do século 17. O governo partidário [moderno] não é um desenvolvimento evolutivo que se tenha observado a partir das lutas de religião. Ao contrário, ele exigiu a dissolução dos grandes partidos [da época revolucionária].

Como se vê, Mansfield Jr. identifica como "grandes partidos" as facções em confronto durante as lutas religiosas, e não os partidos que mais tarde viriam a se enfrentar de modo pacífico no Parlamento. A semelhança com o caso brasileiro transparece com nitidez num trecho do conselheiro Francisco de Sales Torres Homem, visconde de Inhomirim, citado por Euclides da Cunha (1967:216):

> Entre a decadência dos partidos velhos que acabaram o seu tempo e os partidos novos a quem o porvir pertence, virá assim interpor-se uma época sem fisionomia, sem emoções, sem crenças, mas que terá a vantagem de romper a continuidade da cadeia de tradições funestas e de favorecer pela sua calma e pelo seu silêncio o trabalho interior de reorganização administrativa e industrial do país.

A falta dessa distinção entre "grandes partidos" e partidos parlamentares normais tem levado alguns historiadores a, inconscientemente, avaliar como "verdadeiros" ou "autênticos" os partidos da Regência, inclinados à guerra, e como "inautênticos" ou "artificiais" os do Segundo Reinado, que bem ou mal tratavam de organizar a política em tempo de paz.

Conclusão

Encerrado o ciclo da desordem, fecha-se o horizonte da fundação e entreabre-se o da evolução institucional. No início assimilada somente em seu sentido originário de autorização, no estrito âmbito de um condomínio de senhores e notáveis, a representação passa pouco a pouco a ser entendida com a carga social substantiva, característica do Estado democrático moderno. O problema é o fosso, a ser franqueado em algum momento, entre a representação "necessária" e a "verdadeira". "Necessária", nos primórdios do Império, é a representação hobbesiana, ou seja, a eleição (mesmo sujeita a fraudes) que apenas autoriza a investidura de indivíduos privados em posições oficiais com o fim de pacificar as disputas. "Verdadeira" é a representação ideal, baseada em "eleições autênticas", projetada num futuro distante e indeterminado. Daí em diante, a evolução, ou o ritmo de aperfeiçoamento institucional, transforma-se em conceito político central, fator-chave na legitimação do sistema democrático-representativo.

2

Eleições e eleitores: a difícil progressão aristotélica

Cultivada desde meados do século 19, a literatura pirrônica legou-nos centenas de valiosas e até espirituosas descrições dos "currais eleitorais", dos "grotões", do "voto de cabresto", das "atas falsas" e das eleições a "bico de pena". Por décadas a fio, as deformações do processo eleitoral foram retratadas como uma teratopagia só possível mesmo no Brasil, ou que teria aqui assumido uma forma especialmente abominável, decorrência do leviano transplante de instituições políticas avançadas para uma sociedade incapaz de praticá-las. Como o peixe do ditado, incapaz de ver a água, nossos historiadores e cronistas quase sempre se descuidaram de indagar se mazelas semelhantes não teriam ocorrido também nos países mais adiantados, nas etapas iniciais do sistema representativo. Mas o fato é que ocorreram. Inclusive nas democracias mais aperfeiçoadas, o desenvolvimento das instituições eleitorais foi mais lento e difícil do que em geral se imagina.[19]

Para bem delinear o objeto da discussão, concentrar-me-ei em quatro problemas que ocuparam efetivamente a atenção de sucessivos governos, legislaturas e estudiosos da temática eleitoral:

1) O conflito *inter pares*: proteção às minorias no processo eleitoral.
2) Representatividade: o interesse em eleger interlocutores válidos, e não indivíduos desprovidos de liderança ou meras criações ministeriais.

[19] A proporção ou o peso relativo das referidas deformações variou de um país a outro. Não estou afirmando que no Brasil tenha sido igual ou menor do que nos países avançados. Essa é uma importante questão de sociologia comparativa, que retomarei no capítulo final deste livro.

3) A abrangência do sufrágio.
4) A "profilaxia" do voto: medidas para tornar as eleições realmente livres, imunizando o eleitor contra a coação e a coerção, o clientelismo e, de modo geral, os efeitos da subordinação social.

Proteção às minorias

A proteção às minorias eleitorais foi objeto de cogitação desde os tempos da Regência, expressando-se em seguidas tentativas de coibir arbitrariedades endêmicas na condução do processo eleitoral — como o poder praticamente ilimitado das mesas receptoras — e em promover reformas do sistema eleitoral *stricto sensu*, das quais a mais importante foi a chamada "Lei dos Círculos", de 1855, instituindo distritos uninominais. Vale lembrar que essa lei nasceu no bojo da política de "conciliação", apresentada como questão de confiança pelo gabinete chefiado por Honório Hermeto, marquês do Paraná, a quem Vamireh Chacon (1978:xxi) se refere como um "traumatizado pela Rebelião Praieira".

Tais providências deram resultados apenas razoáveis — e nem poderia ser diferente, diante da incipiência das práticas eleitorais e da prevalência do espírito de facção nas lutas locais. Como veremos adiante, nessa época as práticas eleitorais eram embrionárias por toda parte. A representação proporcional, instrumento clássico de proteção a minorias, engatinhava ainda até no plano da teoria; como aplicação prática, só faria sua aparição na Europa nos últimos anos do século 19.

A questão da representatividade

A busca da representatividade (ou da "verdadeira representação") envolvia a dificuldade adicional de ser um conceito subjetivo, sujeito a diferentes avaliações quanto ao desempenho potencial de aspirantes a cargos públicos e a opiniões conflitantes inclusive acerca dos papéis a serem desempenhados pelo representante. O ideal seria que os representantes, além de legalmente "autorizados", fossem interlocutores válidos — isto é, porta-vozes dos interesses das "bases" junto ao poder e do poder junto às "bases". Em tese, o sistema representativo seria o arcabouço capaz de pacificar e estabilizar o país. Mas como poderia fazê-lo, se as eleições colocassem na Câmara — como de fato ocorria — um grande número de inexpressivos funcionários e prepostos do próprio governo? E se o próprio governo tratava de cooptar adversários e eleger prepostos?

A elite política do Império abrigava concepções distintas a respeito da "verdadeira" representação. O ministro Bernardo Pereira de Vasconcelos, por exemplo, personificava um elitismo com provável inspiração em Edmund Burke (1730-1797), que predominava também no Conselho de Estado: a ideia de que o representante deve ouvir atentamente os representados, mas decidir segundo os ditames de sua consciência. Dizia Vasconcelos, em 1838 (Rodrigues e Rodrigues, 1972, v. 3, t. 2, p. 179):

> [...] o governo de si mesmo é o único que convém a homens civilizados; e o que desejo eu? É que quando se apresenta algum boato arreado com o nome de opinião pública, que procuremos examiná-lo, consultemos todos os sentimentos, todas as opiniões, todos os interesses, e depois de termos procurado chegar ao verdadeiro conhecimento dos verdadeiros interesses do país [...] [conhecendo então] a opinião pública, obedeçamos aos seus decretos.

Os liberais, de modo geral, concebiam a representação em termos diametralmente opostos, como a autorrepresentação dos próprios interessados. Queriam ver na Câmara e no Senado os porta-vozes diretos dos diferentes setores e regiões.

Às dificuldades decorrentes de premissas conflitantes, é necessário acrescentar a excessiva volubilidade do corpo legislativo, cujo controle passava com facilidade de um partido a outro, produzindo as famosas "câmaras unânimes" do Império. Em 1872, dizia a esse respeito o senador Francisco Belisário (1979:21):

> Como a administração superior se envolve em tudo, o gabinete é por tudo responsável. Um presidente de província que se mantém, um juiz de direito que não se remove, algumas patentes da Guarda Nacional que não se concedem, mudam grupos inteiros na Câmara, da direita para a esquerda, *sem que o país possa dar fé das modificações políticas que por acaso se realizaram* [...] A Coroa aceita ou não aceita a demissão de um gabinete, nomeia outro, dissolve câmaras, exerce, em suma, todas as atribuições legais que lhe confere a Constituição, *sem que a mais leve sombra de contraste ou resistência lhe indique se procedeu acertada e oportunamente* [grifos meus].

Muitos historiadores seguem as pegadas de Belisário, reduzindo a questão da representatividade à inexistência de eleições "verdadeiramente livres" e à "inautenticidade" do sufrágio. Porém os debates na Câmara e no Senado deixam entrever a complexidade da questão, que envolvia até as enormes distâncias a percorrer e a precariedade das comunicações. Nos primeiros tempos, até por volta de 1840, esse problema parece de fato ter sido o que mais se salientou na atenção dos parlamentares.[20] Fruto, em teoria, de uma concepção conservadora, o entendimento "burkeano" da representação se nutria também dessas dificuldades de ordem prática. Brechas, indefinições e percalços de toda ordem antepunham-se ao aperfeiçoamento do processo eleitoral — e, aliás, de toda a administração. Em consequência, exacerbavam-se os antagonismos locais, como observa Uricoechea (1978:113). Na prática, a anêmica engrenagem eleitoral impelia as facções a levar suas disputas diretamente para o terreno político-administrativo.

A dificuldade com a Lei dos Círculos, de 1855, era o fato de desequilibrar a opção entre os diferentes objetivos visados. Proteger as minorias, a lei de fato protegia, mas o fazia ao preço de agravar as discórdias locais — tanto assim que, logo após ter sido aplicada, em 1857, foi alterada em 1860, para cada círculo passar a eleger três representantes, em vez de um. Na opinião dos burkeanos, a lei de 1855 facilitava a eleição de "celebridades de aldeia". Muitos, porém, a avaliavam de maneira positiva. Na visão de Euclides da Cunha (1967:218-219):

> [...] a lei grafava com um rigorismo de cópia a vontade nacional [...] Erguendo diante das velhas influências históricas, sobretudo conservadoras, o prestígio nascente dos chefes ou influências regionais, alastraria de fato, sobre todo o país, as responsabilidades políticas. Seria realmente, consoante a frase de um jornalista da época, o triunfo da causa territorial, "contra o entrincheiramento à beira-mar do velho regime".

Com a "Lei do Terço", de 1875, também chamada de Lei de Representação das Minorias, foram estabelecidas circunscrições ainda maiores do que as de 1860, mas os resultados continuavam insatisfatórios, na avaliação então predominante. Preocupações dessa ordem, sempre colimando uma fugidia "verdade" do sistema representativo, mantiveram-se vivas e finalmente convergiram na ideia de uma mudança mais drástica: a eliminação da eleição em dois turnos,

[20] Ver, por exemplo, o discurso de Paula e Souza transcrito em Rodrigues e Rodrigues (1972, v. 3, t. 1, p. 80-81).

com a instituição do voto direto para a escolha dos deputados e das listas tríplices para o Senado, e a organização de um alistamento eleitoral permanente. Essa reforma se consubstanciaria na Lei Saraiva, de 1881, que discutirei adiante.

O sorites de Nabuco: uma avaliação a meio caminho

Em 1868, decorridos 44 anos da outorga da Constituição por dom Pedro I, José Tomás Nabuco de Araújo enunciaria no Senado seu celebrado sorites: "O Poder Moderador pode chamar a quem quiser para organizar ministérios; esta pessoa faz a eleição, porque há de fazê-la; esta eleição faz a maioria. Eis, aí está o sistema representativo de nosso país!" (Nabuco, 1936:81). Escolhendo como bem lhe aprouve o ministério, o monarca subverteu a prática consagrada dos governos parlamentaristas, pela qual o governo emerge da maioria parlamentar; que, por sua vez, nasce das urnas. Evocando o próprio Benjamin Constant, Carneiro da Cunha (1982:261) escreve que

> sem eleições livres era inútil imaginar contrapesos ao desregramento dos poderes; dom Pedro II aperfeiçoou o mestre e usou as prerrogativas de nomear ministério e dissolver a Câmara precisamente para retificar a distorção das eleições "preparadas". Quer dizer que, desprezando aparentemente a sabedoria popular, o que fez foi procurar servi-la na realidade.

Vai no mesmo sentido a análise de José Murilo de Carvalho (1988:152):

> Pode-se dizer que a interferência do poder Moderador favorecia, antes que dificultava, a representação da minoria, na medida em que tornava temporária a derrota de um dos partidos. Na verdade, era ela que possibilitava a existência do bipartidarismo. Em sua ausência, dificilmente haveria possibilidade de conflito regulado. Ou o conflito seria extralegal, ou seria suprimido através de arranjos de dominação como o que se desenvolveu na República Velha.

Essa linha de interpretação algo tem de reducionismo, pois remete as disfunções do sistema político a uma causa subjacente, a precária base social sobre a qual se erigira nosso regime representativo e, como reflexo, a inexistência de verdadeiras eleições. Inexistindo estas, falsos se tornavam igualmente os partidos e a composição do corpo parlamentar — de real, com perdão pelo trocadilho, haveria apenas a realeza. O ativismo político do Poder Moderador, personificado pelo monarca, seria mera decorrência.

Reduzido à questão da "inautenticidade" eleitoral, o sorites permanece como uma joia de retórica política, mas não é um argumento original. Nas alturas de 1868 já se havia difundido entre juristas e publicistas a consciência de que os processos eleitorais normalmente distavam muito do padrão desejável pela ótica constitucional abstrata, pois não tornavam as escolhas tão esclarecidas e independentes como se supunha que deveriam ser.[21]

Uma leitura mais voltada para a construção institucional do que para fatores subjacentes deve partir das circunstâncias e do motivo precípuo do discurso de Nabuco de Araújo, no contexto evolutivo do Parlamento e do Império. Como é sabido, o discurso do sorites foi consequência da crise que contrapôs o gabinete liberal de Zacharias ao prestígio militar de Caxias. Daí resultou a demissão do gabinete por Pedro II e a dissolução da Câmara de maioria liberal, abrindo caminho para a ascensão dos conservadores. Fugindo a seu estilo habitual e ao constrangimento criado por sua condição de membro do Conselho de Estado, Nabuco conferiu a seu discurso um timbre de veemente protesto, inquinando a decisão do monarca por ilegítima e inclinada ao absolutismo. Portanto, o discurso de Nabuco não foi uma reflexão genérica sobre a alegadamente invertebrada estrutura social da época, e sim uma dissecação das consequências prováveis de uma opção política; expressão de um embate direto na esfera do governo, e não uma avaliação genérica da esfera eleitoral. Nesta, o fato a sublinhar é, ao contrário, o avanço verificado na década precedente, com a redução do controle situacionista sobre os pleitos e a importância que eles, em consequência, vinham readquirindo. A ascensão de Zacharias já refletira esse avanço. Como registra Euclides da Cunha (1967:220): "O princípio democrático renasceu da Lei dos Círculos [1855] e triunfou ruidosamente nas eleições de 1860".

Com efeito, dom Pedro II via-se diante de uma escolha. Se mantivesse o gabinete liberal, demonstraria a validade e o vigor das instituições que ele mesmo se empenhara em estabelecer e personificar. Dissolvendo-o, acomodava-se à crescente influência militar e evidenciava a fragilidade do edifício constitucional. Escolheu a segunda alternativa. Joaquim Nabuco (1936:76, v. 2) registra com generosidade as razões do imperador — desde logo as referentes à guerra com o Paraguai:

---

[21] É certo que o enunciado textual do sorites começa com uma alusão ao "estado em que se acham as eleições em nosso país", mas esse não me parece ser um elemento essencial. Nabuco provavelmente começou por aí como homenagem ao imperador, pois sabia ser essa a opinião dele.

> Temia [Pedro II], exatamente nesse momento, as mais graves complicações externas, e por isso resolve chamar ao poder o Partido Conservador, o qual então tinha, aos seus olhos, a vantagem de ser, para a terminação da guerra, o partido de Caxias, seu general de confiança [...].

Se as razões externas eram ou não mais ponderáveis que as internas, é outra discussão. Para alguns historiadores, Pedro II decidiu guiado por seu "realismo"; para outros, foi no mínimo inesperada a demissão do gabinete apoiado por uma Câmara majoritariamente liberal. Nesta segunda leitura, a intervenção de 1868 foi despótica, contrária à tendência civilista e evolutiva do sistema parlamentar e ao perfil de árbitro moderado que o monarca construíra para si nas três precedentes décadas. Nessa linha de raciocínio, Tavares de Lyra (1979:197) qualifica a queda de Zacharias como "um tremendo golpe do poder pessoal do imperador". Euclides da Cunha (1967:228) não faz por menos:

> Ora, essa reviravolta, ilógica e contrastando com todos os sucessos anteriores, um inesperado refluxo, fora determinada por um incidente mínimo que dispensa, pela eloquência do próprio enunciado, maiores comentários: o governo de Zacharias, e com ele a situação liberal, caíra em virtude de um pedido de demissão do general Caxias, então à frente do exército vitorioso, esclarecido por uma carta ao próprio Ministro da Guerra, em que o velho militar, conservador da velha guarda, num espelhar de ressentimentos inexplicáveis, se declarava tacitamente incompatível com o gabinete "que visava quebrantar-lhe por diversos modos a força moral".

Arrematando a análise, recorda Euclides da Cunha (1967:229) que, daí em diante, "um traço cesariano [foi-se imprimindo] no platônico Poder Moderador, forjando a extravagância de uma autocracia constitucional". Com a tibieza ou o mau discernimento demonstrado em 1868, afastou-se, pois, Pedro II do espírito institucional que encarnava; e, não por acaso, arcaria daí em diante com acentuado desgaste político e pessoal.

Portanto, existe entre os historiadores uma ambiguidade, diria até uma benigna incoerência. Desvalorizam pela porta da frente as instituições ao qualificá-las como irrelevante superestrutura, e ao mesmo tempo as revalorizam pela porta dos fundos ao situá-las em seu curso evolutivo e condenar a dissolução de 1868 como um grave equívoco. Talvez essa inconsistência tenha origem no próprio texto de Joaquim Nabuco. De fato, ao relatar a repercussão da posição tomada por seu pai, ele inicialmente (1936:81) tenta atenuar a intenção de protesto, sugerindo que a veemência se devera à "liberdade" (vale dizer, ao improviso) do "comentário constitucional". Mas o celebrado biógrafo se corrige no final do parágrafo: se o protesto do pai senador não visava à pessoa do monarca, mais inusitada e abrangente era então a advertência feita por ele no tocante às implicações da decisão de dissolver a Câmara:

> Pela primeira vez no Senado falava-se essa linguagem, taxava-se de *ilegítimo* o uso de uma atribuição constitucional; e pela primeira vez um conselheiro de Estado abria mão de sua posição nos conselhos da Coroa para manifestar ao país, do alto de sua cadeira de senador, *as suas apreensões acerca de um governo absoluto de fato*. A verdade, entretanto, é que Nabuco assim procedia cheio de respeito pela pessoa do imperador, e só com o pensamento de evitar as consequências do golpe que ele qualificou *como uma fatalidade para as nossas instituições* [grifos no original].

A abrangência do sufrágio

Aos próprios fundadores do Império é que, em geral, se atribui a responsabilidade principal pelo caráter excludente do sufrágio durante todo o século 19. Observemos, pois, a tradição e comecemos por aí o reexame do problema.

O elitismo dos políticos imperiais pode ser demonstrado até com certa facilidade. Já o indicam os critérios delimitadores do sufrágio na Constituição de 1824 (cap. VI, "Das eleições"). Pelo art. 90, o texto de 1824 institui a eleição em dois graus: na esfera da paróquia, os votantes comuns, definidos como a "massa dos cidadãos ativos", escolhiam os eleitores da respectiva província, aos quais cabia eleger os deputados provinciais e gerais e as listas tríplices para a escolha dos senadores. O art. 92 informa quem fica excluído do direito de voto: menores de 25 anos, salvo se casados, oficiais militares ou clérigos; filhos ainda dependentes dos pais; criados de servir (exceto os guarda-livros, primeiros-caixeiros das casas de comércio e administradores das fazendas rurais); religiosos em comunidade claustral; os que não tivessem renda líquida anual de 100 mil-réis por bens de raiz, indústria, comércio ou emprego. Segundo Carneiro da Cunha (1982), esse texto outorgado era menos restritivo do que hoje parece. Não deixando de obedecer ao crivo econômico, à época adotado sem contestações por toda parte, era menos excludente que o adotado no anteprojeto de Antônio Carlos de Andrada, cuja discussão começara no ano anterior, quando dom Pedro I dissolveu a Assembleia Constituinte.

O elitismo evidencia-se até na obra do mais celebrado constitucionalista do período monárquico, Pimenta Bueno (1978:190), que dizia em 1857:

> [...] o espírito mais liberal não pode deixar de reconhecer que o voto universal é uma verdadeira utopia. A razão e o interesse público não podem deixar de necessariamente admitir as incapacidades resultantes do sexo, da menoridade, da demência, da falta de luzes e da ausência de habilitações, que convertem o voto em um perigo social. O voto universal [...] sujeita a parte pensadora da nação, que é sempre comparativamente pouco numerosa, à multidão que não pensa, que não oferece as garantias necessárias, e uma destas é o fato e o sentimento da independência do votante.

Não deixaria por menos o arguto Belisário (1979:131). Condição imprescindível para o exercício do sufrágio, além do pagamento de impostos diretos — prescrevia ele em 1872 —,

> é uma tal ou qual instrução: Conferir o voto ao indivíduo que nem ao menos sabe ler e escrever parece uma zombaria e um contrassenso. Com que aparência de razão pretenderá influir nos destinos de seus concidadãos aquele que ainda não se libertou das trevas mais grosseiras da inteligência?

Mas o bom entendimento da evolução do sufrágio requer uma ótica comparativa, com especial atenção aos debates e lutas ocorridos nos países adiantados desde o início do século 19. Na realidade, conceitos e preconceitos bem semelhantes aos nossos eram comuns na "parte pensante" das principais nações europeias e nos Estados Unidos. Na verdade, quatro ou cinco linhas após o trecho acima citado, Belisário convoca ninguém menos que John Stuart Mill para reforçar sua proposta de exclusão dos analfabetos.

Poucos anos antes da reforma de 1832, que ampliou o sufrágio na Inglaterra, um cavalheiro alemão, G. F. W. Hegel (1969:316) descrevia de modo nada lisonjeiro o eleitorado britânico, sempre louvado como o mais esclarecido da Europa:

> O que se conseguiu realizar na Alemanha há mais de um século pelo imperceptível trabalho da educação científica, e pelos príncipes, com sua sabedoria e seu amor à justiça, a nação inglesa até hoje não adquiriu por meio de sua representação popular; e no novo projeto de lei não se veem as disposições especiais que seriam necessárias para conferir à penetração de espírito e ao verdadeiro conhecimento o [necessário] predomínio sobre a crassa ignorância dos caçadores de raposas e da pequena nobreza

rural. Igualmente improvável, não obstante a elevação dos requisitos qualificadores baseados na propriedade, é que desapareçam as numerosas semanas de farra e bebida a que as massas inglesas, com sua ilimitada bestialidade, são estimuladas, e durante as quais elas recebem seu pagamento.

O cavalheiro em questão, professor de filosofia em Berlim, era um homem de seu tempo. Devemos então admitir que também Belisário, em cuja época o sufrágio universal era invariavelmente percebido como um grande risco pelo suposto estímulo a comoções populares, se mostrou um homem de seu tempo ao escrever: "Não devemos esperar que no Brasil se faça o que em outros países, contaminados pelos princípios ultrademocráticos, não se tem conseguido dos legisladores".

Realmente, não era muito o que se havia até então logrado no sentido da ampliação do sufrágio. Examine-se, a propósito, a tabela 1.

Tabela 1
Abrangência do sufrágio no período da *parlamentarização*, no Brasil e em países selecionados

Países	Período aproximado da *parlamentarização*	Votantes: % de votos emitidos sobre população total	Implantação do sufrágio universal	
			Homens	Mulheres
Brasil	1847	11	1891	1933
Bélgica	1831	1	1893-1919	1948
Estados Unidos	1776	(5-10)	1860	1920
França	1814-1830	0,3	1848	1946
Grã-Bretanha	1830	2	1832-1884	1928
Itália	1861	2	1912	1946
Suécia	1917	19	1921	1921
Suíça	1848	(5-10)	1860	1971

Fonte: elaborada pelo autor, com base nos seguintes dados: (a) para o Brasil, a estimativa de 11% de votantes em 1872 refere-se ao número de votantes de primeiro grau em relação ao total da população não escrava; baseia-se em dados coligidos por José Murilo de Carvalho (1988:141); (b) para os demais países: Nohlen (1981:56-64) e Carstairs (1980, capítulos correspondentes aos países europeus selecionados); para os Estados Unidos, Lane (1959:16-22).

Obs.: (1) "período da parlamentarização" é o momento aproximado em que o Parlamento começou a afirmar suas prerrogativas frente à Coroa, ou, sendo o regime presidencialista, em que a separação de poderes entre Executivo e Legislativo ganhou contornos nítidos e estáveis; para o Brasil foi escolhido o ano de 1847, que corresponde à criação do cargo de presidente do Conselho de Ministros; (2) sufrágio universal: data aproximada em que o sufrágio foi estendido a homens e mulheres e foram suspensas as restrições baseadas na propriedade, na renda etc., típicas do "voto censitário". É natural que comparações estatísticas tão amplas contenham imprecisões; por isso, o que mais importa é o cenário geral que elas transmitem.

Pode-se facilmente verificar que a amplitude do sufrágio (percentual de eleitores na população total) era muito pequena em todos os países parlamentarizados no final do século 18 ou na primeira metade do 19. Em um dos países considerados, Suécia, o sufrágio era muito amplo no ano da parlamentarização, e isso se explica pelo caráter tardio desta: 1917. Outro indicador importante é o ano da implantação do sufrágio universal, isto é, a concessão do direito de voto sem restrições quanto a renda, propriedade ou grau de escolarização. O Brasil é bem peculiar nesse aspecto, como veremos adiante.

A primazia na extensão do direito de voto às mulheres em nível nacional coube à Nova Zelândia, em 1893, seguida pela Austrália, em 1902. Os Estados Unidos admitiram o voto feminino em 1920, a Suécia em 1921 e a Grã-Bretanha em 1928. No Brasil, o sufrágio feminino foi debatido na Constituinte de 1890-1891 (Lamounier, 2004:337-339; Roure, 1988), mas adotado apenas em 1933, como parte do "pacote" de mudanças implantado pela Revolução de 1930. Na Itália e na França o voto feminino foi introduzido em 1946; na Bélgica, em 1948, com muito conflito; na Suíça, em 1971.

Os dados da tabela refletem um fato conhecido: o predomínio, por toda parte, no século 19, do chamado "voto censitário". Elitista à luz dos critérios hoje aceitos, ele era, entretanto, um avanço importante em relação à precedente representação estamental, que consagrava em sua própria composição a segmentação da sociedade em termos de nobreza, clero, burguesia e agricultores. Era essa a razão pela qual Hegel invectivava a reforma eleitoral inglesa de 1832: simpático aos estamentos, via com horror a Inglaterra abrir as portas ao "individualismo abstrato" entronizado pela Revolução Francesa.

Quanto à organização, recorde-se que o Parlamento da Suíça, embora importante, permanecia nitidamente estamental até 1917. A Suécia ainda mantinha eleições indiretas e sufrágio censitário no final do século 19, além de praticar em escala impressionante o chamado "voto plural", então existente também em outros países da Europa. Baseado na propriedade, ou em critérios de "maturidade" — vale dizer, de conservadorismo —, tal sistema consistia em forte ponderação das eleições para o Senado, fazendo o voto de certos eleitores muito ricos, por exemplo, proprietários de imóveis, pesar centenas de vezes mais que o do eleitor comum. No início do século 20, na Suécia, concedia-se ainda um voto duplo aos homens casados e mais velhos, considerados mais responsáveis (Carstairs, 1980:98-102).

A concepção mais radicalmente democrática do sufrágio é, como se sabe, a de origem francesa, reminiscente de Rousseau; mesmo assim, por muito tempo permaneceu nesse país uma considerável distância entre o discurso jacobino e as realidades práticas da democracia. Conquanto o voto censitário tenha acabado para os homens em 1848, Carstairs (1980:175-176) avalia que o processo eleitoral não funcionou de maneira equilibrada e com respeito mútuo entre as partes senão a partir da Terceira República, instituída em 1870. Robert Lane (1959) descreve o caso francês como um padrão irregular de extensão e retração do direito de voto, em contraste com a progressão razoavelmente contínua que se observou na Inglaterra e, até certo ponto, também nos Estados Unidos.

Nos Estados Unidos, cuja evolução democrática é objeto de frondosos e justificados encômios, a exclusão das mulheres, a escravidão e a atribuição aos estados de competência legislativa em matéria eleitoral retardaram por muito tempo a ampliação do direito de voto. Tomando como base as eleições presidenciais, Lane (1959:16-22) informa que o número de votantes equivalia, em 1824, a 3,8% da população (excluídos os escravos); o eleitorado como um todo estaria entre 5% e 10% da população. Quatro anos depois, com a atenuação das restrições de caráter econômico (impostos e propriedade), o percentual de votantes subiu para 11%, alcançando 17% em 1860. Outro salto substancial só ocorreria em 1920, incluindo o voto feminino e chegando a 25% da população.

Na Inglaterra, a parlamentarização se configura no início do século 19 e o sufrágio se amplia pouco a pouco, por meio de diversas reformas, em particular as de 1832 e 1884. Estima-se que, às vésperas da reforma de 1832, o eleitorado inglês correspondesse a 1,8% da população; após a reforma, segundo Nohlen e Fernández (1998), esse percentual teria subido para cerca de 7% e atingido 12% depois da reforma de 1884. Entretanto, permaneciam diversas restrições — das quais a principal era a exclusão das mulheres — que não se resumiam ao direito de voto. Nessa época, persistia também um sistema eleitoral arcaico e heterogêneo, com distritos uni e plurinominais (Marx e Engels, 1953:261-171; Carstairs, 1980:190-197).

Também na Itália a realidade distava muito dos padrões constitucionais idealizados pelos quais se pautava então o debate público em todo o mundo. Não por acaso, grassavam com especial vigor contestações pirrônicas, direitistas ou esquerdistas, à democracia representativa. A parlamentarização se deu em 1861, com base no Estatuto Albertino, seguindo o modelo de organização bicameral do Piemonte, com um Senado vitalício e uma Câmara temporária. O direito de voto era concedido aos homens maiores de 25 anos, alfabetizados e proprietários — menos de 2% da população. Em 1885, o limite de idade foi reduzido para 21 e relaxados os outros critérios, elevando o indicador para 7%. No entanto, em 1894, o temor causado por agitações operárias estimulou novas restrições, que diminuíram o eleitorado de 9% para algo como 5% ou 6% da população. Uma expansão substancial iria ocorrer apenas em 1912, deixando evidente a curta experiência do país com o regime representativo no período anterior à Primeira Guerra Mundial e à ascensão do fascismo.[22]

Verdade é que a política parlamentar italiana do último quarto do século 19 até a véspera da Primeira Guerra Mundial não diferia muito da brasileira. Daí a curiosa coincidência de um autor recente (Allum, 1973:6) descrevê-la praticamente nos mesmos termos do sorites de Nabuco:

> [A partir de 1876] Depretis, o novo primeiro-ministro, aperfeiçoou o sistema chamado "transformismo", com o objetivo de assegurar uma permanente maioria situacionista, independentemente do partido que estivesse no governo. Isso foi possível porque, no Parlamento italiano, as maiorias eram criadas pelos governos, não os governos pelas maiorias.

No Brasil imperial, o grande divisor de águas foi a Lei Saraiva, de 1881, que teve como objetivos, por um lado, restringir o sufrágio ao abolir a eleição em duas etapas e, por outro, dar início a um sistema de alistamento permanente. Com a eliminação do primeiro turno, desapareceriam os chamados "votantes de primeiro grau", que constituíam a grande massa de eleitores. Considerava-se que a eleição indireta (em dois graus) fomentava artificialmente as fraudes e violências — não só por sua mecânica confusa, mas também porque forçava os candidatos e partidos a disputar o apoio de um eleitorado imenso, formado em sua maioria por pobres e analfabetos desinteressados ou incapazes de compreender o que lhes era apresentado nas plataformas eleitorais.

Nessa época, convém lembrar, não havia cédula de identidade nem título de eleitor, e a fotografia não era ainda concebível como recurso de identificação. Assim, as possibilidades de fraude eram tão elásticas quanto a "propensão a

[22] A atmosfera de "inautenticidade" democrática da política italiana aparece com força em centenas de ensaios históricos e literários. Ver, por exemplo, o estudo de Salomone (1960) sobre Giolitti, chefe político e exímio "preparador" de eleições do início do século 20.

fraudar" dos agrupamentos políticos. A precariedade dos transportes e das comunicações dificultava a fiscalização e multiplicava as chances de incidentes, reavivando continuamente o antagonismo e o espírito de facção entre parcelas da elite. A solução alvitrada foi, portanto, cortar o mal pela raiz, suprimindo o primeiro grau. Argumentos ponderáveis podem ser mobilizados contra e a favor da lei em seu contexto histórico, mas os efeitos dela foram claros. No que concerne à qualidade dos pleitos, os resultados foram, sem dúvida, frustrantes, pois o aperfeiçoamento do processo eleitoral dependia de muitos outros fatores. A distância entre o ideal e a prática permaneceria enorme por muito tempo ainda.

Do ponto de vista objetivo, o eleitorado foi reduzido para menos de um décimo. Em estritos termos numéricos, o Brasil entraria na República, agora sim, em situação de extremo atraso em relação à Europa e à América do Norte, que a partir dessa época fariam grandes progressos. Mediante métodos diversos, a Primeira República manteve o percentual de eleitores com relação à população em um nível alarmantemente baixo — tão baixo, como lembra José Murilo de Carvalho (1988:140-141), que só em 1945 retornaríamos ao nível de 1872. Findo o Estado Novo, em 1945, estávamos a uma distância chocante dos países mais desenvolvidos: o eleitorado brasileiro correspondia então a 13,4% da população, quando nos outros países relacionados na tabela, exceto a Suíça, essa cifra já atingia a casa dos 50%, ou chegava a ultrapassá-la.[23]

A Constituição republicana de 1891 aboliu as restrições referentes à propriedade e à renda, mas manteve a exclusão das mulheres (abolida em 1933) e a dos analfabetos, que perduraria até a reforma de 1985. Ou seja, numa interpretação rigorosa, o sufrágio universal é recente entre nós. Uma leitura mais flexível em relação ao voto do analfabeto parece-me, porém, justificável, por duas razões. Primeiro, o voto do analfabeto não foi objeto de importantes movimentos reivindicatórios. Segundo, o objetivo aqui é determinar se a política de cada país no tocante ao sufrágio se pautou por um ânimo de inclusão ou de exclusão. Ora, se no Brasil o alistamento e o voto são tradicionalmente obrigatórios, a política adotada foi de inclusão, e não de exclusão.

---

[23] A respeito dos debates em torno da implantação da Lei Saraiva e seu efeito redutor sobre o eleitorado, ver Carvalho (1988, cap. 5) e Lamounier (1999:97-109).

A "profilaxia" do voto

Na seção anterior, comparei dados e relatos referentes à abrangência do sufrágio; nesta, procederei de forma equivalente em relação à "profilaxia" do voto, ou seja, ao debate sobre formas de "imunizar" o eleitor e assegurar sua independência. Por profilaxia entendo as ações e medidas que se tem proposto e adotado, principalmente na esfera da legislação eleitoral, a fim de neutralizar a coação e a coerção, reduzir ou eliminar, na medida do possível, os condicionamentos sociais restritivos da liberdade de escolha e, de modo geral, para conferir maior efeito prático ao voto.

Se a ampliação do sufrágio foi a grande questão do século 19, pode-se dizer que a "profilaxia" do voto foi a questão do século 20. Em 1844, somente 12 anos após a primeira reforma eleitoral da Inglaterra, Marx não media louvores ao sufrágio universal, vendo-o como o aríete que poria abaixo a organização do poder baseada nos estamentos (nobreza, clero, povo e agricultores), aquele resto petrificado dos séculos anteriores. Dividindo o Estado entre tais "corpos", a Assembleia dos Estamentos também dividia o próprio cidadão, cuja participação nos negócios públicos convertia-se numa ilusão, e pior, numa ilusão que, na prática, legitimava o monopólio do poder pela burocracia governamental (O'Malley, 1970:LX-LXI).

No Brasil, o debate sobre restrições à liberdade do eleitor vem de longa data. Em meados do século 19, João Francisco Lisboa (1984:198-204) menciona praticamente todas as disfunções e mazelas que aparecerão na literatura posterior. O ponto de partida é sempre a implantação do regime representativo (e, em consequência, do processo eleitoral) numa sociedade tida como inapta para praticá-lo, por motivos econômico-estruturais (concentração agrária, debilidade da economia privada, gravitação da classe média em torno do Estado e do emprego público) ou culturais (excessivamente hierárquica e deferencial). Ainda segundo esse modelo, a ampliação do sufrágio e a importância crescente das eleições, acirrando a competição e a mobilização, teriam intensificado a irrupção de traços negativos latentes, daí resultando a essencial "inautenticidade" ou "perversidade" de todo o mecanismo.

Por uma perspectiva sociológica, é de todo plausível supor que o caráter maciço e generalizado de tais disfunções, decorrentes da formação colonial e da pobreza, tenha aqui produzido uma estrutura sobremodo resistente à mudança e desfavorável à democracia (Fausto, 2000). O ângulo da questão que me proponho a explorar neste capítulo é, porém, distinto. Meu objetivo é mostrar que as mencionadas mazelas eleitorais ocorreram por toda parte, em maior ou menor grau, ou seja, que semelhanças insuspeitadas vêm à tona — tanto nas práticas eleitorais e parlamentares quanto em avaliações morais ou ideológicas a elas referentes — quando se consideram os estágios iniciais do sistema representativo em diferentes países.

Nos Estados Unidos, as mudanças constitucionais posteriores à Guerra Civil (Emendas nº 14 e nº 15 à Constituição) proibiram discriminações quanto ao sufrágio; mas tais medidas, como assinala Robert Lane (1959:14), permaneceram letra morta no Sul:

> [...] as tropas federais acabavam de partir e já os sulistas puseram mãos à obra para afastar os negros das urnas, tarefa que se tornava fácil em vista da apatia e falta de experiência política deles. Onde fosse necessário, os sulistas brancos empregavam a violência e a intimidação, muitas vezes por meio da Ku Klux Klan, outras vezes recorrendo à persuasão, à fraude, ou simplesmente à pressão social.

Pitorescamente, é de Hegel (1969:317-318) uma das melhores descrições de um "curral eleitoral" — não no interior de Minas Gerais ou de Pernambuco, que ele não chegou a conhecer, mas na Inglaterra, em 1830:

> O principal trabalho eleitoral para o qual os candidatos recrutam agentes familiarizados com as localidades e seus respectivos personagens, e com a forma de lidar com elas, é caçar eleitores e trazê-los, especialmente mediante suborno, para votar em seus patrões. Os grandes proprietários de terras arrebanham suas multidões de arrendatários até os locais de votação. Um deputado inglês, Brougham, descreveu de maneira bem engraçada uma cena de sua própria campanha numa eleição passada, na qual arrendatários foram acampados em quintais fechados, com aquecimento, comida e cerveja, e assim subtraídos à influência da oposição; na verdade trancados até o exato momento em que fossem colocar nas urnas os seus obedientes votos.

Exemplos como este podem ser multiplicados com surpreendente facilidade. Em 1848, publicava Engels na *Neue Rheinische Zeitung* uma entusiástica avaliação dos progressos democráticos registrados na Suíça, mas não deixava de mencionar que o número de votos nas urnas às vezes excedia o de cédulas oficiais (Engels, 1972:152-156). Assaz martelada entre nós é também a tecla dos clãs familiares e a persistente absorção da esfera pública pela esfera das relações privadas, falseando em sua essência a vida das organizações partidárias. Oliveira Vianna e Sérgio Buarque de Holanda certamente leriam com interesse uma evocação da política local na região de Haute-Garonne (sul da França) feita por Théodore Zeldin (1979:61-62) em seu livro sobre as "paixões francesas":

> Na época do sufrágio universal, o poder dos nobres dependia, no fim das contas, do apoio eleitoral que eles conseguissem obter das massas. Os nobres podiam exigir ser tratados com a deferência devida aos chefes da comunidade. O conde de Comminges descreveu sua juventude num castelo da região de Haute-Garonne onde os costumes tinham mantido suas cores feudais. Segundo ele, os camponeses eram muito ligados a seu pai, "apesar de serem tratados como negros; os clubes [de nobres] tinham uma eficácia garantida, quando conseguiam se infiltrar nas rivalidades do vilarejo, nas querelas familiares e nas inimizades religiosas. Graças a eles, velhas animosidades puderam se exprimir com toda respeitabilidade, passando pelo problema constitucional ligado ao futuro monarquista ou republicano do país. Sua organização nos ensina no mínimo tanto sobre a estrutura dos clãs no interior do país quanto sobre as opiniões políticas.

Que dizer, porém, da eficácia do voto em sociedades modernas? Que nos diz a ciência política contemporânea sobre o uso que o indivíduo presumivelmente livre faz de sua liberdade? As modernas pesquisas por amostragem — cujo impressionante avanço desde meados do século 20 ninguém desconhece — não sustentam nem de longe o mito segundo o qual a maioria dos eleitores dos países avançados se destacaria por serem atentos, interessados e esclarecidos em questões políticas. Entre as centenas de pesquisas a que poderíamos recorrer, são especialmente ilustrativas as feitas na França durante a década de 1950 e a primeira metade dos anos 1960 — sabendo-se que a França é foco por excelência dessa mitologia de uma sociedade superpolitizada, e que essa foi uma época dramática no país por várias razões, inclusive pela questão argelina. Ver o já citado Zeldin (1979:41-42) e também Converse e Dupeux (1962:23-45) e Converse (1964).

Se não tiverem outra serventia, os relatos acima pelo menos nos alertam contra a conhecida idealização da vida política dos países avançados, cujo reverso é o frequente menoscabo de nossas instituições e práticas eleitorais. Como pano de fundo histórico e comparativo, ajudam-nos a compreender a importância das reformas implantadas pela Revolução de 1930, entre elas o voto secreto, medida "profilática" de inestimável valor, sobretudo nos municípios menores e nas áreas rurais; e a criação de uma Justiça Eleitoral especializada, incumbida de organizar as eleições em todas as fases — do alistamento à votação, à apuração oficial e ao reconhecimento dos eleitos —, providência crucial, que progressivamente reduziria a discórdia e permitiria a operação desimpedida do ciclo representativo. No tocante ao sistema eleitoral em sentido estrito, seguiu-se o princípio da representação proporcional, atendendo à histórica demanda por proteção das minorias. O modelo então adotado — do qual ainda perduram fortes traços — debilita as direções e organizações partidárias em proveito dos candidatos considerados individualmente, mas facilitou o trânsito dos monolitismos estaduais da República Velha à pluralidade partidária que fincou raízes a partir de 1946.[24]

Conclusão

Se o Código Eleitoral de 1932 foi o grande divisor de águas na história eleitoral brasileira, Victor Nunes Leal foi quem melhor flagrou a mudança, descrevendo-a e avaliando-a no justo momento em que ela começava a produzir efeitos. Em 1948, quando escreveu *Coronelismo, enxada e voto*, ele não estava 100% convencido da eficácia da reforma. Como tantos outros analistas de sua geração, o autor superestimava o fardo negativo de nossa formação colonial e escravista. Seu pessimismo prendia-se ao elevado grau de concentração da propriedade fundiária e em particular à fraca sinergia que até então se verificava entre os diferentes componentes do macroprocesso de modernização.

Acreditar na capacidade de propulsão endógena da competição política para afrouxar os laços de dependência do eleitorado rural em relação ao patronato latifundiário parecia uma aposta demasiado idealista para seu gosto friamente analítico. Parecia — e, de fato, era. A barreira do "coronelismo" rural se afigurava tanto maior quanto mais sobressaíam os baixos índices de escolaridade e de urbanização do país e o diminuto volume absoluto do eleitorado. A esses elementos negativos que ele analisou poderíamos até acrescentar outros, como o estágio ainda incipiente das comunicações de nível nacional (primeiro com o rádio, depois com a televisão) e da vida associativa. Revisitando *Coronelismo,*

[24] Sobre as reformas eleitorais implantadas pela Revolução de 1930, ver Nunes Leal (1986, cap. 6), Fichtner e Gama Filho (2001), Kinzo (1981), Nicolau (2002:37-43) e, ainda, as contribuições originais de Assis Brasil (1931) e Rocha Cabral (1932).

enxada e voto (Nunes Leal, 1986), constatamos, por contraste, a crescente eficácia "profilática" da legislação eleitoral adotada a partir dos anos 1930. Não, por certo, a eficácia absoluta almejada por Stephan Darwall (1983), mas a eficácia aristotélica, progressiva, cumulativa, que consiste em assegurar a autonomia do eleitor individual na escala necessária ao advento da incerteza como atributo do processo eleitoral em seu conjunto.

O advento dessa condição é absolutamente nítido no Brasil. Mesmo admitindo a atuação excessiva e maléfica do chamado "coronelismo eletrônico" e a enorme capacidade de manipulação que o governo federal pode exercer por meio de programas de transferência direta de renda às camadas mais pobres, é evidente que os contendores individuais ou partidários não têm, como regra geral, condições de determinar resultados eleitorais agregados. A incerteza é fruto dos diversos processos de mudança aos quais me referi, em especial do crescimento da população total e do eleitorado. Nesse aspecto, vale lembrar que apenas 6 mil pessoas (os eleitores de segundo grau) votaram para escolher o regente Feijó, na década de 1830.

No final do século 19, quando o movimento republicano ganhou força em São Paulo, lembra Casalecchi (1987), o número de eleitores inscritos na província mais dinâmica do país permanecia minúsculo. Em 1886, nenhuma paróquia de São Paulo atingia mil eleitores; em 1897, já no regime de municípios, o da capital contava com 9.700, mas nenhum outro chegava a 3 mil. Em Taubaté, segundo em tamanho, havia 2.700 eleitores. Em 1930, para presidente da República, compareceram às urnas apenas 2 milhões de cidadãos — equivalendo a 5% da população. Importa aqui acrescentar que, durante a maior parte da Primeira República, o eleitorado paulista foi enquadrado no mesmo sistema de partidos únicos "republicanos" que predominava no resto do país, excetuado o Rio Grande do Sul. Foi só em 1926, com a criação do Partido Democrata, que um incipiente bipartidarismo começou a se delinear.

No Brasil, de 1910 a 2018, enquanto a população cresceu 12 vezes, o eleitorado cresceu 125 vezes. Embora a taxa de crescimento do eleitorado tenha sido mais baixa no período 1945-1960, devido ao recadastramento efetuado em 1958, ainda assim o número de eleitores mais que dobrou nesse período, ritmo esse reforçado pela urbanização e maior eficiência do alistamento. No período pós-1964, o ritmo do alistamento não foi afetado pelos 21 anos de governos militares. Os meros 16% da população total habilitados a votar em 1945 chegaram aos 71% atuais, proporção que nada fica a dever às democracias mais adiantadas.

No limiar do século 21, tais constatações numéricas podem soar triviais, mas é preciso lembrar que as percepções, a linguagem, o anedotário, enfim quase toda a literatura pirrônica sobre as eleições brasileiras se baseava na observação de desmandos e coações em microcomunidades: povoados rurais, vilas, cidades de pequeno porte.

Em tais comunidades, durante a Primeira República, as facções rivais podiam prever com facilidade quantos votos teriam e identificar eventuais “traidores”. Isso ocorria não só devido ao pequeno número de eleitores, mas pela prosaica razão de serem tais facções as responsáveis pelo alistamento — e de o voto não ser secreto. Assim, o timbre folclórico que permeia os relatos de manipulações eleitorais tem uma base real: um eleitorado diminuto, disperso entre pequenas comunidades e preso por laços de fidelidade ou subordinação a potentados locais. No plano estadual, observava-se simplesmente a agregação dos resultados municipais, compondo o regime de “partidos únicos” estaduais, característico da República Velha. Estávamos, por assim dizer, no nível mais baixo da escala aristotélica — aquele em que o indivíduo, incrustado na massa social à qual pertence, na verdade não conta e, por conseguinte, a incerteza eleitoral inexiste.

3

O final do Império e a Primeira República[25]

Até a década de 1860, o reinado de dom Pedro II parecia firme como rocha. Os avanços políticos realizados nas quatro décadas precedentes haviam sido notáveis. Com a Independência, o país deixou para trás o absolutismo português, constitucionalizou-se e estabeleceu órgãos próprios de governo. Na virada dos anos 1830 para os 1840, superou a grande crise da Regência. Reconhecendo o equívoco da descentralização abrupta posta em prática pelos liberais, com as leis de 1832 e 1834, os principais dirigentes políticos, Bernardo de Vasconcelos à frente, trataram de revertê-la. Ao mesmo tempo, combatiam rebeliões descentralizadoras e protorrepublicanas em diversos pontos do país. Em 1840, a antecipação da maioridade de Pedro II resolveu de vez a questão sucessória aberta em 1831, com a abdicação de dom Pedro I. Em 1842, o governo controlou novas rebeliões liberais em São Paulo e Minas e, em 1848, a Praieira, em Pernambuco. A criação do cargo de presidente do Conselho de Ministros, em 1847, deu forma definitiva ao regime parlamentar, instituindo a figura de um primeiro-ministro responsável perante a Câmara. A partir de 1853, sob a batuta de Honório Hermeto Carneiro Leão, marquês do Paraná, o governo pôs em prática uma política explícita de conciliação.

Do ponto de vista econômico, o Brasil encontrara uma nova forma de promover o crescimento, depois do açúcar e do ouro: a conexão com o comércio internacional, baseada no café — numa época em que, aliás, eram muito ruins as perspectivas para qualquer outro produto (Furtado, 1963, cap. 20).

---

[25] Este capítulo aproveita trechos de Lamounier (2004, 1999) sobre o fim do Império e a Primeira República, respectivamente.

Implantado inicialmente nas regiões limítrofes de Rio de Janeiro, São Paulo e Minas Gerais, o café logo se tornou nosso principal produto de exportação. Em 1889, ano da proclamação da República, detínhamos cerca de 60% da produção mundial. É importante ressaltar o paradoxo: no início, o café foi decisivo para tirar o país do atoleiro. Entretanto, no fim do século, a superprodução mundial surgiu como uma grave ameaça, levando os empresários da cafeicultura a abrir mão de sua relativa altivez frente ao governo federal. No Convênio de Taubaté (1906), entre manterem certo grau de autonomia política e verem atendido seu pleito de proteção econômica, optaram pela segunda alternativa.

O declínio do Império: anatomia da descrença

"O povo assistiu bestificado à proclamação da República" — conciso e sincero, assim o republicano Aristides Lobo descreveu a indiferença popular diante dos dois lados que se contrapunham no Rio de Janeiro, em novembro de 1889. Mas sua constatação envolvia um paradoxo. Se não havia demanda popular por um novo governo, e muito menos por um novo sistema de governo; se os partidos Liberal e Conservador mal se diferenciavam um do outro; se o Segundo Reinado estabilizara o sistema político, concentrando fortemente o poder nas mãos de um monarca com quase meio século de experiência; e se o país conhecera notável progresso durante o reinado de Pedro II graças ao café, de onde vinha, então, a energia, a combustão para pôr abaixo a monarquia e implantar a república presidencial (sistema cujos resultados nos países vizinhos não eram muito brilhantes)?

Na verdade, a monarquia se decompusera. Desmilinguíra-se sob o peso do desinteresse popular e do desânimo do próprio imperador. Ao se livrar da estagnação à qual parecia condenado, o país pôde perceber melhor a extensão de seu atraso. No século 19, o Brasil importava praticamente todos os manufaturados de que necessitava, inclusive artigos essenciais ao dia a dia, e o nível de consumo era baixíssimo. O censo de 1872 estimou uma população de cerca de 12 milhões, com mais de 80% de analfabetos e 1 milhão de escravos. As cidades, lembra José Maria Bello (1983:12), "a começar pela Corte, eram imensas aldeias, feias e insalubres". O progresso trazido pelo café a uma parte do país dramatizou nossa incapacidade de prosperar de maneira mais rápida e homogênea. Mais para o final do século, o mal-estar suscitado pela constante comparação desfavorável com os Estados Unidos foi agravado pela desarrumação financeira doméstica.

Pedra angular do sistema político imperial, o próprio Pedro II sofreria forte desgaste — às vezes pelo que fez, e com frequência pelo que deixou de fazer — e, com o tempo, também se tornaria um fator de desencanto com o regime monárquico. O Poder Moderador, que ele encarnava, era teoricamente neutro, servindo como um árbitro capaz de induzir mudanças e aperfeiçoar pouco a pouco o mecanismo parlamentar. Mas seu peso era tão grande que uma decisão equivocada ou facciosa por parte do monarca solapava o avanço institucional que lhe incumbia promover. Do discernimento pessoal de Pedro II dependia, portanto, a percepção de um governo assentado em instituições ou, ao contrário, um absolutismo retardado e personalista. A demissão do Gabinete Zacharias, em 1868, foi um divisor de águas. Depois disso, o sistema político passou a ser visto como um artifício, e o meio político se tomou de crescente desencanto com a própria monarquia. Após quase meio século no poder, o desgaste pessoal havia de ser também enorme. Envelhecido, Pedro II desinteressava-se cada vez mais do governo.

Na reta final, a questão da escravatura ganhou dimensão decisiva. Desde a década de 1850, a interdição ao tráfico internacional de escravos, imposta pela Inglaterra, produzia um efeito importante na política interna brasileira, ao enfraquecer cada vez mais a classe escravocrata, grande pilar da monarquia. Impressionados com a sangrentíssima Guerra de Secessão norte-americana, o rei e seu círculo imediato se opuseram ferreamente a delegar tal questão às províncias, temendo que cada uma a resolvesse a seu modo, em atalhos capazes de lançar umas contra as outras. Assim, embora em tese os riscos ligados à escravatura viessem diminuindo, o espectro da fragmentação territorial os robustecia. Com cuidado para não precipitar o colapso das regiões agrícolas mais antigas, como o Nordeste e o interior do Rio de Janeiro, e receando a resistência dos escravocratas, Pedro II e os sucessivos governos optaram por um gradualismo exagerado — exemplificado pelas leis do Ventre Livre e dos Sexagenários. Tais medidas delimitavam em definitivo o estoque disponível de escravos, prenunciando dificuldades para as regiões aferradas à escravidão, que por isso se desinteressavam mais e mais da sorte da monarquia. Como lembra Furtado (1963:161),

> a percepção dominante era de que a abolição representaria uma catástrofe econômica. Mesmo os espíritos mais lúcidos e fundamentalmente antiescravistas, como Mauá,

jamais chegaram a compreender a natureza real do problema e se enchiam de susto diante da proximidade dessa "hecatombe" inevitável.

Por outro lado, a postergação excessiva era prejudicial à cafeicultura paulista, cuja franca expansão colocava a questão da mão de obra na ordem do dia. Na ordem do dia, não a ponto de colocar os cafeicultores numa posição de franca contestação à monarquia; a posição deles foi, no geral, conciliadora e moderada. Mas aqui surge outro paradoxo: ao avocar para si a solução do problema, o poder central empurrou o café para o abolicionismo e, indiretamente, para a República.

Graças a esse conjunto de circunstâncias, a mancha de óleo da contestação se espalhou. Os movimentos republicano e abolicionista praticamente se fundiram, e ambos se beneficiaram de fatores à primeira vista circunstanciais, como: o descontentamento dos militares (sobretudo após a vitória contra o Paraguai), que se consideravam subalternizados na sociedade; a pregação positivista, em sua vertente jacobina, e sua influência na oficialidade jovem do Exército; e o ressentimento da Igreja, cuja hierarquia fora humilhada em recente embate com o governo a respeito das respectivas áreas de autoridade (a chamada "questão religiosa"). Para culminar, havia a questão sucessória. Como escreve Bello (1983:9),

> a nação não tolerava a ideia da chefia do Estado em mãos de uma princesa piedosa e digna, mas casada com um príncipe estrangeiro [tido como] profundamente antipático. Tudo, pois, indicava ao próprio dom Pedro II que o império acabaria com ele. [Sua] mórbida indiferença pela sorte do trono valia como um símbolo dos tempos, ou melhor, de uma ordem de coisas que acabava. O imperador foi honesto e digno, mas o Império nascera condenado a vida efêmera.

Em novembro de 1889, o militarismo que despontava desde o final da Guerra do Paraguai veio à tona com intensidade. Porém, antes da quartelada militar houve o que se poderia chamar de quartelada civil. O calibre de seus integrantes é um bom indício do grau a que chegara a percepção de impasse. A decisão de recorrer à força partiu de políticos como Quintino Bocaiúva, Aristides Lobo, Francisco Glicério e até Rui Barbosa, um monarquista por princípio (Bello, 1983:30).

Os relatos históricos em geral retratam o golpe de 15 de novembro como uma operação simples, embora fossem muitas as incertezas pairando no ar.

O espectro ideológico era amplo: os já mencionados militares influenciados pelo positivismo comtiano, alguns com certa inclinação jacobina, republicanos históricos de vários matizes e monarquistas liberais, como o próprio Rui, que acabavam de abandonar o barco de Pedro II uniam-se pelo óbvio descontentamento com a situação imediata, e não por uma convergência amadurecida de objetivos e pontos de vista. Supunha-se que a Marinha se manteria fiel ao imperador e que a coesão do Exército dependeria da adesão de seus principais líderes, sobretudo do marechal Deodoro da Fonseca, que, além de relutante em participar, não se achava em boas condições de saúde. Na verdade, a decisão de proclamar a República foi tomada de afogadilho, em meio a grande confusão. Os chefes militares e civis do pronunciamento triunfante de 15 de novembro só se decidiram pela proclamação formal depois de ouvirem uma assembleia reunida às pressas na Câmara Municipal. Como seria de esperar, passado o idílio das primeiras semanas, o relacionamento do presidente com os ministros, entre as diversas correntes políticas e até entre lideranças militares, sofreu rápida deterioração.

A magna questão discutida nos albores da República foi a Constituição de 1891 e a influência decisiva de Rui Barbosa em sua elaboração. No momento imediato e por décadas afora, de uma ponta a outra do espectro ideológico, a Constituição foi descrita como uma reles cópia da norte-americana, e Rui, como um incorrigível idealista. A indagação que tais críticos sistematicamente se esqueciam de suscitar era que alternativas havia à disposição. A monarquia, como já se notou, tornara-se completamente inviável. Um regime parlamentarista associado à República, portanto com um chefe de Estado a ser eleito, direta ou indiretamente? Essas opções surgiram e foram adotadas na França e na Alemanha, respectivamente, mas só após a Segunda Guerra Mundial. O que, então, deveria Rui ter feito? Emprestado seu prestígio a alguma solução anárquica ou autoritária — no fundo, a legalização de alguma forma de caudilhismo —, como ocorrera em várias partes da América Latina?

Outro desafio com que o estudioso da Primeira República se depara é como avaliar a chamada "política dos governadores", implantada por Campos Salles (1898-1902). Ao assumir plenamente as rédeas do poder, a partir do governo Prudente de Morais (1894-1898), não quis a elite dirigente cafeicultora de São Paulo e Minas Gerais enfrentar o desafio de implementar um programa político de verdadeira construção institucional, que implicaria revisar a Constituição de 1891 e consolidar a democracia republicana em bases modernas e pluralistas, com melhores práticas eleitorais e uma efetiva organização partidária em nível nacional. Mais urgente, como declarou o próprio Campos Salles, era estabilizar os mecanismos de governo a fim de equacionar problemas econômicos urgentes, em vista da contínua queda no valor das exportações e da perda de credibilidade internacional.

Diante da inexistência de maioria segura no Congresso e da falta de interlocutores partidários com a indispensável capacidade de agregação, e das turbulências se multiplicando nos estados e municípios, a saída encontrada foi, como diz Paulo Mercadante (1978:144), o "malicioso artifício" conhecido como "política dos governadores". Exercendo férreo controle sobre a comissão da Câmara federal, incumbida de reconhecer a eleição dos deputados, o Executivo se comprometia a excluir os que não fossem do agrado dos governadores. Ficavam estes, por conseguinte, com carta branca para lidar como bem lhes aprouvesse com suas respectivas oposições, e em troca davam incondicional apoio ao presidente da República — responsável, na esfera nacional, pela política econômica e pelo encaminhamento do processo sucessório. Ou seja, para assegurar a governabilidade na esfera federal, o pacto de Campos Salles garantia completa autonomia aos governadores e dava carta branca às oligarquias dominantes nos estados. Um longo e flexível cordão estendia-se assim, na descrição de Paulo Mercadante (1978:99), "da União até os municípios, dando a ilusão de menor distância entre a nação e o governo, e garantindo a segurança da unidade nacional".[26]

Ana Luiza Backes (2004) contesta a interpretação tradicional da "política dos governadores" como operação política atrasada, sem outro objetivo além da proteção à cafeicultura e como simples reflexo de uma estrutura de poder "naturalmente" atomizada, federalista e oligárquica. Mostra que a complexidade da política de Campos Salles, sempre subestimada, remonta aos tempos da propaganda republicana e aos embates entre as diversas correntes responsáveis pelo golpe de 15 de novembro. Sua base programática, cujas raízes devem ser buscadas no programa dos republicanos históricos, incluía a modernização da burocracia pública, a defesa da República, do presidencialismo e do federalismo e, no plano econômico, o saneamento das finanças, o resgate do crédito nacional e a atração de capitais externos, em acordo com os centros financeiros internacionais. Nessa linha de interpretação, Backes (2004) se contrapõe à tendência dominante na historiografia, para a qual o colapso da "artificial"

---

[26] Sobre o sistema político da Primeira República, ver Campello de Souza (1971), Dunshee de Abranches (1973), Fausto (1977), Bello (1983), Faoro (1987, caps. 13-14) e Backes (2004).

centralização política do Império teria trazido à tona de modo automático, durante a Primeira República, o "natural" regionalismo do país. Essa visão tradicional subestima outras opções de fato existentes no início do período republicano: de um lado, o próprio autoritarismo militar e nacionalista; de outro, as tentativas de organizar partidos nacionais fortes, como o Partido Republicano Federal (PRF). Para Backes (2004), é, portanto, equivocada a suposição de que a "política dos governadores" fosse a única possível naquele momento, embora ela tenha se revelado eficaz para o objetivo imediato de demonstrar que o Executivo detinha o controle político necessário para implementar o programa econômico aguardado pelos centros financeiros internacionais. Para executar tal programa, o "sallismo" conseguiu derrotar o "florianismo" e convencer os demais segmentos da elite, inclusive os mais interessados na industrialização, de que aquele deveria ser então o objetivo principal.

Provavelmente, uma interpretação satisfatória para todos os historiadores tão cedo não será encontrada. Alguns autores se concentram nos problemas do Executivo em curto prazo e tendem a exaltar a sagacidade da política de Campos Salles. Veem a "política dos governadores" como uma sábia reforma constitucional *de facto*, que alterou radicalmente o funcionamento do federalismo sem mudar uma vírgula na Constituição de 1891. Para os críticos, ao contrário, o referido artifício não resolveu o problema de fundo, representado pela precária governabilidade de uma república sem partidos. Além disso, era de fato malicioso, pois se colocava na contramão das instituições republicanas que era mister construir. Desse ponto de vista, houve um evidente retrocesso, já então percebido, não apenas no tocante ao sufrágio (ponto abordado no capítulo anterior), mas em todos os níveis. Tal fato, aliás, foi constatado com clareza na época: o fortalecimento das oligarquias estaduais estiolou a vida parlamentar, inviabilizou o desenvolvimento do sistema partidário nacional e favoreceu a supressão das oposições no âmbito dos estados. A "política dos governadores" poderia até criar aquela "ilusão" de menor distância entre governo e nação a que se refere Mercadante (1978), mas ao preço, em médio prazo, de um grave retrocesso institucional. A carta branca conferida às "situações" estaduais por certo haveria de multiplicar as "degolas", exacerbar os já conhecidos vícios do facciosismo, encastelar ainda mais as oligarquias e comprometer por muito tempo o desenvolvimento da república democrática.

Entre os opositores da linha adotada por Campos Salles, destacava-se Rui Barbosa. Para ele, a "política dos governadores", embora não mudasse o texto da Constituição, agredia seu espírito, e a esse artifício ele se contrapunha tenazmente. Assim como fora contra os desmandos militaristas de Floriano Peixoto, Rui se colocou de imediato como adversário do civil Campos Salles. Argumentos ponderáveis têm sido invocados a favor do "realismo" de Campos Salles e contra o alegado "idealismo" da posição de Rui. Fato é que a instabilidade continuaria a se manifestar — e com crescente virulência, não apenas nos estados, mas também na esfera federal —, não obstante as votações virtualmente unânimes registradas em sete das 11 eleições presidenciais do período (ver tabela 2).

Tabela 2
Chefes de Estado, competitividade e participação nas eleições presidenciais da *Primeira República* — 1889-1930

Ano	Candidato vencedor	% dos votos válidos	Votantes como % da população total
1889	Deodoro da Fonseca (1)	–	–
1891	Floriano Peixoto (2)	–	–
1894	Prudente de Morais	84,3	2,21
1898	Campos Salles	90,9	2,70
1902	Rodrigues Alves	91,7	3,44
1906	Afonso Pena	97,9	1,44
1909	Nilo Peçanha (3)	–	–
1910	Hermes da Fonseca	57,1	3,19
1914	Wenceslau Braz	91,6	2,40
1918	Rodrigues Alves	99,1	1,48
1919	Delfim Moreira (4)	–	–
1919	Epitácio Pessoa	71,0	1,50
1922	Arthur Bernardes	56,0	2,90
1926	Washington Luís	98,0	2,27
1930	Júlio Prestes (5)	57,7	5,65
1930	Getúlio Vargas (6)	–	–

Fonte: elaborada pelo autor com base em dados oficiais e em Guerreiro Ramos (1961:32).

Obs.: (1) Em 1889, com a proclamação da República, é criado o governo provisório chefiado por Deodoro da Fonseca, que se torna presidente constitucional, eleito pelo Congresso em fevereiro de 1891. (2) Deodoro renuncia à presidência, assumida em 23 de novembro de 1891 pelo vice, Floriano Peixoto, até o final do mandato. (3) Nilo Peçanha, vice-presidente, assume o mandato desde junho de 1909 até o final, devido ao falecimento de Afonso Pena. (4) Enfermo, Rodrigues Alves vem a falecer antes da posse e quem assume é o vice, Delfim Moreira. Novas eleições são realizadas em 1919 e o vitorioso é Epitácio Pessoa. (5) Em 1930, Júlio Prestes vence as eleições, mas o movimento revolucionário o impede de tomar posse. (6) Getúlio Vargas assume como chefe do governo provisório.

Já na eleição de 1910, divergências a respeito do processo sucessório dividiriam o pequeno núcleo dirigente do regime, dando ensejo à candidatura militar de Hermes da Fonseca — contra a qual Rui Barbosa empreenderia notável esforço de mobilização da opinião pública, na chamada "campanha civilista". Outros focos de contestação à república "oligárquica" e "carcomida", com crescente envolvimento de grupos urbanos que dela se sentiam excluídos, surgiriam durante a década de 1920. Em retrospecto, podemos sem dúvida afirmar que a "política dos governadores" agravou o déficit de legitimidade da Primeira República, em particular aos olhos da classe média e dos novos grupos políticos em formação no meio urbano.

As estatísticas referentes às eleições presidenciais mostram de maneira eloquente o atraso político do primeiro experimento republicano. Desagregando os dados da tabela no nível dos estados, vemos outro aspecto essencial: a competição eleitoral só ocorria, quando ocorria, na esfera nacional. Ela se manifestava quando o arranjo oligárquico que controlava o processo sucessório entrava em crise e estados inteiros eram lançados como blocos eleitorais quase unânimes uns contra os outros. Nas três eleições presidenciais disputadas no período (1910, 1914 e 1930), o candidato vitorioso obteve, nas respectivas datas, nos estados onde venceu, a média de 88%, 96% e 85% dos votos; o perdedor por sua vez conseguiu, nos estados em que foi vencedor, 71%, 62% e 85%, respectivamente (Moreira Franco, Oliveira e Hime, 1970; Schwartzman, 2015:109-113).

Na eleição de 1930, a vitória de Júlio Prestes nas urnas foi contestada pelos estados que haviam apoiado a candidatura oposicionista de Getúlio Vargas, abrindo caminho para a tomada do poder pela força. Com a ascensão de Getúlio, tivemos quatro anos de governo provisório, até 1934. Durante mais três anos, Getúlio governou com base na eleição indireta pelo Congresso e, finalmente, em novembro de 1937, implantou a ditadura, conhecida como Estado Novo, que permaneceria até 1945.

PARTE II

4

O ciclo getulista: raízes da instabilidade política no período 1930-1964

Um paradoxo do desenvolvimento político é que a construção do Estado e da própria democracia como estruturas jurídicas impessoais muitas vezes parte de uma prévia personalização do poder. Essa perspectiva está implícita nas principais biografias de Getúlio Vargas e em grande parte da literatura sobre o período de 1930 a 1964. Getúlio exerceu diretamente o poder de 1930 a 1945 e, de novo, entre 1950 e 1954, ano de sua morte. Mas a influência do getulismo na política brasileira permaneceu forte no mínimo até a ascensão dos militares, em 1964. Neste capítulo, analisarei a persistente instabilidade política daqueles 34 anos, com o objetivo de demonstrar que ela remonta à Revolução de 1930 e guarda estreita relação com a trajetória de Getúlio e com sua personalidade política.

Na primeira fase, de 1930 a 1945, a ordem constitucional esteve suspensa durante 12 anos: os quatro do governo provisório (1930-1934) e os oito da ditadura (o Estado Novo, 1937-1945). Na segunda, de 1945 a 1964, desavenças e antagonismos graves evidenciaram-se em sucessivas ocasiões: no questionamento da eleição de Getúlio Vargas em 1950; na crise que o levou ao suicídio em 1954; no chamado "golpe da legalidade" de 1955; na renúncia de Jânio Quadros, em agosto de 1961, à qual se seguiram o veto militar à posse do vice-presidente, João Goulart, e a apressada implantação de um regime parlamentarista (fórmula encontrada para contornar o impasse); na antecipação para janeiro de 1963, por pressão de João Goulart e de outros líderes políticos e militares, do plebiscito sobre o regime parlamentarista programado para 1965, tendo como consequência o restabelecimento do presidencialismo; na crescente agitação ocorrida a partir daí, inclusive entre militares de baixa patente; e finalmente no golpe desfechado contra o governo Goulart em 31 de março de 1964. Como se vê, essa conjuntura se caracteriza pela manifestação, em curtos intervalos, de graves confrontos entre os protagonistas diretos do processo político.

Quadro 4
Chefes de Estado — 1930-1964

Junta militar: Menna Barreto; Isaías de Noronha; Augusto Fragoso	24/10/1930	3/11/1930
Getúlio Dorneles Vargas (chefe do governo provisório)	3/11/1930	20/7/1934
Getúlio Dorneles Vargas (presidente constitucional, eleito pela Assembleia Constituinte)	20/7/1934	10/11/1937
Getúlio Dorneles Vargas (ditadura: o "Estado Novo")	10/11/1937	29/10/1945
José Linhares (presidente do STF, presidente interino)	29/10/1945	31/1/1946
Eurico Gaspar Dutra (eleição direta)	31/1/1946	31/1/1951
Getúlio Dorneles Vargas (eleição direta)	31/1/1951	24/8/1954
João Café Filho (vice, assumiu devido à morte de Getúlio Vargas)	24/8/1954	8/11/1955
Carlos Luz (presidente da Câmara dos Deputados, substituiu Café Filho)	8/11/1955	11/11/1955
Nereu de O. Ramos (presidente do Senado Federal, substituiu Carlos Luz)	11/11/1955	31/1/1956
Juscelino Kubitschek de Oliveira (eleição direta)	31/1/1956	31/1/1961
Jânio Quadros (eleição direta)	31/1/1961	25/8/1961
Paschoal Ranieri Mazzilli (presidente da Câmara, assumiu devido à renúncia de Jânio Quadros)	25/8/1961	8/9/1961
João Goulart (*)	8/9/1961	1/4/1964
Paschoal Ranieri Mazzilli (presidente da Câmara, assumiu devido à deposição de João Goulart)	2/4/1964	15/4/1964

Fonte: elaborado pelo autor.

(*) Em 1961, com a renúncia de Jânio Quadros, a posse do vice João Goulart exigiu um acordo político, que se consubstanciou na implantação do regime parlamentarista. De setembro desse ano até janeiro de 1963, três primeiros-ministros sucederam-se na chefia do governo: Tancredo Neves, Hermes Lima e Brochado da Rocha. O plebiscito de janeiro de 1963 determinou o retorno ao regime presidencialista.

Populismo e plebiscitarismo

As indagações fundamentais parecem-me ser estas: por que os dissensos políticos do período 1945-1964 assumiram feição rancorosa, estreitando dramaticamente a margem de negociação? Por que os antagonismos de 1950, de 1954-1955 e de 1961-1964 se avolumaram e se tornaram até mais virulentos do que os da República Velha, quando o balizamento estatal era mais débil e os partidos estaduais monopolizavam de fato o poder, suprimindo a oposição?

Os 15 anos iniciais, da revolução ao fim do Estado Novo, devem ser entendidos como um processo de construção (ou reconstrução) do Estado — ou, como diria Otto Hintze (1967), um relançamento "absolutista" com o objetivo de conter tendências feudalizantes que corroíam o preexistente Estado patrimonialista. Empreendida contra o condomínio oligárquico dirigente da República Velha, a "construção" getulista alterou em sua própria natureza os mecanismos de poder do país. Antes limitado a trocar apoios num restrito círculo oligárquico, o processo político passou a ter como energia vital a devoção de massas populares à pessoa do presidente. Devoção popular é apoio difuso, anônimo, sem condições nem intermediários: um capital político que só o beneficiário pode utilizar. Daí o paradoxo a que me referi: um capital político pessoal como veículo para a construção de instituições potencialmente impessoais.

Mas a formação desse capital político personalizado e intransferível tende a deixar sequelas graves, dificultando a passagem às etapas seguintes e, em particular, o reconhecimento de sua mútua legitimidade pelos principais contendores. Durante o ciclo getulista, a autoridade presidencial adquiriu a conotação marcadamente plebiscitária que viria a caracterizá-la ao longo do restante do século.

Proponho o termo "plebiscitarismo" em substituição aos imprecisos "populismo" e "liderança carismática", mais frequentes na ciência social latino-americana. De um ponto de vista empírico, os conceitos de plebiscitarismo, cesarismo, liderança carismática e populismo referem-se a um mesmo fenômeno: forma de poder fundada no apelo direto do líder à massa popular. Mas há uma profunda diferença nos campos teóricos dos quais são extraídos. Populismo, para autores marxistas, é uma forma de liderança que recorre à demagogia para obscurecer interesses de classe, amortecendo (mas às vezes exacerbando) reivindicações populares; para liberais e em geral para economistas, alude a governos paternalistas e fiscalmente irresponsáveis. Plebiscitarismo (assim como cesarismo), desde a Antiguidade, é sobretudo governo que agride ou propende a agredir as instituições. Refere-se, portanto, a tentativas de mobilizar apoio popular como recurso para contornar ou suprimir restrições institucionais ou arranjos tradicionais de poder que atuam como balizamento institucional. Nesse sentido, é uma ameaça, intencional ou não, velada ou aberta, de golpe, autogolpe ou revolução.[27] Por extensão, costumam ser designadas "plebiscitárias" as eleições nas quais há uma forte polarização em termos de apoio ou oposição a um governo ou regime, presumindo-se às vezes que a vitória por ampla margem equivale a uma carta branca ao vencedor. Constitucionalmente, os termos plebiscito e referendo são empregados para designar consultas diretas aos eleitores, com a apresentação de propostas contrastantes para aprovação ou rejeição.

Formação do impulso plebiscitário

A Primeira República brasileira não oferecia ambiente propício para o surgimento de lideranças carismáticas. Embora sobrassem desigualdades e pobreza, faltavam mudanças ou deslocamentos sociais abruptos, condição em geral considerada necessária pelos sociólogos, pois da insegurança, desorientação ou sofrimento decorrentes de mudanças abruptas é que nasce a propensão a identificar-se com a massa e com algum líder "salvador". A estrutura social da época era mais favorável a esquemas de dominação oligárquica do que a tentativas de arregimentar grandes massas. Basta lembrar: no máximo 5% dos cidadãos compareciam de fato às urnas, e a maioria desse diminuto eleitorado achava-se dispersa em pequenos municípios e localidades rurais.

A trajetória de Getúlio Vargas não constitui exceção. Sua ascensão à chefia do Estado, em 1930, não foi precedida por fato algum que lembrasse, sequer remotamente, a figura weberiana de autoridade carismática. Para reforçar o argumento, recordemos que, na eleição presidencial de 1930, Getúlio foi derrotado por Júlio Prestes, candidato indicado pelas oligarquias dominantes. O movimento revolucionário daquele ano foi deflagrado por uma aliança

[27] A concepção weberiana de uma presidência plebiscitária — imune a contrapesos constitucionais — e sua influência na Constituição de Weimar é discutida, de forma ampla, por Mommsen (1984, cap. 9). Ver também Weber (1980). Como já o indicam a origem romana do termo "plebiscitarismo" e a ressonância bíblica do conceito de carisma, o campo de aplicação dessas noções não se restringe necessariamente à moderna sociedade de massas. Em linha, porém, com as indicações feitas por Weber (Parsons, 1964:324-423, 1968), os cientistas sociais em geral entendem que a liderança carismática tem pouca probabilidade de florescer em sociedades pouco urbanizadas, com baixo índice de mobilidade social e espacial, e precária integração a um sistema nacional de comunicações.

heterogênea de dissidentes da elite política e porta-vozes intelectuais e militares dos estratos ocupacionais médios, com ressonância praticamente nula entre os "descamisados" da época. Conclui-se, portanto, que Getúlio não se beneficiava de uma prévia popularidade, muito menos de uma devoção de massas, da qual se pudesse valer para formar um capital político pessoal.

A própria condição de chefe militar da revolução coube a Getúlio em função de negociações políticas, pelas quais tal posição ficara reservada ao governador do Rio Grande do Sul, e não à demonstração de qualidades de liderança popular — até porque sua atuação anterior se destacara muito mais pela conciliação do que por alguma predisposição revolucionária (Brandi, 1985; Camargo, 1999). Até por volta de 1935, se traços pessoais devessem ser nele destacados, seriam antes a estudada cautela na tomada de decisões ou o ceticismo chão que o imunizava contra a logorreia fascista do "Estado forte" que então se espalhava pelo mundo.

No canhestro universo brasileiro do começo do século 20 — tal como na maior parte da Europa —, a ideia de um Estado moderno não implicava a de uma democracia competitiva e de massas, similar à que emergiria no segundo pós-guerra. Também nesse aspecto, o Getúlio de 1930 era um político tradicional. Quando chegou ao Rio de Janeiro, investido da condição de chefe do movimento revolucionário, via como possível e desejável para o Brasil um poder central mais seguro de si e com maior capacidade de decisão, mas o imaginava ancorado ainda nos agrupamentos políticos que conhecera como deputado federal, ministro da Fazenda e governador do Rio Grande do Sul. Ou seja, a "carismatização" de Getúlio é um fenômeno gradual, e posterior a 1930, expressando a aprovação popular a políticas concebidas e implementadas por um pequeno círculo, até 1937, e por um regime ditatorial daí até 1945. Formou-se passo a passo, como fruto de vitórias parciais, pela capitalização de resultados alcançados em diferentes arenas da política governamental e de medidas políticas propriamente ditas, entre as quais avulta a repressão ao comunismo e ao integralismo. Foi, portanto, um processo simultâneo de legitimação e personalização do poder, com base em resultados substantivos, complementado mais tarde por um calculado investimento em propaganda.

É importante ressaltar o vaivém entre a personalização e a institucionalização desse poder. Fruto de uma devoção popular difusa e crescentemente intransferível, a autoridade presidencial se fortalece por meio de decisões: medidas centralizadoras em diversas áreas; pronta atuação no sentido de amortecer o impacto da crise financeira internacional de 1929 e sustentar o nível da atividade econômica interna; paulatino redirecionamento da economia no sentido da industrialização; introdução de novas regulamentações, como as trabalhistas; enfim, articulação e bem-sucedida implementação de uma extensa agenda de estabilização econômica, modernização administrativa e reforço do poder central. Houve uma simultânea expansão do poder pessoal de Getúlio e da envergadura institucional da presidência como consequência cumulativa da implementação e da glorificação dessa agenda política. Assim, a mola mestra da "carismatização" foi o reconhecimento popular por decisões tomadas e resultados alcançados, num curto período, em diferentes arenas, do nível infraestrutural ao simbólico.

O capital de apoio popular amealhado por Getúlio Vargas entre 1930 e 1945 foi, aos poucos, canalizado para esforços de *state-building*, isto é, de robustecimento da burocracia pública, civil e militar, e de crescimento econômico — este, de índole nacionalista e intervencionista. Quanto mais nítido o alcance desses projetos e mais forte o apoio popular ao governo, mais a pessoa do presidente se configurava como pivô de um jogo político recheado de suspeitas e ressentimentos. Devemos mesmo perguntar se a progressiva divisão do país em getulistas e antigetulistas brotou de divergências ideológicas ou, ao contrário, se foram as malquerenças que tornaram inegociáveis tais divergências. Lembremos, como reforço a esse ponto, que o "absolutismo" getulista tinha duas faces: uma, autoritária e ameaçadora; outra, flexível e conciliadora. Tinha sentido ditatorial e de fato desembocou numa ditadura, mas em alguns aspectos era conciliador e progressista. As novas regras eleitorais instituídas em 1932-1933, por exemplo, abriram pela primeira vez uma promissora fase democrática e pluralista, com a quebra do monolitismo partidário antes exercido pelos partidos "republicanos" nos diferentes estados, a ampliação do sufrágio e sua extensão às mulheres, a instituição do voto secreto e a atribuição ao Judiciário de importante papel como árbitro das contendas eleitorais. Mas esse lado conciliador não imunizou Getúlio contra o rancor cujas sementes ele semeava, consciente ou inconscientemente A índole autoritária do Estado Novo e o fermento plebiscitário de seu poder deram origem a antagonismos que tornariam praticamente inviável sua reintegração à vida política após o término da ditadura.[28]

[28] Assim descreve Forjaz (2001:5738) o contexto político do governo provisório: "Getúlio Vargas gostaria de poder ceder à pressão tenentista, prolongando a ditadura. Mas a amplitude que atingiu o movimento constitucionalista foi tão grande e a insatisfação das oligarquias tão incontrolável, que o chefe do governo não teve mais condições de se antepor à maré constitucionalizante: decretou um novo código eleitoral (24 fev. 1932) e marcou a data das eleições para a Assembleia Constituinte".

Alcance revolucionário da Revolução de 1930

A literatura sobre a Revolução de 1930 padece de uma peculiar ambiguidade. De um lado, o foco nos antecedentes imediatos do movimento ressalta improvisações e vacilações, a heterogeneidade e a estreiteza ideológica dos grupos envolvidos no movimento e, como consequência, o desfecho conservador, com a preservação da estrutura fundiária e das oligarquias nas diferentes regiões. De outro, quando a lente se abre sobre um período histórico mais dilatado, o reconhecimento do caráter revolucionário da ruptura com a República Velha, consubstanciada na centralização do poder, na expansão da máquina administrativa e no abandono dos cânones ditos liberais da precedente política econômica.

À parte essa avaliação de fundo, propostas de centralização do poder e ampliação do setor público já vinham ganhando corpo e se configurando como novas bases de legitimação bem antes de 1930. Isso ocorria devido a uma poderosa conjunção de fatores internos e externos. Internamente, disseminava-se a convicção de que a Constituição de 1891, o exacerbado federalismo da Primeira República e a doutrina econômica liberal conduziam a nação a uma virtual anarquia. Preocupações com a segurança militar (Campos Coelho, 1976) e com a identidade cultural do país reforçavam essa linha de pensamento. No plano externo, a percepção da rápida marcha do nazifascismo e do comunismo em direção à dominação mundial tinha como consequência a "predição" de que as economias capitalistas não tardariam a entrar em colapso, sendo o mercado substituído pela "economia de comando". Enquanto os Estados Unidos pelejavam com seus elevados índices de desemprego industrial, o nazismo em ascensão na Alemanha se gabava de havê-lo reduzido. Da mesma forma, no Brasil, medidas adotadas como resposta de curto prazo ao abalo causado pela crise de 1929 — e até, como salientou Celso Furtado (1963, cap. 31), sem uma consciência clara dos possíveis efeitos indiretos — pareciam já alinhadas com a nova tendência mundial. Políticos, jornalistas, intelectuais e subintelectuais entoavam incessantemente o cantochão do "Estado forte" e de um nacionalismo autárquico.

Como fato histórico, chamamos de "construção do Estado" o processo iniciado com a fixação de uma nova "soberania", ou repactuação — numa combinação que em geral requer o emprego da força e novas regras de jogo (normas constitucionais). O emprego da força configurou-se em 1930, quando se constituiu o governo provisório chefiado por Getúlio Vargas. Da etapa que então se abria, não há melhor símbolo que os cavalos gaúchos apascentados ao pé do obelisco do Rio de Janeiro. Mas algo havia de indecifrável nessa imagem: estaria ela a indicar como iminente a ruptura modernizante que tantos esperavam ou uma simples continuidade com a República Velha? Os dois anos seguintes caracterizaram-se, no plano político, por acomodações, sondagens, idas e vindas, enfim, por uma deliberada indefinição quanto aos caminhos a seguir. A postergação da normalização constitucional levaria São Paulo à reação armada (a chamada Revolução Constitucionalista de 1932, derrotada pelo governo provisório).

Em 1933-1934, sob pressão da classe política, Getúlio aceita, ou finge aceitar, a convocação da Assembleia Constituinte, bem como a Constituição votada pelo Congresso Nacional. Finge aceitar porque, a essa altura, uma nova concepção de Estado já se esboçava em seu espírito. Homem prático, pouco inclinado à reflexão intelectual, Getúlio dava o devido desconto às doutrinações autoritárias, de direita e de esquerda, mas delas retirava alguma inspiração. O fascismo ascendente, já com muitos adeptos no Brasil, aos poucos lhe sugere um papel político: de um chefe por vontade própria, não por delegação dos líderes regionais que se faziam representar no Legislativo e nos governos estaduais. Essas duas imagens — novo Estado e novo papel como chefe — ganharão força e ressonância a partir de 1935, em particular a partir do forte endosso popular à supressão da chamada "intentona" comunista. Daí em diante, as ações de Getúlio parecem antevistas e meticulosamente calculadas: manobras políticas para impedir a fixação de candidaturas presidenciais e evitar a deflagração do processo sucessório; o autogolpe de 1937 e a implantação de um regime ditatorial sem rebuços, o Estado Novo; a supressão do integralismo" de Plínio Salgado — movimento inspirado no fascismo, portanto ideologicamente aparentado ao Estado Novo, mas que sem dúvida disputaria com Getúlio o papel de condutor das massas populares. Como coroamento, o culto à personalidade do ditador: culto organizado, sistemático, oficial, para o qual se criou até um órgão específico, o Departamento de Imprensa e Propaganda (DIP).

Plebiscitarismo, "consociativismo" e corporativismo

Seria um grande equívoco imaginar que o Estado Novo se restringiu ao poder pessoal de Getúlio, sem nada realizar de duradouro como construção institucional. Na verdade, muitas mudanças levadas a cabo pela Revolução de 1930 e pelo Estado Novo ganharam densidade e se sedimentaram. Não é exagero afirmar que algumas delas, com suas qualidades e seus defeitos, integram até hoje o Estado brasileiro. Esse legado institucional pode ser visualizado como um tripé de ordenamentos e organizações criados como respostas consistentes a três desafios políticos: a presidência plebiscitária, o corporativismo e o consociativismo.[29]

O primeiro desafio consistia em consolidar o poder presidencial em sua nova feição: não mais uma delegação oligárquica, mas sim o ápice personalizado do arcabouço estatal. O marco inicial desse processo foi, como vimos, a resposta repressiva aos movimentos comunista e integralista e o consequente adensamento da devoção plebiscitária a Getúlio Vargas. Dessa forma foi dado o empuxo para as mudanças em toda a estrutura de governo: expansão do aparelho burocrático, criação de órgãos técnicos, modernização administrativa, profissionalização das Forças Armadas etc.

Com a redemocratização, em 1945, essa importante transformação se decantaria como um fator novo na cultura e nas práticas políticas do país. De 1945 a 1964, as estruturas social e econômica se tornariam mais complexas e a urbanização traria agudas alterações para a arena eleitoral. Assistir-se-ia rapidamente ao "surgimento do povo", para lembrar uma expressão cara a Guerreiro Ramos (1956, 1961), um dos principais nomes da sociologia brasileira na época. A parcela urbana da população (em cidades de mais de 20 mil habitantes) dobrou, de 15% para 30%, entre 1940 e 1960. Graças também à Constituição de 1946, surgiram por fim organizações partidárias de âmbito nacional e as eleições se tornaram competitivas. Nos três níveis de governo, o processo sucessório passou de fato a depender de um "mercado político", e não da simples troca de apoios ou do apadrinhamento num circuito oligárquico, como ocorria na República Velha. Agora, para se elegerem à presidência, aos governos estaduais e à prefeitura das principais cidades, os candidatos eram

---

[29] Expus anteriormente essa ideia de um "tripé" institucional em Lamounier (1992) e em minha contribuição a D'Araújo (1999). O termo "consociativo" provém do latim *consociatus*, associado, unido, combinado, concertado. Na filosofia política, o termo remonta ao jurista holandês Johannes Althusius (1557-1638), que interpretou a ideia calvinista do contrato como uma teoria completa da sociedade e da política. O termo designa, portanto, uma estrutura política mais voltada para a defesa de minorias, arranjos federativos e a estímulo a soluções consensuais que para a formação de maiorias governativas. Trata-se de uma concepção diametralmente oposta à de Thomas Hobbes, por exemplo, para quem a sociedade é constituída por indivíduos desprovidos de qualquer ligação natural e instintivamente propensos à "guerra de todos contra todos". Na ciência política, o principal defensor do modelo consociativo é Arend Lijphart, que contrapõe as democracias *consociativas* (por consenso) às *majoritárias* (por maioria). O tema será retomado no capítulo final do livro.

forçados a buscar apoio nesse complexo "mercado". Multiplica-se assim o número de líderes em busca de devoções cativas: uma floração de "populismos", superpondo-se ao sistema de partidos em seus primórdios.

Tabela 3
Eleições para a Câmara Federal:
voto partidário e voto em coligações — 1945-1962

Ano	PSD	PTB	UDN	PSP	Outros	Coligações
1945	44,0	10,5	27,4	–	22,1	–
1950	27,0	16,4	17,0	7,3	12,1	20,2
1954	23,1	15,6	14,3	9,3	10,7	27,0
1958	19,9	15,9	14,3	2,5	11,5	35,9
1962	18,3	14,2	13,2	1,0	5,0	48,3

Fonte: TSE. *Dados estatísticos*, v. 6, 1964. Tabela reproduzida de Schwartzman (2015:225).

O segundo requisito era a acomodação do poder centralizado à preexistente complexidade política do país. Sem um plano deliberado e abrangente, tal acomodação evoluiu no sentido "consociativo", isto é, por meio de iniciativas que se acumularam ao longo do tempo, resultando numa trama institucional mais inclinada a facilitar o acesso de minorias políticas às instâncias de representação do que a formar maiorias governativas consistentes.

Já me referi à persistente subestimação, por sociólogos e historiadores, da diversidade originária da política brasileira. No Império e na Primeira República, os grupos dirigentes eram com certeza oligarquias, mas oligarquias competitivas ou semicompetitivas, e não uma formação única e monolítica. Na Primeira República, o aprofundamento da democracia por meio da competição eleitoral pacífica esbarrava num obstáculo importante: o monopólio exercido pelos partidos "republicanos" estaduais. No entanto, mesmo nesse período, a inexistência de partidos nacionais impedia a convergência dos monopólios estaduais na esfera federal, fosse num só partido, hipótese impensável, fosse em grandes agremiações que se confrontassem como dois grandes blocos, a exemplo do que ocorria em outros países latino-americanos. Portanto, salvo pelo efeito centralizador da "política dos governadores", discutida no capítulo anterior, os partidos estaduais da Primeira República eram bases de uma pirâmide sem ápice no nível federal, formato político que paradoxalmente perpetuava, embora com marcado perfil regional, a preexistente diversidade ou semicompetitividade oligárquica.

Autoritário, mas não totalitário, o Estado Novo tornar-se-ia autônomo em relação às oligarquias tomadas uma a uma, mas a elas em parte se acomodaria — até por meio dos "interventores" —, dada sua importância na distribuição do poder no país. A necessidade da acomodação por meio de uma nova legislação eleitoral — tendo em vista em particular a história de violentos confrontos no Rio Grande do Sul — fora reconhecida já em 1932, com a instituição de mecanismos de representação eleitoral mais favoráveis à incorporação de frações eventualmente mais débeis das elites estaduais. Nesse sentido, o Código Eleitoral de 1932 foi o embrião do que, na terminologia atual, se tem denominado democracia "consociativa".

A Constituição de 1946 reafirmaria e amplificaria, até como reação à ditadura, essa face do legado getulista. Porém, ao contrário de países onde tal formato democrático busca proteger minorias étnicas, religiosas ou linguísticas, no Brasil sempre se tratou de proteger minorias políticas e regiões mais fracas do ponto de vista econômico, favorecendo sua super-representação nos órgãos representativos e decisórios do Estado. Na prática, nosso sistema institucional abriga todos os elementos considerados por Lijphart (1984) definidores do modelo consociativo: constituição escrita, congresso bicameral e simétrico, organização federativa, multipartidarismo e fácil acesso das minorias à representação, pelo voto proporcional — devendo-se lembrar que este último tem no Brasil o requinte do voto aberto, individual, e não na legenda do partido, estimulando sem dúvida o individualismo político e a fragmentação partidária.

O terceiro requisito correspondia a regular o conflito entre capital e trabalho, limitando os interesses, ideologias e modalidades de ação admissíveis nessa área.[30] Nesse aspecto, o fulcro da construção getulista foi a separação das políticas sindical e partidária, com a estrita regulamentação da primeira, tendo por base o sistema corporativista, cuja expressão sistemática viria a ser a Consolidação das Leis do Trabalho (CLT). Pelo sistema corporativista, o Estado confere o monopólio da representação de uma dada categoria (trabalhista ou patronal), em determinada circunscrição geográfica, a um

---

[30] Schattschneider (1960) foi quem elaborou de maneira mais incisiva o conceito de expansão do âmbito do conflito. A questão do limite da arena política também envolvia a opção entre um regime de fraca ou forte arregimentação e doutrinação ideológica das massas, ou seja, um regime tendente ao "autoritarismo" ou ao "totalitarismo", segundo a distinção de Juan Linz (1964). Getúlio Vargas suprimiu o movimento integralista e optou por não criar um partido que mobilizasse ativamente o apoio ao Estado Novo. A literatura disponível permite inferir que havia clareza no governo a respeito dessa opção estratégica. Sobre o integralismo, ver Trindade (1974).

e apenas um sindicato — assim credenciado para ser o único interlocutor oficial da categoria junto a seus afiliados e ao governo. Em contrapartida, o governo, por meio do Ministério do Trabalho, delimita o âmbito legítimo da ação sindical, valendo-se para isso de uma complexa teia de controles legais e administrativos — a começar pela própria prerrogativa de reconhecer ou não a existência oficial da entidade.[31]

Em sociedades pouco adaptáveis a deslocamentos de *status* e poder, tal como o Brasil anterior à Segunda Guerra, o arranjo corporativista haveria de ser um ponto nevrálgico na fixação da estrutura estatal. O ápice da pirâmide política de um país sem longa tradição democrática não é uma amostra representativa dos estratos mais baixos que sucessivamente se incorporam à participação política. Todo deslocamento para baixo da linha divisória entre governantes e governados, ou entre participantes de alto e baixo *status* socioeconômico, tende a alterar o *script* e o elenco da luta política.

Presidência plebiscitária, corporativismo e consociativismo: eis a essência institucional decantada da Revolução de 1930. O regime democrático de 1946 e o militar de 1964 mascararam essa arquitetura em parte, e sob diferentes aspectos, mas não a alteraram no essencial. No regime de 1946, embora a fragmentação "consociativa" já se fizesse notar, o problema principal no tocante aos partidos foi a aspereza do confronto entre a oposição udenista e a aliança PSD-PTB, ligada ao getulismo. O corporativismo foi continuamente posto em questão: de um lado, porque os "pelegos" (sindicalistas dóceis ao Ministério do Trabalho) com frequência não conseguiam exercer seu papel de delimitar e amortecer as reivindicações; de outro, porque líderes políticos de perfil trabalhista, em todos os níveis — a começar por Getúlio e por João Goulart —, se viam tentados a explorar o potencial de mobilização dos sindicatos para fins políticos ou eleitorais, ou apenas passavam a impressão de que poderiam, em determinados casos, recorrer a manifestações e greves para subjugar a oposição.

Especialmente explosiva foi, porém, a imagem plebiscitária adquirida pelo Executivo nos primeiros 15 anos de Getúlio. O mau entendimento desse fato, em tudo que teve de positivo e de negativo, originou muitos equívocos nos

---

[31] Entre os ideólogos do sistema, destaca-se Oliveira Vianna (1951). A literatura acadêmica sobre sindicalismo e corporativismo é abundante: Rodrigues (1974, 1990, 1999), Schmitter (1971, 1974), Souza (1996) e A. Cardoso (2002). Tal como Schmitter (1974), Cardoso (2002:496-503) sustenta que o corporativismo brasileiro foi mais uma forma de controle estatal do que propriamente de representação da classe trabalhadora.

anos posteriores ao Estado Novo. A deposição de Getúlio Vargas em 1945, a decisão por ele tomada de se confinar em sua estância no interior do Rio Grande do Sul (mesmo tendo mandato de senador) e seu prolongado afastamento da cena política levaram os principais atores políticos — a começar por ele próprio — a subestimar o grau em que o plebiscitarismo se incrustara no sistema político, realimentando antagonismos que se aprofundariam com o reaparecimento do ditador sob roupagem democrática.

Getulismo e antigetulismo: a fratura exposta

Certamente, tensões como as que venho evocando podem ocorrer em qualquer país, e nem por isso levam o processo democrático ao colapso. Por que, então, os dissensos se configuraram com tamanha virulência sob o regime de 1946? Por que continuaram fermentando mesmo após a morte de Getúlio? Por que, afinal, Getúlio Vargas, Jânio Quadros e João Goulart — três dos cinco presidentes do período, ou cinco dos sete, se levarmos em conta os curtos períodos de Café Filho e Carlos Luz — foram afastados do cargo, ou optaram por se afastar, em circunstâncias manifestamente anômalas?

Em 1945, com o fim da fase ditatorial, aquele conjunto de circunstâncias que antes propiciara o fortalecimento do poder pessoal já não trabalhava a favor de Getúlio. Diferentemente do caminho adotado pelo generalíssimo Francisco Franco na Espanha um quarto de século mais tarde, preparando a transição da ditadura para a democracia, Getúlio não conseguiu efetuar a autotransformação do Estado Novo — até porque acabou sendo deposto pelas Forças Armadas, em outubro de 1945.[32] Seu segundo governo (1950-1954), repleto de dificuldades, culminou na crise político-militar e no suicídio, em agosto de 1954. Juscelino Kubitschek, visto como seu herdeiro político, sucedeu-o na presidência. Superando prevenções iniciais contra sua candidatura, obteve cooperação parlamentar para seu projeto de industrialização, inclusive no que se referia à atração de capitais estrangeiros, mas não foi capaz de fazer seu sucessor, nem de balizar a eleição de 1960 num sentido favorável

[32] O endosso de Getúlio ("Ele disse") parece ter sido importante para a eleição do general Dutra à presidência da República em 1945, pelo PSD. Mas Getúlio pretendia exercer papel mais direto e aparentemente até arquitetar um método eleitoral qualquer que assegurasse sua permanência no poder (Brandi, 1985:169-199).

a suas políticas. Eleito como candidato de oposição a Juscelino, Jânio Quadros renunciou em agosto de 1961, escancarando finalmente as portas para a crise e para a quebra do regime, no dia 31 de março de 1964.

A interpretação que até aqui esbocei mediante aproximações sucessivas, e que agora exporei de maneira mais direta, é que o Brasil dos anos 1950 estava rachado ao meio, dividido por uma clivagem profunda, uma complexa falha geológica que atravessava diversas camadas sedimentares, mas tinha um foco extremamente definido: o antagonismo entre getulismo e antigetulismo.

Primeira camada: o carisma e seu reverso

A devoção personalista a um líder tende a suscitar seu reverso, um antagonismo igualmente personalizado. Max Weber prestou decisiva contribuição ao entendimento do carisma como forma de autoridade. Porém, ao explorar suas sequelas, englobou-as no conceito um tanto anódino de "rotinização", não atentando para a frequente ocorrência do antagonismo virulento ao qual me refiro, que designarei apenas "rejeição à pessoa". Juízos de valor à parte, é preciso ressaltar que a rejeição a Getúlio Vargas tinha motivos ponderáveis, decorrentes de sua própria saga como construtor do Estado. Para efetivar a construção, Getúlio instrumentalizou o carisma, transformando-o em plebiscitarismo, ou seja, em ameaça potencial às instituições e a seus adversários. Além do mais, em seus primeiros 15 anos ele recorreu de fato à força contra os extremismos de esquerda e de direita e também contra parte da elite política tradicional, notadamente a paulista. Rompeu tradições políticas prezadas por muitos e encarnou mudanças abominadas por outros tantos. Em 1945, encerrado o Estado Novo, a constatação de que sua elevada popularidade poderia eventualmente reconduzi-lo ao Catete reavivou entre seus adversários a percepção de uma grande ameaça. Aí nasce, ou se revigora, a rejeição à pessoa.

As eleições de 1945, logo após a deposição de Getúlio, foram precedidas por uma complicada trama política. Percebendo que seu governo chegava ao final, o ditador manobrou para permanecer no poder e incentivou o movimento "queremista" (do *slogan* "Queremos Getúlio"). Porém as Forças Armadas impuseram sua saída e, às pressas, organizou-se a eleição presidencial, disputada por dois militares: o marechal Eurico Gaspar Dutra, pelo PSD, e o brigadeiro Eduardo Gomes, pela UDN. Dutra foi eleito, e boa parte de sua vitória foi atribuída ao endosso de Getúlio, na undécima hora.

Eleito senador, Getúlio compareceu a umas poucas sessões do Senado e depois se enclausurou em sua fazenda no Rio Grande do Sul. Em fevereiro de 1949, em entrevista excepcionalmente concedida ao jornalista Samuel Wainer, admitiu que concorreria à presidência em 1950: "Sim, voltarei, mas não como político: voltarei como líder de massas". Tancredo Neves provavelmente se referia a essa entrevista, já nos anos 1980, quando afirmou que Getúlio se candidatou à presidência em 1950 com o objetivo de "plebiscitar" seu passado — ou seja, de "plebiscitar" seus 15 anos como chefe de Estado, incluindo os sete de ditadura. Plebiscitar todo seu papel desde 1930, como ponte entre o Brasil oligárquico do início do século e o Brasil turbulento, mas de certa forma moderno, do pós-guerra. Plebiscitou e venceu, por larga margem: 48% do total, com 1,5 milhão de votos de vantagem sobre o segundo colocado, o brigadeiro Eduardo Gomes, mais uma vez derrotado como representante das forças antigetulistas abrigadas sob o guarda-chuva da UDN.

A "plebiscitação" mencionada por Tancredo Neves revigorou os velhos rancores. Em puros termos numéricos, a expressiva votação de Getúlio poderia parecer uma convergência de posições, mas na verdade atuou como uma senha negativa para seus adversários. Longe de fortalecer, levou quase à ruptura aquele fio invisível que é de fato a argamassa da democracia: o mútuo reconhecimento de sua legitimidade pelos principais contendores. Tanto isso é verdade que a decisão de Getúlio de pleitear nas urnas a legitimidade democrática que lhe faltava foi de antemão rechaçada por um expoente do udenismo, o então jornalista Carlos Lacerda. No dia 1º de junho de 1950, a quatro meses da eleição presidencial, Lacerda escreveu na primeira página de seu jornal: "O senhor Getúlio Vargas, senador, não deve ser candidato à presidência. Candidato, não deve ser eleito. Eleito, não deve tomar posse. Empossado, devemos recorrer à revolução para impedi-lo de governar".[33]

Segunda camada: conflitos doutrinários e de interesses

A segunda camada na clivagem política dos anos 1950 compunha-se de conflitos propriamente doutrinários e de interesses. No período 1930-1945, a afirmação do poder pessoal de Getúlio Vargas e a expansão do Estado haviam caminhado *pari passu*, tendo como âncora a implementação da agenda

[33] Ver o depoimento de Tancredo Neves sobre a volta de Getúlio ao poder em Rocha Lima (1986:163-165). Sobre a entrevista a Samuel Wainer e o ataque de Carlos Lacerda, ver Brandi (1985:213-232).

inaugurada pela Revolução de 1930. Em 1950, embora Getúlio ainda desfrutasse de forte apoio popular, os tempos eram outros. O carisma quase mitológico que as urnas lhe haviam certificado não era isento de condicionalidades. Sua sustentação dependeria agora de resultados palpáveis e congruentes — objetivo bem mais difícil diante da amplitude e da diversificação das reivindicações, da áspera oposição e de uma imprensa já não sujeita à censura. Importante é também acrescentar que, no regime de 1946, o presidente da República não detinha tantos poderes quanto hoje em suas relações com o Congresso Nacional.

Com efeito, conflitos complicados eclodiram em todas as arenas relevantes da política governamental. Na arena *regulatória*, a pauta já não era constituída por projetos virtualmente consensuais, como ocorrera com o Código Eleitoral de 1932. Tampouco eram inovações institucionais capazes de formar de imediato novas bases de apoio, como a legislação trabalhista. Agora se fazia mister uma legislação sobre o direito de greve, perspectiva que produzia rachaduras até na aliança PSD-PTB, e uma legislação sobre investimentos estrangeiros e remessa de lucros, cuja simples menção acirrava a divergência entre "nacionalistas" e "entreguistas" (segundo o jargão da época). Na arena *acumulativa*, em vez de um razoável consenso na alta cúpula do governo sobre o desenvolvimento da siderurgia — favorecido, na década anterior, pela situação de guerra —, via-se uma divisão vertical da sociedade, chegando com forte carga emocional às ruas em torno de questões controversas, como a criação da Petrobras e o monopólio estatal do petróleo.[34]

A arena *redistributiva* tampouco trazia boas notícias ao presidente. O controle da inflação exigia uma política de contenção salarial, combatida com vigor pelos sindicatos, apesar de se submeterem ao "peleguismo" e a controles corporativistas formais. A propósito, a decisão de entregar a João Goulart — nomeado em 1953 para o Ministério do Trabalho — a incumbência de acalmar a área sindical acendeu o rastilho de pólvora que levaria à crise do ano seguinte. Por mais que, na prática, os sindicatos buscassem certa autonomia e até combatessem o governo, o campo oposicionista via a perna

[34] O conceito de arenas decisórias (*policy arenas*) foi sugerido por Lowi (1964). Sua classificação baseia-se em três arenas principais: redistributiva (renda e riqueza), distributiva (benefícios facilmente divisíveis, clientelismo) e regulatória (competição oligopolista em torno de concessões e regras de funcionamento). Incluo uma quarta arena: a acumulativa, *locus* das grandes decisões sobre projetos estratégicos e gestão. Num país com forte presença empresarial do setor público, como o Brasil, esse acréscimo parece indispensável.

corporativista do tripé institucional se transformar em poderoso instrumento de manipulação a favor do governo — percepção magnificada pelos ventos que traziam da Argentina a silhueta aterradora da "república sindicalista" de Juan Domingo Perón.

No dia 1º de maio de 1954, em Petrópolis, Getúlio concluiria uma veemente convocação aos trabalhadores com esta frase: "Hoje estais com o governo; amanhã, sereis o governo". A forma um tanto arcaica era a mesma que ele costumava empregar em seus discursos, mas o conteúdo simbólico, certamente, mais arrojado. O ponto crítico do comício foi a confirmação — contrariando numerosas pressões, inclusive por parte dos militares — de um aumento de 100% para o salário mínimo (Brandi, 1985:283). Aquele "amanhã, sereis o governo" deve ter soado como uma tentativa algo desesperada de mobilizar o apoio da massa contra a oposição militar, política e empresarial que marchava inequivocamente para o confronto.

Terceira camada: antagonismo partidário

Por que os partidos políticos não conseguiram controlar, ou de alguma forma circunscrever institucionalmente o confronto entre getulismo e antigetulismo? Desde logo, porque o Brasil era ainda um caso de aguda debilidade partidária: debilidade histórica, sistêmica, evidente já na supressão das formações partidárias ao fim dos sucessivos regimes, desde o Império. O sistema de partidos criado em 1945 carecia tanto de continuidade histórica quanto de experiência na gestão do processo democrático, e já sofria os efeitos de uma incipiente fragmentação. E o mais importante: os principais partidos tinham pouco de árbitro e muito de partícipe no conflito. Dizer PSD-PTB × UDN era quase o mesmo que dizer getulismo × antigetulismo. Havia, portanto, uma estreita superposição entre o antagonismo personalizado e a clivagem entre os partidos.

Foi do próprio Getúlio Vargas, após optar por não criar um partido de apoio ao Estado Novo, a ideia de tentar assegurar a continuidade de seu esquema de poder no nascente regime democrático por meio de uma aliança entre dois partidos potencialmente antagônicos: o PSD e o PTB. O PSD viria a encarnar o lado conservador do getulismo, compreendendo numerosos representantes da alta burocracia pública, interventores e administradores municipais que haviam servido sob o Estado Novo, lideranças vinculadas ao comércio e às profissões no interior do país e proprietários de terras — que ainda conseguiam controlar grande parte do eleitorado pobre das áreas rurais. Ao PTB caberia articular o apoio sindical, valendo-se do peleguismo e desfraldando a bandeira das "conquistas sociais" corporificadas na CLT. Deveria também atrair algum apoio entre industriais enriquecidos à sombra do Estado Novo, que naturalmente viam com bons olhos o figurino da industrialização autárquica, protegida e subsidiada pelo governo.

Oriunda da oposição liberal ao Estado Novo, a UDN era a corporificação por excelência do sentimento antigetulista. Embora não deva ser considerado ideológico em um sentido muito estrito, o udenismo encarnava conceitos e interesses de razoável amplitude, não se esgotando no antagonismo pessoal ao antigo ditador. Diferençava-se do pessedismo e do trabalhismo na medida em que expressava sobretudo a visão de uma classe média elitista, consciente de seu *status* e refratária a qualquer proposta de redução de distâncias sociais — traço este perceptível tanto nas grandes cidades quanto em pequenos municípios do interior. Proprietários de terra conservadores foram provavelmente tão influentes na UDN como no PSD, mas os interesses empresariais vocalizados vez por outra pela UDN eram em geral contrários à concepção nacionalista e autárquica do desenvolvimento — e isso num período em que o nacionalismo e o protecionismo industrial ganhavam não apenas corpo como doutrina econômica, mas também apelo popular. A UDN era, sem dúvida, mais veemente na crítica à intervenção regulatória e à iniciativa empresarial do Estado do que a aliança PSD-PTB. Se as intenções do governo Vargas de 1950-1954 eram assim tão estatizantes e nacionalistas é outra história. Por exemplo: o projeto inicial de Getúlio para a criação da Petrobras não previa o monopólio estatal, e sim uma companhia mista (Brandi, 1985:255). Mas então a UDN, contrariando sua própria ideologia, chegou ao extremo de apoiar a proposta de monopólio, a fim de causar constrangimentos políticos ao adversário. Essas diferentes concepções sobre o papel do Estado formavam uma camada adicional na falha geológica que se abria sob os pés dos protagonistas principais do conflito.

O componente plebiscitário que ganhara corpo na política brasileira, a UDN abominava tanto por questões de estilo quanto de interesse. Seus líderes estavam conscientes de que a desvantagem eleitoral sofrida em 1945 e outra vez em 1950 tinha raízes no já mencionado "surgimento do povo" e não ficavam à vontade diante da ideia de decidir questões relevantíssimas para o futuro do país por um método eleitoral de duvidosa confiabilidade: eleições presidenciais diretas. Conforme escreveria mais tarde Prado Kelly (1966, v. 2, p. 9), constitucionalista e ex-deputado da UDN: "Eleições diretas foram durante 40 anos o maior engodo de nossas instituições".

Quarta camada: o onipresente veneno da Guerra Fria

A quarta camada sedimentar discernível na fenda dos anos 1950 era a questão do comunismo. Recorde-se que Luís Carlos Prestes, o lendário chefe comunista brasileiro, beneficiado pela anistia de abril de 1945, saíra da prisão quase diretamente para os palanques da campanha "Constituinte com Getúlio". Mas em 1954, até o dia do suicídio, a posição assumida pelo PCB era bem o inverso. Como diz Brandi (1985:299), "os comunistas faziam cerradas críticas ao governo, acusando-o de submeter-se aos interesses dos Estados Unidos e de recorrer à violência e ao terror contra o povo brasileiro". Essa sinuosidade dos partidos comunistas não era fato raro. Ocorria no mundo inteiro e alimentou uma infinidade de elucubrações sobre a visão marxista das relações entre a teoria e a prática: como um conhecimento supostamente científico do porvir histórico se articulava com tamanha flexibilidade tática? Retornando a essa velha indagação, poderíamos conjecturar que o Getúlio-quase-Mussolini de 1937 se transubstanciara, no modo de ver dos comunistas, num Getúlio--quase-Stalin. Afinal, a guerra ensinara aos comunistas, a começar pelo próprio Stalin, a importância do Estado nacional — tanto assim que a arte "soviética" logo tratou de ressuscitar e reabilitar os pais fundadores do antigo Estado "russo", antes atirados ao lixo da história como abomináveis senhores feudais. Poderíamos também especular que, apesar do desacordo ideológico responsável por levar Prestes aos cárceres do Estado Novo, comunistas e getulistas compartilhavam um ponto importante: o "prometeísmo", ou seja, a obsessão com a transformação material, exuberantemente encarnada na industrialização soviética e entre nós simbolizada de modo embrionário por Getúlio e pela usina de Volta Redonda.

Em tese, tudo isso poderia ser explorado; mas de relevância imediata para a presente análise é que comunistas e udenistas tinham razão na precisa simetria com que se viam e se interpretavam uns aos outros. Os comunistas, na conjuntura de 1954, atacavam a alegada "submissão" do governo aos Estados Unidos, embora reconhecessem em Getúlio um possível aliado no que se referia a seu objetivo verdadeiramente estratégico: o combate ao "imperialismo" e ao "latifúndio". Do lado udenista, nem a repressão desencadeada contra os comunistas entre 1935 e 1945, nem as críticas feitas por estes ao governo em 1954 amenizavam a imagem de Getúlio; na verdade, para esses velhos adversários do Estado Novo, o Getúlio do pós-guerra não passava de um ex-fascista que agora simpatizava com os comunistas e buscava seu apoio.

Para bem aquilatar a densidade dessa desconfiança mútua, é preciso fazer aqui uma referência ao quadro internacional. Nos anos 1950, em todo o mundo, os partidos comunistas já haviam se distanciado dos social-democratas ou socialistas-democráticos e passado a uma total identificação com o leninismo e o stalinismo. Tornaram-se, por assim dizer, "partidos-*iceberg*", cuja parte inferior, oculta e presumivelmente poderosa, não podia ser avaliada com segurança; partidos que não podiam ser sinceramente assimilados pelas democracias ocidentais — estas, por sua vez, enrijecidas pelo anticomunismo. Em último lugar pela ordem, mas não em importância, lembremos que a contraposição entre comunismo e anticomunismo não se limitava aos campos ideológico e político. Era também uma questão militar. Na década de 1950, o comunismo chegara a seu ponto máximo de expansão nos termos da geopolítica mundial, consolidando-se no Leste Europeu, estendendo-se à China e fazendo, com a Revolução Cubana de 1959, seu primeiro grande desembarque nas Américas. Por minúsculo que fosse, o Partido Comunista Brasileiro (PCB) era visto como a cabeça de ponte da URSS no Brasil e, em consequência, trazia para dentro do país, em cores vivas, aquela linha imaginária a que se convencionou chamar de Guerra Fria.

Quinta camada: o 24 de agosto e seu espólio

O tiro desferido por Getúlio contra o próprio peito revitalizou de imediato o getulismo e a aliança PSD-PTB como forças políticas e eleitorais, granjeando-lhes alguma simpatia adicional até entre militares. Juscelino Kubitschek, herdeiro mais eleitoral que ideológico do getulismo, candidatou-se à presidência pela aliança PSD-PTB e foi eleito em outubro de 1955. Mas, para tomar posse, Juscelino precisou do paradoxalmente chamado "golpe da legalidade" do marechal Lott, que na verdade significou a deposição sucessiva de dois presidentes. Atribuía-se a Café Filho, sucessor de Getúlio na presidência, alguma intenção conspiratória contra a posse de Juscelino.[35] No dia 3 de novembro de 1955, Café Filho solicitou licença para tratamento médico, sendo substituído pelo presidente da Câmara, Carlos Luz — conhecido por sua manifesta oposição

---

[35] A Constituição de 1946 não estatuía que a eleição de determinado candidato à presidência acarretasse a escolha automática do candidato a vice-presidente lançado pelo mesmo partido ou aliança. Havia, portanto, a possibilidade de uma problemática "coabitação" do presidente com um vice eleito por chapa adversária. Essa potencial desconexão levou de fato a situações difíceis nos casos de Café Filho, vice de Getúlio, em 1954-1955, e de João Goulart, vice de Jânio, em 1961-1964.

a Kubitschek —, que por sua vez foi deposto pelo general Lott, no dia 11 de novembro. O próximo na linha sucessória era um pessedista, o senador Nereu Ramos. Ao deixar o hospital, a 22 de novembro, Café Filho quis reassumir a presidência, mas foi impedido, sendo Nereu confirmado no cargo, com apoio do Exército. Detalhes em Skidmore (1967:149-154).

Eleito com apenas 35% dos votos (e escassos 12% em São Paulo, estado que se autointitulava "locomotiva do Brasil"), Juscelino adotou um estilo cordato e "consociativo", calculado para manter-se distante dos aspectos ameaçadores da tradição plebiscitária. Esforçou-se por desarmar espíritos e acomodar conflitos. Anistiou de imediato alguns oficiais da Aeronáutica que por duas vezes se rebelaram contra sua investidura na presidência (episódios de Aragarças e Jacareacanga) e empenhou-se na obtenção de apoio suprapartidário para seu programa de governo (Lafer, 1970; Benevides, 1976). Aos poucos, demonstrou aos liberais e à UDN ser também receptivo a investimentos estrangeiros. Esse estilo ia além da simples diluição do ressentimento antigetulista (e isso já seria um feito notável). Tratava-se, na verdade, de fomentar uma mística nacional de otimismo e modernização, tendo em vista o crescimento econômico e a consolidação da democracia. Sem pôr em prática um dirigismo cultural semelhante ao do Estado Novo, o que, aliás, seria impensável em tempos democráticos, Juscelino cultivou com especial zelo o relacionamento com artistas e escritores. Beneficiou-se do clima inovador da época, expresso sobretudo na música, com o surgimento da bossa nova. É claro que tais estratégias reforçaram a estabilidade político-institucional — mas isso teve um preço.

Com o tempo, a figura do Juscelino-herdeiro-de-Getúlio se desfez e surgiu a do JK inflacionário, clientelista e gastador, além da imagem contraditória de uma modernização sorridente, mas apoiada numa base política conservadora e no que havia de mais arcaico na administração pública brasileira. Em 1952, sob Vargas, o empreguismo era ironizado por uma marchinha carnavalesca (uma "alta funcionária" pulava de paraquedas e caía "na letra ó"); em 1958, o compositor Juca Chaves destilava veneno sobre a mudança da capital para Brasília — vaporizando-o, porém, em suaves dissonâncias, como recomendava a nova estética. Na esquerda, uns poucos vergastavam o alegado conservadorismo de Juscelino, embora o alcance dessa crítica fosse limitado, pois afinal o PTB e muitos intelectuais de esquerda haviam embarcado no "desenvolvimentismo" de JK. O presidente era também preservado num ponto sensível, a omissão do governo no tocante à reforma agrária, devido ao estrito anticomunismo e à consequente oposição a tal reforma por parte da quase totalidade do clero católico.

Sexta camada: o "moderno" e o "arcaico"

Outra camada importante na clivagem político-ideológica era a contraposição entre o "moderno" e o "arcaico", que se adensou durante os anos 1950 e veio à tona com especial virulência na virada do quinquênio Kubitschek (1955-1960) a poucos meses de presidência de Jânio Quadros. Tratava-se, em parte, de uma variante do confronto entre liberalismo e antiliberalismo no debate econômico, mas com uma peculiaridade: os dois lados não eram (como não são ainda hoje) espacialmente fixos. Nessa contraposição, os lados se invertiam a todo momento, cada um atirando sobre o outro a responsabilidade pelo "atraso" do Brasil. Enquanto demonstrou fôlego modernizante, a corrente nacional-desenvolvimentista e protecionista manteve a iniciativa retórica contra o "arcaísmo". Seus adeptos qualificavam como arcaicos os liberais, que advogavam um modelo de desenvolvimento mais aberto e mais voltado para as vantagens comparativas de uma economia agroexportadora. Estes (liberais), por sua vez, identificavam como arcaica a industrialização protegida, que acoplava umas poucas ilhas de eficiência, incumbidas do comando da industrialização, ao velho Estado brasileiro: patrimonialista, corrupto e corroído até a medula pelos vícios do nepotismo e do clientelismo.

Malgrado o saldo positivo de seu quinquênio, em termos de desenvolvimento e autoestima nacional, Juscelino Kubitschek seria também vitimado pelo plebiscitarismo, de forma indireta. O aumento da inflação e a redução da taxa de crescimento nos dois últimos anos de seu mandato alargariam a fenda entre o "moderno" e o "arcaico", forçando-o a se equilibrar precariamente sobre dois cavalos. Juscelino apostara alto no crescimento econômico e no clima de otimismo dele decorrente. Embora não tivesse hipotecado seu capital político no processo sucessório de 1960, sofreu um revés com a derrota do marechal Lott, lançado pela aliança PSD-PTB. Uma parcela considerável do eleitorado, em particular do eleitorado urbano, endossara a virulência de Jânio Quadros contra o "arcaísmo", o relaxamento fiscal e a complacência inflacionária do governo que se encerrava. Além disso, a vitória de Jânio parecia ser um golpe de misericórdia na aliança PSD-PTB. Esta, segundo interpretação amplamente aceita, era a chave da estabilidade institucional e o suporte do qual Juscelino dependia para atingir seu objetivo declarado de retornar à presidência em 1965. De fato, o interlúdio janista deu início à dolorosa e quiçá inevitável separação dos irmãos corsos criados em 1945 por Getúlio Vargas.

De Jânio a 1964: o desfecho

Do populismo dos anos 1950, Jânio Quadros foi sem dúvida o grande "virtuoso": a encarnação irretocável do demagogo *antiestablishment* e antipartido, o mais qualificado intérprete do teatro plebiscitário. Nenhum outro conseguiu como ele levar a política ao limite do puro ilusionismo. Poderíamos até dizer que Jânio aplicou um choque heterodoxo à política: tentou desarranjá-la por completo para depois rearranjá-la segundo seus objetivos. A eleição presidencial de 1960, a mais livre e verdadeiramente nacional das quatro disputadas desde 1946, foi a única que jamais suscitou dúvidas quanto à normalidade observada na transmissão do cargo, parecendo prenunciar a definitiva consolidação do processo democrático entre nós. No entanto, foi o ponto de partida para a sucessão de crises que levaria à ruptura do regime em 1964: a renúncia, em agosto de 1961; o veto militar à posse do vice, João Goulart; a posse deste sob um modelo parlamentarista improvisado e evidentemente não aceito por seus principais protagonistas; o fraco e instável governo de Jango; a revogação do parlamentarismo e o restabelecimento do presidencialismo por plebiscito em janeiro de 1963; a crescente polarização ideológica; a frequente ocorrência de distúrbios nas ruas e até em assembleias de militares de baixa patente; e, para completar, o golpe desfechado a 31 de março de 1964, com a consequente instalação de um regime autoritário que duraria 21 anos.

Apesar de sua elegante defesa do parlamentarismo com base no tríplice argumento de estabilidade, eficácia e legitimidade, Tancredo Neves, que inaugurou o cargo de primeiro-ministro, parecia não preferir de fato esse sistema (Neves, 1962). Skidmore (1967:211-233) acredita até na possibilidade de Neves e Goulart terem seguido um plano deliberado para demonstrar a inviabilidade da experiência. Para Mercadante (1978), Tancredo foi um presidencialista convicto até o fim da vida, embora cuidasse de não tornar pública sua posição. Para Olavo Setúbal, Tancredo tinha "atração" pelo parlamentarismo, mas se tornou cético após a experiência de 1961 por dois motivos: o veto legislativo dado ao presidente pelo Ato Adicional, enfraquecendo a iniciativa legislativa do gabinete, e a posição do presidente como comandante em chefe das Forças Armadas.[36] O último dos três primeiros-ministros, Brochado da Rocha, empenhou-se explicitamente em antecipar para 1963 o plebiscito previsto pelo ato para 1965.

---

[36] Comentário de Setúbal transcrito por Miguel Reale (1989).

Passados quase 30 anos, o renunciante de 1961 ainda realimentava o mistério em torno de seu gesto, referindo-se às "forças ocultas" que o teriam impedido de governar. Interpretações para a renúncia houve de fato várias, mas praticamente todas tomaram como fio condutor a meteórica ascensão política de Jânio Quadros, de vereador a presidente da República, em apenas oito anos. Fator decisivo foi sem dúvida o grau em que Jânio se deixou imbuir pela visão plebiscitária da política. Iludido quanto à consistência do apoio recebido das massas para chegar à presidência e encantado pelo modelo da nascente Quinta República francesa, supunha provocar com a renúncia uma comoção popular capaz de levá-lo de volta ao Planalto com poderes comparáveis aos do general Charles de Gaulle. Expresso dessa forma, o *script* até soa grandioso, mas a encenação da peça revelou-se um fiasco.

Jânio imaginara que a mensagem da renúncia submetida ao Congresso Nacional passaria por intenso debate, funcionando este como detonador da mobilização popular. No entanto, o Congresso limitou-se a aceitar o pedido, entendendo que renúncia é decisão unilateral, a ser aceita sem discussão. A esperada comoção foi, portanto, como a batalha de Itararé: não houve. Houve, sim, frustração, perplexidade, apreensão — mas nenhuma pressão de massas digna de nota. Esse bizarro ato final talvez tenha se devido em parte à rarefeita atmosfera política de Brasília, para onde a capital acabara de ser transferida. Mesmo assim a comoção explodiria, e com certeza se voltaria contra o Congresso Nacional, se o combustível plebiscitário tivesse a potência criadora que Jânio Quadros lhe atribuía.

Conclusão

Especificamente sobre a quebra do regime democrático em 1964, a melhor síntese é, sem dúvida, a oferecida por Merquior (1986:284):

> Instabilidade governamental, desintegração do sistema partidário, virtual paralisia da capacidade decisória do Legislativo, atitudes equívocas por parte do presidente Goulart, quando nada com respeito a sua sucessão; a ameaça de uma reforma agrária mal definida; inquietação militar em face da tolerância do governo aos motins dos sargentos; e radicalismo crescente, tanto da direita como da esquerda, tudo isto complementado pela inflação em alta e, naturalmente, pelo fantasma assustador da revolução cubana.

Repiso aqui alguns fatores, sem questionar qual deles teria sido decisivo. Primeiro, relembro o travejamento institucional formado pelo tripé corporativismo sindical, consociativismo e, sobretudo, presidência plebiscitária. Decorrente da Revolução de 1930, da ascensão de Getúlio Vargas e do Estado Novo, esse tripé moldou e reforçou os antagonismos que eclodiram durante o regime de 1946. Embrionário, o consociativismo contribuiu para a "desintegração" dos partidos referida por Merquior, mas na esfera partidária o principal fator de instabilidade foi a polarização UDN × PSD-PTB. Longe de moderar, os três grandes partidos do período se superpuseram ao conflito de personalidades, exacerbando-o.

Segundo, a insuficiência do *software* institucional. Durante o regime de 1946, a fidelidade às regras do jogo permaneceu débil — para dizer o mínimo. Nevrálgica, nesse aspecto, era a descrença dos principais protagonistas na possibilidade de alternância pacífica no poder. Faltando o que antes denominei "pacificação dos enfrentamentos eleitorais", forçoso é reconhecer: o país não se defrontara ainda, até 1945, com uma verdadeira "questão democrática", dada a lógica essencialmente oligárquica da Primeira República (1889-1930) e o desfecho ditatorial (1937-1945) da Revolução de 1930. Uma dificuldade residia no fato de os aparelhos do Estado e o Executivo serem muito mais fortes que o sistema de partidos e a sociedade civil, magnificando a ameaça representada por Getúlio e seus herdeiros políticos. Esse desequilíbrio ajuda a compreender a intensidade do confronto intraelite ocorrido no Brasil, mesmo inexistindo aqui organizações e mobilização de massa comparáveis às da Argentina.

Assim, a instabilidade seguiu seu curso, até 1964. Líderes oposicionistas que talvez pudessem atuar de forma moderadora percebiam com clareza o terreno movediço em que se debatiam — vale dizer, a insuficiência de suas bases partidárias e associativas. As Forças Armadas, apesar dos avanços no sentido da profissionalização (Campos Coelho, 1976), não haviam ainda se imunizado contra a divisão interna e a politização. Num quadro de generalizada fragilidade institucional, era reduzida a capacidade arbitral do Legislativo e do Judiciário. A Justiça Eleitoral, instituída no início dos anos 1930, estava longe de exercer o poder normativo que hoje a caracteriza, e nem dispúnhamos de técnicas devidamente testadas para manejar os processos eleitorais e regulamentar a atuação dos meios de comunicação. Também inexistiam, na prática, hábitos e oportunidades de convívio informal entre diferentes segmentos institucionais — desde logo entre civis e militares.

A interação informal entre setores era vista por todos com desconfiança e até como prática ilegítima. Cada segmento fechava-se sobre si mesmo, desenvolvia uma "subcultura" marcadamente entrópica, com valores próprios e perceptível rigidez na avaliação do que se passava fora de seus limites. Daí a enxergar fantasmas por toda parte era uma curta distância. A imprensa era também muito politizada e inexistiam na verdade foros neutros, nos quais os posicionamentos políticos pudessem ser adequadamente interpretados e ponderados. Em consequência, o suprimento de informações confiáveis era escasso e carecia o debate público de antídotos contra a suspeita, a bravata e o blefe. Conciliação? No quadro ora evocado, havia escassez de conciliadores e era débil a condutibilidade atmosférica para o espírito de conciliação. Flagrante, portanto, a inexperiência brasileira no manejo da política democrática, até porque foi aquele o momento em que a democracia se dilatou, deixando para trás o condomínio elitista da República Velha e adentrando o terreno da política ideológica e de massas. Do ponto de vista econômico, havia avanços notáveis, mas pelo lado político éramos ainda um país bem atrasado. Resumindo, um fator crucial foi a patética debilidade ou a inexistência de certos atores e práticas que operam cotidiana e corriqueiramente nas democracias, com o preciso objetivo de evitar o agravamento das crises e a resultante quebra da ordem constitucional. Muitos desses elementos positivos surgiriam, finalmente, durante os anos 1970 e 1980, em reação ao regime militar e no bojo da redemocratização.

5

O processo político durante o regime militar (1964-1985)

Qual foi o saldo dos 21 anos de governo militar? Como avaliar esse período no curso mais amplo da evolução política do país? Dificilmente haverá resposta consensual para essas questões. Ato de vontade e imperativo da convivência, a redemocratização não assegura nem exige a plena reconciliação no plano das ideias. Os que apoiaram a intervenção militar de 1964 tenderão a destacar, como conquistas do período, o mal maior que teria sido evitado pelo golpe, as reformas da máquina pública realizadas pelo governo Castello Branco e as altas taxas de crescimento econômico logradas nos governos Médici e Geisel, com a implantação de uma respeitável infraestrutura industrial. Seus opositores dirão que o governo Goulart caiu mais por suas qualidades que por seus defeitos; que as reformas por ele propostas teriam evitado o agigantamento da tragédia social brasileira; e que os avanços econômicos do período militar poderiam ter sido logrados da mesma forma em um regime democrático.

Juízos de valor à parte, toda ruptura da ordem constitucional afeta a estrutura e os valores políticos, deixando uma esteira de dificuldades para o futuro restabelecimento das instituições. A democracia representativa é o princípio básico de legitimação na maioria dos sistemas políticos contemporâneos. No entreguerras, fascismo e comunismo emergiram como alternativas aparentemente viáveis para todo o mundo, mas a concepção democrática ganharia terreno a partir da vitória dos Aliados, com participação brasileira, na Segunda Guerra Mundial. Mesmo no pós-guerra, a firmeza do balizamento democrático-representativo permaneceu controversa no contexto da Guerra Fria. O poderio militar e a aparente solidez econômica da União Soviética alimentavam a suposição de que a economia planificada e a chamada "democracia popular" — designando, na prática, sistemas de partido único — estariam ainda em ascensão histórica. Do lado ocidental, a estratégia global de contenção ao comunismo adotada pelos Estados Unidos estimulava certa complacência e não raro apoio direto da principal potência ocidental a regimes ditatoriais no Terceiro Mundo. Essa tendência ganhou força no início dos anos 1960, quando o impacto da Revolução Cubana reacendeu o messianismo revolucionário da esquerda e a disposição repressiva da direita.

A contraposição ideológica entre esquerda e direita engendrada pelas lutas do século 19 e da primeira metade do século 20, e realimentada pela Guerra Fria, iria, entretanto, esmaecer por toda parte no último quartel do século 20. Por certo persistem importantes áreas culturais — por exemplo, no mundo islâmico — nas quais a legitimidade política se interpenetra com crenças religiosas e assume configuração autoritária (Lewis, 1993). Existem também muitos países nos quais o pluralismo democrático tem escassa ou nenhuma tradição: alguns de economia rudimentar, como o Haiti, outros bem avançados, como os antigos integrantes socialistas da URSS e do Leste Europeu. Mas não cabe dúvida de que a democracia representativa não apenas se expandiu, em termos geográficos, como também se adensou notavelmente como fundamento de legitimidade.

O reexame do regime militar de 1964-1985 deve começar por esta questão-chave: quais elementos da vida política brasileira terão facilitado, e quais terão dificultado o retorno ao regime civil e democrático? Crucial, pelo lado positivo, foi o fato de os governos militares terem evitado uma ruptura completa com o precedente regime representativo. Suspenderam as eleições diretas para a presidência da República e, mais tarde, para os governos estaduais e principais prefeituras, mas mantiveram a exigência de legitimação democrática para tais cargos, por meio de eleição indireta — pelo Congresso ou pelas assembleias estaduais, conforme o caso. Assim, conservaram as casas legislativas e os respectivos calendários eleitorais. Não ignoro nem subestimo as manipulações, restrições e intimidações que pesaram continuamente sobre as eleições do período, mas insisto na importância desse fio de continuidade constitucional para a compreensão da dinâmica do regime.

Mantidas as eleições, o alistamento eleitoral também prosseguiu, e até se tornou mais eficiente, facilitado pela urbanização e pela modernização técnica. Como consequência, o número de cidadãos habilitados a votar cresceu mais de 500% entre 1960 e 1989, ou seja, entre a última eleição presidencial do precedente regime democrático e a primeira do período pós-militar. Fruto ou não de decisões ponderadas, houve outras mudanças importantes, com resultados talvez duradouros. Ao contrário do que costuma ocorrer em ditaduras tradicionais, no Brasil a autoimposição de mandatos fixos pelos presidentes militares e medidas tomadas para despolitizar as Forças Armadas reforçaram a concepção impessoal do Estado. A imposição de eleições indiretas — com o objetivo de impedir a oposição de conquistar os principais cargos executivos, nos três níveis de governo — contribuiu em certa medida para esvaziar o populismo e "desplebiscitarizar" o processo político. O bipartidarismo imposto em 1965 foi uma improvisação, mas possivelmente refletiu também certa preocupação com a fragmentação do sistema partidário. De forma indireta, serviu para ampliar entre os cidadãos o aprendizado da vida partidária. No tocante à popularização da democracia como valor, a luta pelo retorno ao regime civil foi, sem dúvida, o grande divisor de águas na história brasileira.

No lado negativo da balança, destacam-se a radicalização autoritária de 1968 e o prolongamento do regime por mais um mandato, após o do general Geisel. A força combinada desses dois fatores teria efeitos determinantes no processo de retorno ao regime civil. De um lado, o enrijecimento de 1968 ajuda a compreender a persistente incapacidade do regime militar em reorientar suas opções estratégicas no campo econômico quando isso se tornou flagrantemente necessário — nos anos 1970 e no começo dos anos 1980. De outro lado, a agonia dos seis anos de governo do general Figueiredo converteu a transição num processo de inexorável desgaste para os dois lados — o declinante regime militar e o nascente regime civil. Nesse sentido, os dois fatores apontados foram raízes da crise econômica e de governabilidade em que o país iria se debater durante toda a década de 1980.

O regime de 1964: origens

Quadro 5
Chefes de Estado do período militar — 1964-1985

Chefes de Estado	Período	Observações
Ranieri Mazzilli	1º a 11 de abril de 1964	Presidente da Câmara dos Deputados convoca o Congresso Nacional para declarar vago o cargo de presidente da República.
Humberto Carlos de Alencar Castello Branco (marechal)	1964-1967	
Arthur da Costa e Silva	1967-1969	Afastado por motivo de saúde em agosto de 1969.
Junta militar integrada pelos ministros do Exército (Aurélio de Lira Tavares), da Aeronáutica (Márcio de Souza Melo) e da Marinha (Augusto Rademaker)	1969	A junta militar recusa-se a empossar o vice civil, Pedro Aleixo, e se mantém no poder até a indicação do sucessor de Costa e Silva pelo Alto Comando das Forças Armadas.
Emílio Garrastazu Médici	1969-1974	
Ernesto Geisel	1974-1979	
João Baptista de Oliveira Figueiredo	1979-1985	Último dos presidentes militares, deixa a presidência a 15 de março de 1985 em virtude da vitória do oposicionista Tancredo Neves no Colégio Eleitoral.

Fonte: elaborado pelo autor.

Quando tomaram o poder, em 1964, os militares não tinham um projeto político articulado para médio ou longo prazo. O consenso que os uniu para a intervenção foi muito mais negativo (o combate ao "comunismo e à corrupção") que positivo. Exceção parcial seria o trabalho doutrinário da Escola Superior de Guerra (ESG), articulando uma visão de desenvolvimento. Mas havia exagero na consistência e no grau de influência sobre o meio militar que lhe eram atribuídos. Teorizações internacionalmente difundidas sobre a "guerra revolucionária" contribuíram para a formação desse consenso negativo. No campo econômico, havia uma espiral inflacionária a enfrentar, e a equipe dirigida por Otávio Gouveia de Bulhões e Roberto Campos assumiu sua função com um plano já esboçado de reformas institucionais. Durante os dois primeiros anos (governo Castello Branco), predominou certa inclinação liberal, mas a ascensão do marechal Costa e Silva à chefia do Estado reverteu essa tendência, acentuando-se a partir daí o perfil estatizante, vale dizer, a chamada industrialização impulsionada pelo Estado. Na área política, afora as ideias mencionadas na seção anterior, inexistia uma agenda consistente de reformas. Conquanto o marechal Castello Branco deixasse transparecer sua admiração pelo bipartidarismo inglês, as decisões tomadas nesse campo tiveram caráter improvisado e provisório — como a reforma partidária de 1965 — ou reativo, como o endurecimento de 1966, ocasionado por derrotas nas eleições estaduais.

Caso a permanência dos militares no poder se prolongasse, como veio a acontecer, eles tenderiam a depender cada vez mais, para um mínimo de continuidade, da legitimação democrática mediante eleições, aumentando o custo de eventuais recaídas no arbítrio. Um dilema de fundo marcaria todo o transcurso do regime: a Revolução de 1964 não poderia se sobrepor à Constituição por meio de "atos institucionais" e, ao mesmo tempo, equacionar e pôr em marcha reformas norteadas pela restauração da democracia — ou por um esforço coerente de aperfeiçoá-la. A promessa de permanecer por pouco tempo no poder, diversas vezes reiterada por Castello Branco, não foi cumprida. No entanto, por mais que durasse, o sistema militar não podia se propor como definitivo, pois isso implicaria abdicar do mínimo de legitimidade constitucional que mantivera e abraçar de vez a ditadura (F. H. Cardoso, 1972; Linz, 1973; Lamounier, 1980, 1984, 1999). Essa ambiguidade fundamental revelou-se até em detalhes, como o explícito caráter "provisório" atribuído às "organizações" consentidas em substituição aos partidos políticos do regime de 1946, compulsoriamente extintos pela reforma de outubro de 1965. Esta, como se sabe, é a origem do artificial bipartidarismo (Arena × MDB) do período militar, embutindo o plebiscitarismo (governo × oposição) de futuros enfrentamentos eleitorais, como se veria a partir de 1974, e uma série de dificuldades para a reorganização político-partidária nos anos 1980.[37]

A "abertura gradual" promovida pelo general Ernesto Geisel (1974-1979) teve o mérito de afrouxar as amarras, evitando a sedimentação de dissídios

---

[37] O Código Eleitoral aprovado em 1965 consolidava a doutrina em vigor, sem inovações de monta. A inexistência de um projeto político articulado se comprova também pelas intervenções públicas de porta-vozes qualificados do regime. O primeiro participante do movimento de 1964 a ensaiar uma discussão institucional mais densa, o ex-ministro Roberto Campos, só começaria (timidamente) a fazê-lo a partir de 1970. Nesse ano, publicou no jornal *O Globo* de 26 de junho um artigo (resumido em Avellar, 1976:376) sobre a "institucionalização da doutrina revolucionária", no qual destacava três tendências que a seu ver já estavam estabelecidas pela Constituição de 1967: fortalecimento do Executivo, agilização do processo legislativo e disciplina da ação financeira e tributária. Para uma revisão geral do regime pós-64, ver Stepan (1973, 1989), Costa Couto (1998) e a tetralogia de Gaspari (2002-2004). Sobre as eleições do período militar e a chamada "abertura pela via eleitoral", ver Lamounier e Cardoso (1975), Lamounier (1980, 1984, 1989b) e Kinzo (1988).

que poderiam se tornar traumáticos, mas seu prolongamento deixou plantadas as sementes da crise de governabilidade dos anos 1980. Nesse momento, o desgaste do regime militar foi agravado pela fraqueza do governo Figueiredo e por uma sequência de problemas na área econômica: reaceleração equivocada do crescimento, crise da dívida externa e recessão em 1981-1983. Esse legado negativo colheria em cheio o regime civil instaurado em 1985, a "Nova República", mais ainda em consequência do falecimento do presidente eleito, Tancredo Neves.[38]

A "fuga para a frente" dos anos 1970

Na análise do período coberto pelos governos Geisel e Figueiredo, o ponto de partida obrigatório são duas decisões estratégicas. Uma, a resposta brasileira, em termos de política econômica, à crise mundial iniciada com o primeiro choque do petróleo (1973): a opção por sustentar o ritmo de crescimento, com ênfase na substituição de importações de bens de capital e insumos básicos. Outra, a abertura gradual, resposta política anunciada por Geisel ao legado do governo Médici: um enrijecimento autoritário sem precedente na história do país. Interligando as duas questões, exploro a seguir possíveis conexões entre a estratégia de rápido crescimento num ambiente econômico que se tornava adverso e dificuldades políticas surgindo dentro e fora do governo.[39]

Exceto pelo fato de não haver melhoria na distribuição da renda, o desempenho da economia brasileira foi de fato excelente durante os primeiros 15 anos do regime militar. Ao período inicial de estabilização (governo Castello Branco) seguiu-se o chamado "milagre brasileiro" (1968-1974), durante o qual

---

[38] A visão exposta por João Paulo dos Reis Velloso na série de entrevistas em que rememora seus 10 anos como ministro diverge da apresentada por mim sobre o governo Geisel em pelo menos dois pontos importantes. Segundo ele, (1) o general Geisel teria tomado a decisão de redemocratizar (não meramente "descomprimir") antes mesmo de tomar posse como presidente; (2) quanto ao ritmo de crescimento, não havia divergências de fundo entre ele, como ministro do Planejamento, e o ministro da Fazenda, Mário Henrique Simonsen: ambos tinham consciência da necessidade de desaquecer a economia e de fato a desaceleraram; equivocado, no entender dele, foi o (re)aquecimento sem condições de sustentação promovido primeiro pelo governo Figueiredo e depois pelo governo Sarney. Ver D'Araújo e Castro (2004:189-199, 213-238).

[39] A análise da estratégia econômica dos governos militares que se segue reaproveita trechos de Lamounier e Moura (1986) e Lamounier (1994), mas é exclusivamente minha a responsabilidade pela presente exposição. Ver também Moura (1990).

a economia cresceu a uma média anual de 11%, com a inflação estabilizada ao redor de 20% ao ano. Contudo, sérias dificuldades teriam início em 1973, quando nossa superaquecida economia sofreu o forte abalo do primeiro choque do petróleo, que afetou as contas externas e as perspectivas de médio prazo no tocante à inflação e à própria continuidade do crescimento. A opção do governo Geisel, então em seu início, foi reagir àquele ambiente adverso por meio de uma espetacular *fuite en avant*: implementar um ambicioso programa de substituição de importações, com o objetivo de "preencher os espaços vazios" da estrutura industrial e reduzir a dependência brasileira em relação a insumos importados. Tal estratégia permitiu a sustentação de taxas de crescimento ainda elevadas, da ordem de 6% a 7% ao ano, mas à custa de substancial e, a médio prazo, altamente prejudicial aumento da participação do setor público nos investimentos.

No segundo semestre de 1979, já no governo Figueiredo, o ambiente econômico externo tornar-se-ia ainda mais adverso, com os novos choques do petróleo e dos juros, mas a opção estratégica do recém-nomeado ministro do Planejamento, Delfim Netto, seria mais uma vez acelerar o crescimento, sem embargo das fortes pressões inflacionárias. A necessidade de desaquecimento apenas seria reconhecida um ano mais tarde, início do ciclo de dificuldades que se tornaria conhecido como "década perdida".

O ponto-chave da estratégia econômica do governo Geisel foi a opção de ajustar "para cima", isto é, pela sustentação de altas taxas de crescimento, mesmo ao preço de maiores desequilíbrios internos e externos, presumindo que as dificuldades poderiam ser jogadas para o futuro. A política econômica do quinquênio 1974-1978 foi expansionista, apesar da deterioração das contas externas. Sem dúvida é possível invocar importantes razões econômicas em apoio a essa opção. Desde logo, o Brasil enveredara, a partir de 1968, em uma política baseada no endividamento externo, junto ao sistema financeiro privado internacional, e se tornou, até 1974, o maior recipiente individual de recursos dos países da OCDE entre todas as economias em desenvolvimento. O acesso brasileiro ao crédito bancário internacional se manteve inclusive após o primeiro choque do petróleo (1973). Ou seja, a disponibilidade de capital financeiro internacional a taxas de juros ainda extremamente favoráveis constituiu poderoso estímulo ao endividamento em moedas fortes e afrouxou por bom período a disposição de promover o ajuste externo.

Em segundo lugar, o tipo de ajuste escolhido apoiou-se sobretudo numa vigorosa retomada da substituição de importações. O II Plano Nacional de

Desenvolvimento, formulado pelo governo Geisel, pautou-se por essa meta fundamental, com incentivos para os setores de matérias-primas básicas e bens de capital. Nesse sentido, foram realizados investimentos substanciais na produção interna de metais não ferrosos, ferro e aço, papel e celulose, produtos petroquímicos e álcool carburante. O próprio governo federal investiu pesadamente na geração de eletricidade e no desenvolvimento de sistemas de transporte e comunicações, além de conceder incentivos fiscais, creditícios, tarifários e outros aos projetos de substituição de importações do setor privado e das empresas estatais. Muitos dos projetos eram de grande porte, com longo prazo de maturação e baixa taxa de retorno. Caracterizavam-se, ademais, por um alto grau de indivisibilidade e de complementaridade com investimentos privados e pela possibilidade de economias de escala, uma vez alcançada determinada dimensão. Em síntese, as próprias características tecnológicas e econômicas dos projetos de substituição de importações implicavam empreendimentos produtivos de larga envergadura que, na fase de implantação, pressionavam as contas cambiais pela necessidade de importar bens e serviços, aumentando a dívida externa.

Ao instalar-se, em março de 1979, o governo do general Figueiredo parecia disposto a enfrentar com maior determinação e coerência as dificuldades herdadas dos governos anteriores — o desajuste externo e os desequilíbrios macroeconômicos internos. Mas durou pouco essa fase de aparente coerência. No segundo semestre de 1979, o ministro Delfim Netto reorientava a política econômica no sentido de vigoroso incentivo ao crescimento — opção que se revelaria insustentável, sendo revertida no ano seguinte. A inviabilidade de sustentar a estratégia expansionista pode ser em grande parte explicada pela acentuada deterioração das condições econômicas internacionais em 1979 e 1980, com a forte elevação dos juros ligada à alteração da política monetária nos Estados Unidos e com o segundo choque do petróleo. Os dois fatos, já em si gravíssimos, não foram amortecidos, mas sim amplificados pela estratégia interna, que poderia ser chamada de "antiajuste". O impacto líquido da política econômica adotada a partir do final de 1980 foi brutalmente contracionista, provocando abrupta queda na atividade econômica e no nível de emprego durante todo o ano de 1981. A recessão atingiu principalmente a indústria de bens de consumo duráveis e o setor de bens de capital, concentrando-se, em consequência, nas regiões de urbanização mais densa. A situação estender-se-ia pelos dois anos seguintes, transformando-se na mais prolongada e abrangente queda no nível de atividade econômica dos precedentes 50 anos.

A situação econômica interna voltaria a se agravar em razão de outro choque externo: a turbulência dos mercados financeiros internacionais, que culminou na moratória mexicana de agosto de 1982. Para a economia brasileira, extremamente vulnerável a alterações no ambiente externo, a decisão mexicana foi um verdadeiro golpe de misericórdia. O efeito de contaminação sobre o fluxo de empréstimos bancários privados para o Brasil foi imediato. A busca de recursos nos bancos internacionais privados defrontou-se com dificuldades insuperáveis em curto prazo: mesmo dispondo-se a pagar *spreads* mais elevados, os devedores brasileiros foram excluídos do mercado de empréstimos bancários.

Ressalte-se, todavia, que a moratória mexicana apenas levou ao extremo uma crise cambial latente, evidenciada no crescimento desordenado do endividamento de curto prazo das autoridades monetárias desde o primeiro trimestre de 1982. No final de março daquele ano — ou seja, seis meses antes do "Setembro Negro" causado pela moratória mexicana —, as reservas líquidas do Banco Central já estavam negativas, indicando a total impossibilidade de o país enfrentar a crise de liquidez que eclodiria no segundo semestre. A ruptura de caixa só foi evitada, no final de dezembro, com a montagem de um pacote emergencial de assistência financeira, envolvendo empréstimos-ponte e outros tipos de operações, provenientes do Fundo Monetário Internacional, do Banco de Compensações Internacionais, do Sistema de Reserva Federal, do Tesouro dos EUA e dos maiores bancos privados norte-americanos. A partir dessa dramática situação de iliquidez, a política econômica brasileira passou a depender diretamente do endosso moral do FMI, ao qual o governo apresentou um primeiro programa de estabilização, em fevereiro de 1983. No tocante a empréstimos, o programa do FMI pouco significava, mas oferecia à comunidade financeira internacional certa garantia contra riscos próprios de devedores em dificuldades. O aval do FMI ao programa de ajuste brasileiro convertia-se, portanto, num requisito para contar com o apoio financeiro também dos bancos privados.

O Brasil não conseguiria cumprir as primeiras metas de desempenho econômico acertadas com o FMI, o que redundou na não liberação das parcelas de crédito suplementar. Em consequência, os bancos também interromperam a liberação dos recursos alocados em projetos de financiamento acertados em dezembro de 1982. Iniciou-se, então, um período de desgastantes negociações entre autoridades econômicas brasileiras, banqueiros internacionais e representantes de agências financeiras multilaterais, entidades de supervisão dos sistemas bancários nacionais e governos de países industrializados. Durante o ano de 1983, a política econômica ficou reduzida a mero exercício de tesouraria, com todas as preocupações centradas no fluxo de caixa em moeda estrangeira; a deterioração deste pôs em evidência os atrasados comerciais e financeiros externos, o que, por sua vez, obrigou o Banco Central a estabelecer a centralização das operações de câmbio, em agosto de 1983.

Associada à maturação dos projetos implantados durante a administração Geisel, a contração econômica do início dos anos 1980 reverteu a situação das contas externas. O saldo da balança comercial passou de US$ 2,8 bilhões negativos em 1980 a US$ 13,1 positivos em 1984, permitindo a gradual normalização do pagamento dos juros da dívida externa. Os custos desse desempenho foram, entretanto, altíssimos, quer pelo ponto de vista da formação de capital fixo e do equilíbrio das contas públicas, quer no tocante às condições sociais: aumento do desemprego, compressão salarial e redução dos gastos sociais do governo. A diminuição do dispêndio público interno como decorrência da crise econômica externa se deu obviamente na contramarcha do processo de redemocratização, que em seu avanço ampliava a ressonância das demandas por descompressão salarial e aumento dos gastos governamentais. Como não poderia deixar de ser, esse conflito traduzir-se-ia em fortes pressões inflacionárias, agravando sobremaneira as dificuldades políticas de meados dos anos 1980, quando se consumaria o retorno ao regime civil.

Economia e política: conexões

Admitida a inadequação da estratégia expansionista diante de um ambiente internacional cada vez mais adverso — sobretudo levando em conta o tempo excessivo em que foi mantida e a insuficiência das correções tentadas ainda no governo Geisel —, coloca-se a seguinte questão: teria sido tal estratégia produzida em parte por fatores políticos? Quais posições do grupo dirigente, e quais interesses e pressões de outros atores, teriam recomendado a continuidade daquela orientação, com os sinais amarelos já repiscando poderosamente? Em que medida terão os formuladores da política econômica percebido a gravidade da crise, vale dizer, seu provável prolongamento e a violência de seu impacto sobre a economia brasileira?

De que houve um longo período de consistente subestimação dos riscos, não há dúvida. Já o indica a própria metáfora da "ilha de prosperidade num mundo em convulsão", oficiosamente acolhida pelo governo Geisel. Para completar o quadro, diagnósticos posteriores insistiram em situar a raiz das dificuldades nos anos 1978-1980, e não antes. Como explicar essa postura? Teriam os governos Geisel e Figueiredo alguma inclinação populista, a exemplo de outros governos militares latino-americanos? Pelo menos quanto ao governo Geisel, a resposta deve ser decididamente negativa. Teria a referida subestimação ocorrido como fruto de pressões da oposição, fortalecida pela "abertura" em que se engajara o governo Geisel? Vejamos.

A oposição ao regime militar — aí incluídos o partido de oposição (MDB) e os sindicatos — obviamente não apoiaria, naquela época, uma política de ajuste que implicasse desaceleração do crescimento. Sua inclinação ideológica, mais voltada para a esquerda, e a necessidade de buscar apoio eleitoral nos estratos de baixa renda, não indicariam tal tendência; a manutenção de elevados índices de crescimento era, para eles, uma diretriz perfeitamente palatável. Se fosse necessário desaquecer a economia, que o fizesse o governo, por sua conta e responsabilidade. Os focos de discordância com o governo diziam respeito à natureza não democrática do regime e à distribuição da renda, mas não à estratégia expansionista. Mesmo o combate à inflação não foi, até 1982, uma demanda articulada com veemência pela frente oposicionista. Assim, o peso da oposição é outra hipótese a descartar como explicação da estratégia oficial e, em particular, da subestimação dos riscos advindos da crise internacional. As forças de oposição não exerciam influência alguma na política econômica. No Congresso Nacional, o governo apenas viria a enfrentar alguma resistência no segundo semestre de 1983, 10 anos após o primeiro choque do petróleo: a perda da maioria na Câmara dos Deputados, reforçada por cisões no próprio partido governista, o PDS. Só a partir desse ponto a oposição passou a ter um suporte institucional definido para a contestação da política econômica. Até então, a abertura política, reconhecida como inconclusa pelo próprio governo, em nada atenuara o monopólio das decisões econômicas pela alta burocracia federal. Embora se tornasse frequente a vocalização das críticas, elas não tinham força para alterar, e muito menos para moldar as decisões do Executivo.[40]

---

[40] Recorde-se que grandes greves ocorreram em 1968 em Contagem e Osasco, mas 10 anos se passariam até as de 1978-1979 no cinturão industrial do ABC paulista. A formação do Partido dos Trabalhadores (PT) decorre destas últimas e da reforma partidária de 1979. Ver Tavares de Almeida (1983), Meneguello (1989), Keck (1992) e Bueno de Azevedo (1995).

Uma explicação plausível é que o ritmo de crescimento tenha dado ensejo a um autêntico "dilema do prisioneiro", vale dizer, a uma situação na qual os atores relevantes optam por maximizar seus ganhos e com isso inviabilizam a adoção conjunta de uma estratégia de ganhos moderados, levando a um resultado final de graves perdas para todos. Uma política de rápido desaquecimento por certo não teria o apoio das indústrias de bens de capital, ou mesmo de grandes empresas construtoras, contempladas com importantes encomendas dentro da estratégia do governo Geisel. Tampouco poderia contar com a simpatia das indústrias de bens de consumo duráveis, a começar pela própria indústria automobilística, dada sua evidente dependência em relação ao já em si restrito mercado de classe média. Por outro lado, é necessário lembrar que os megaprojetos da era Geisel colocavam o Estado em frontal competição com o setor privado. Como observou Martone (1981:20-21), a estratégia do governo em reação ao primeiro choque do petróleo equivalia a uma política anticíclica de larga escala, com a qual ele "competiu diretamente, ou acirrou a competição pelos recursos mais escassos da economia, na época: moeda estrangeira, capital físico, e mão de obra qualificada".

Descartadas, portanto, as hipóteses de um eventual surto populista, de uma atuação mais eficaz da oposição contra um ajuste restritivo e, até certo ponto, também a de um "dilema do prisioneiro", resta considerar que aquela paradoxal combinação de uma política superarrojada com uma abertura política "gradual e segura" tenha decorrido de uma única causa: a extrema rigidez autoritária a que o regime havia chegado na virada da década de 1960 para a de 1970. Dizendo-o de outro modo, a sustentação *à outrance* do crescimento pode ter sido em parte necessária à execução de um plano cauteloso de descompressão política. Nessa linha de raciocínio, o ponto a explorar é a possível conexão entre a abertura gradual, controlada de cima para baixo, e as percepções do pequeno círculo responsável pela política econômica a respeito da situação doméstica e do ambiente econômico internacional.

Com efeito, o grau de entropia a que o regime foi levado pelo governo do general Médici e o "milagre econômico" chegou a um ponto insustentável. Tanto no aspecto político quanto no militar, o divórcio entre Estado e nação já não soava como simples figura de retórica. A manter-se naquela direção, a cúpula dirigente não tardaria a se defrontar com o impasse subjacente: assumir a responsabilidade pela plena implantação de uma ditadura, em caráter irreversível, ou com crises cada vez mais graves, que eventualmente forçariam uma redemocratização descontrolada e traumática. Meu argumento é, portanto, que o governo agiu em parte orientado por essa visão do curso futuro dos acontecimentos. Entendeu que a rigidez autoritária atingida não era mais desejável nem sustentável, e tampouco seria desfeita com sucesso numa conjuntura de forte desaquecimento econômico. Percebeu, em outras palavras, que sua legitimidade e seu apoio na sociedade estavam demasiado atrelados ao desempenho da economia.[41]

Primórdios da abertura política: a *glasnost* brasileira

A característica principal do processo brasileiro de redemocratização foi seu extremo gradualismo, seu caráter por assim dizer experimental e, por conseguinte, a incerteza que sobre ele pairou durante vários anos, como permanente ameaça de retrocesso. Nos meses seguintes à sua indicação oficial, em junho de 1973, para ser o candidato da Arena à sucessão do presidente Emílio Garrastazu Médici (na prática, isso equivalia na época a uma nomeação), o general Ernesto Geisel deixou entrever que introduziria modificações no quadro político, sinalizando medidas liberalizantes, mas não necessariamente o retorno à democracia. A imprecisão terminológica não ocorria por acaso. Além de não especificar quais seriam essas medidas, Geisel entendia que o país, politicamente muito atrasado, não dispunha de precedentes históricos aos quais se pudesse recorrer como termo de comparação. Era sem dúvida sincero ao expressar tal juízo, mas também é certo que não tinha margem de manobra para estimular de maneira mais precisa a busca de modelos pela via do debate público.

Não errará muito quem comparar os primeiros sinais de "distensão" emitidos pelo governo Geisel com a *glasnost* de Gorbatchev na URSS: uma atmosfera de "abertura" e "transparência" (Malia, 1994:412), mais para oxigenar o sistema, corrigir rumos em áreas selecionadas e facilitar a contenção de eventuais excessos repressivos do que propriamente para mudá-lo. Vez por outra a linguagem oficial se referia à necessidade de "institucionalizar" o

[41] Parte da explicação deve ser buscada na personalidade e na visão de mundo do general presidente, que podia ser descrita como autoritária, mas não como um autoritarismo estático e conservador. Arquétipo do militar tecnocrata, familiarizado com a gestão de grandes empreendimentos industriais do setor público, Geisel dificilmente aceitaria gastar seu mandato cultivando na economia uma cautela estratégica próxima da estagnação. O perfil do general presidente sobressai de forma consistente nas entrevistas editadas por D'Araújo e Castro (1997).

regime — com certeza o regime existente, e não um futuro regime democrático. Mas até nessa vaga acepção do verbo "institucionalizar" subentendia-se a necessidade de superar a rigidez, o fechamento quase total do período Médici, para chegar a uma estabilidade fundada mais na política e na aquiescência social que na força das armas e dos aparelhos de repressão. Subentendia-se igualmente que a legitimação pelo desempenho envolvia riscos, e isso, aliás, se tornou cada dia mais claro a partir de 1973, devido ao choque de preços do petróleo.[42]

Por palavras e atos, o iniciante governo Geisel tratava, portanto, de comunicar a seus próprios integrantes, civis e militares, e à sociedade em geral, os parâmetros de seu programa de ação. Do lado econômico, mantinha-se a tentativa de sustentar o crescimento e o discurso de que o país já se imunizara em grande parte contra variações no ambiente externo: era uma "ilha de prosperidade" num mundo em convulsão. Assim, como primeiro parâmetro estava a imperativa sustentação do otimismo. A euforia com as elevadas taxas de expansão do PIB no período Médici e a retórica de nossa rápida transformação em "grande potência" precisavam sem dúvida ser deflacionadas, mas não a ponto de minar a confiança pública no crescimento e no êxito do projeto de industrialização. O senso de realidade do general Geisel com certeza o alertava contra os riscos de sua política de crescimento acelerado, que poderia sofrer reversões violentas e talvez forçá-lo a adotar medidas abruptas de contenção e austeridade. Aliás, esse perfil transparece na composição aparentemente contraditória de sua equipe econômica, na qual pontificavam João Paulo dos Reis Velloso, personificando a intenção de sustentar elevadas taxas de crescimento, e Mario Henrique Simonsen, ícone de ortodoxia e austeridade, que por diversas vezes apontou os riscos da estratégia expansionista.

Do lado político, reconhecia a necessidade de mudanças, mas mudanças feitas sob controle, de maneira gradual, segundo uma agenda e dentro de limites definidos apenas pelo governo. Não propriamente uma reforma, mas uma autorreforma do regime, e mesmo esta conduzida com todas as cautelas possíveis, em vista da complexidade dos relacionamentos do Executivo com suas bases militares (o "público interno"), com a oposição e com a opinião

---

[42] Ganha aqui relevo o conceito de legitimidade em seu primordial sentido político, como apoio não condicionado estritamente a resultados econômicos, ou seja, a legitimidade como aquiescência inespecífica, de baixo custo, que precisa existir ao menos entre a parcela mais ativa dos cidadãos, e que não se dirige apenas ao governo do momento, mas também, em algum grau, ao regime por ele encarnado.

pública. O parâmetro ou imperativo político era um gradualismo sem etapas previamente anunciadas: a autorreforma por iniciativa do presidente e sob seu estrito controle. As dificuldades aqui são clássicas, aquelas com que sempre nos deparamos na análise de regimes autoritários ou totalitários. Desde logo, a inexistência de meios confiáveis para o governo aferir o efetivo apoio com que poderia contar nessa travessia obscurecida pela neblina de suas próprias incertezas. Trata-se aqui do fosso criado pela extrema centralização do poder e pela mística "revolucionária", expressando a suspeita de que "os de fora" seriam sempre potenciais adversários, e os adversários, potencialmente inimigos. A partir do Ato Institucional nº 5, de dezembro de 1968, desvirilizado o Congresso, censurada a imprensa, radicalizado o lado repressivo do regime, o fosso obviamente se aprofundara. As práticas e os conceitos que asseguravam a "coesão do regime" contra seus "inimigos" serviam também para isolar politicamente o governo que o encarnava, dificultando o trato com os diferentes segmentos da elite nacional e desautorizando de forma quase automática o diálogo político com interlocutores externos de alguma relevância.

Comento com algumas ressalvas a avaliação feita por Cruz e Martins (1983:47) em seu excelente estudo das origens da "distensão" deflagrada pelo governo Geisel. Segundo esses autores, o contexto da decisão de distender "não poderia ter sido mais favorável". Referem-se eles ao fato de a sucessão de Médici por Geisel na presidência, em meados de 1973, ter sido a menos traumática desde 1964, afirmando que "a polarização de tendências nas Forças Armadas aparentemente ficara para trás, vencida que fora pela afirmação dos princípios institucionais de hierarquia e autoridade". É certo, a candidatura Geisel não deixou espaço para polarização alguma, muito menos polarização como a de 1969, nas disputas internas que levaram à escolha do general Médici e à consequente preterição da ala nacionalista liderada pelo general Albuquerque Lima. Mas, sem dúvida, um antagonismo latente persistia entre os adeptos da "linha dura" e os que percebiam a necessidade de alguma descompressão. Esse antagonismo ressurgiria em 1977 — novamente ligado ao xadrez sucessório —, nos episódios que precipitaram a demissão do ministro do Exército, general Sylvio Frota. Lembremo-nos também de que, em janeiro de 1976, Geisel já se vira forçado a afastar o general Ednardo D'Ávila do comando do II Exército, em São Paulo — após os alegados suicídios de um jornalista e um operário detidos sob acusação de subversão, mas com toda probabilidade submetidos a tortura. Tais fatos indicam que a brecha entre as referidas facções militares teria se ampliado e criado sérios riscos para o governo se a redemocratização tivesse sido empreendida de maneira mais explícita, ou mais rápida, ou se tivesse coincidido com uma freada mais brusca no crescimento econômico.

O problema estratégico enfrentado pelo governo nesses primórdios da abertura consistia, assim, em fugir ao "buraco negro", vale dizer, ao superisolamento e ao imobilismo (Souza e Lamounier, 1981). A metáfora do "buraco negro" foi utilizada em mais de uma ocasião pelo próprio arquiteto da distensão, o general Golbery do Couto e Silva. Em seu discurso de posse, o general Geisel afirmou, também, que o aperfeiçoamento do regime "não depende tão somente da vontade do poder Executivo federal, pois reclama, em larga medida, colaboração mais sincera e efetiva dos outros poderes da nação" (Cruz e Martins, 1983:46). O isolamento não decorria apenas do mencionado enrijecimento autoritário; paradoxalmente, era também consequência do "êxito" de determinadas medidas — por exemplo, a repressão aos movimentos de guerrilha urbana e rural deflagrados em 1967, que enquistou alguns dos órgãos repressivos e os tornou, na prática, autossuficientes, e o próprio crescimento econômico acelerado, que gerou expectativas, obviamente não satisfeitas, de uma rápida e ampla distribuição de seus frutos.

Em retrospecto, percebe-se que o objetivo inicial da "abertura" consistia em afastar o risco do superisolamento por meio de três medidas principais, todas elas de caráter gradativo, culminando em uma autorreforma do regime: (1) revitalização da política, isto é, do processo eleitoral, dos partidos e do Congresso Nacional; (2) liberalização da imprensa; (3) contenção dos excessos cometidos por órgãos de segurança e repressão.

A autorreforma seria o ponto de chegada da distensão, um coroamento antevisto e enunciado de maneira difusa, mas que por certo envolveria a reorganização das bases de apoio ao governo — quiçá incluindo a formação de um novo partido ou de uma oposição "leal", "responsável", contribuindo para redefinir a legitimidade do regime, tornando-a menos dependente da economia. Um partido governista ou capaz de efetivo diálogo com o governo, mas com maior credibilidade popular que a Arena, a fim de respaldar uma eventual política de ajuste para baixo na estratégia de crescimento econômico.

Revitalização da política: o impacto da eleição de 1974

Tabela 4
Resultados das eleições para a Câmara Federal — 1966-1982 (%)

Partidos	1966	1970	1974	1978	1982
Arena (PDS)	50,5	48,4	40,9	40,0	36,7
MDB (PMDB)	28,5	21,3	37,8	39,3	36,4
PDT	–	–	–	–	4,9
PTB	–	–	–	–	3,8
PT	–	–	–	–	3,0
Votos em branco e nulos	21,0	30,3	21,3	20,7	15,2

Fonte: elaborada pelo autor com dados do Tribunal Superior Eleitoral.

As eleições gerais de 1970 e as municipais de 1972 haviam esmagado a frágil oposição da época, mas trouxeram à tona abundantes indícios de descrédito no processo representativo. Em 1974, a história seria totalmente outra. Sem embargo do caráter difuso de seus passos iniciais, o governo Geisel logo percebeu a necessidade de revitalizar o processo eleitoral. Revitalizar, sim, mas partindo de uma suposição que naquele momento parecia incontestável: o pleito resultaria em mais uma tranquila vitória do partido do governo, a Arena. Referindo-se a essa conjuntura, assim se expressaram Cruz e Martins (1983:49):

> Certo da vitória, Geisel investiu pesadamente nessas eleições, que deveriam desempenhar um papel crucial na efetivação de seu projeto: confirmado nas urnas o apoio popular à "obra da Revolução", o ano seguinte seria dedicado à tarefa de institucionalização do regime, às esperadas reformas. Mas para que tal acontecesse, essas não poderiam ser eleições como as outras (1970 e 1972), minadas em sua legitimidade pela onipresença da censura e pela violência das medidas de intimidação. Era necessário que a oposição se envolvesse sem reticências no pleito e, dadas as garantias oferecidas, aceitasse de bom grado as evidências de sua futura derrota.

O resultado, como se sabe, foi o inverso: uma rotunda derrota para o governo. O MDB cresceu de quatro para 20 cadeiras no Senado, conquistando 16 das 22 em disputa, e de 87 para 160 cadeiras na Câmara Federal. Outro fato evidenciado pela eleição foi a forte concentração dos votos oposicionistas nos estados mais ricos, a começar por São Paulo, e nos grandes centros urbanos, as áreas mais beneficiadas pelo "milagre econômico". Nestas, a recuperação de algum apoio popular pelo governo afigurava-se pouco provável, até porque o avanço da oposição se devera em grande parte à ênfase dada pela campanha do MDB às questões econômicas, em particular a má distribuição da renda. A tônica plebiscitária (antigoverno) da eleição prenunciava uma difusa, mas provavelmente crescente identificação do MDB como partido dos "pobres", ou do "povo", e da Arena como partido dos "ricos" e do "governo" (Lamounier e Cardoso, 1975; Reis, 1978; Lamounier, 1980, 1989b).

A magnitude dos ganhos da oposição alertou o governo para uma dificuldade não contemplada pelas diretrizes iniciais da distensão: a possibilidade de um futuro impasse institucional, dado o caráter bipartidário do sistema. Possibilidade, como antes sugeri, agravada pela inexistência de meios idôneos para aferir a profundidade da clivagem aberta nos 10 anos anteriores, ou seja, da divisão simbólica em que o regime se baseava. A retórica "revolucionária" de 1964, enrijecida a partir de 1968, estabelecia apenas uma tênue distinção entre a oposição parlamentar e a contestação ao regime. Com a eleição de 1974, o governo começava a se defrontar com pressões contraditórias: de um lado, a necessidade de começar a construir pontes sobre aquele fosso, tendo em vista a magnitude do crescimento eleitoral do MDB e seus contornos nitidamente plebiscitários; de outro, o imperativo de preservar a coesão política do campo governista — em especial das Forças Armadas.

Liberalização da imprensa

Tal como na *glasnost* russa, a distensão tinha por objetivos melhorar a qualidade das informações coletadas junto à sociedade, facilitar a aferição da profundidade dos dissensos e, ao mesmo tempo, arejar internamente o governo, diluindo alinhamentos rígidos e corrigindo de maneira seletiva políticas consideradas equivocadas. Neste particular, a liberalização da imprensa teria, e sem dúvida teve, um papel essencial. Desde logo, ajudou a deflacionar a retórica de "grande potência", encarada com foros de projeto sério no período Médici. Serviu ainda para apontar desmandos e gastos suntuários; a partir de uma matéria investigativa sobre privilégios da alta administração, o vocábulo "mordomia" perdeu seu sabor arcaico e se incorporou à linguagem popular. Acadêmicos estrangeiros ganharam amplo espaço na mídia — é evidente que também por mérito, mas sem dúvida por terem maior liberdade de tocar em pontos que os nativos ainda relutavam em suscitar.[43]

No processo de arejamento de fora para dentro, foi de grande importância a chamada "campanha pela desestatização", primeira intervenção ostensivamente crítica dos empresários no debate público. Na época, o termo "desestatização" não se referia à privatização, tema que só iria entrar de fato em discussão 10 anos mais tarde, e sim ao exagero e aos riscos da política de crescimento perseguida pelo governo Geisel. O clamor contra o "estatismo" teve início na escolha de Eugênio Gudin como "Homem do Ano" pela revista *Visão*, em 1974. Houve quem visse nessa ação da imprensa uma das alavancas fundamentais do processo de abertura. Bresser-Pereira, por exemplo, interpretou-a como indício de colapso do tripé formado por empresas estatais, empresas privadas nacionais e multinacionais, na medida em que se configurava a inevitável redução do ritmo de crescimento. Outras análises salientaram a cautela e as limitações das manifestações políticas dos empresários, até o final do governo Geisel, evidenciando não tanto a impossibilidade de acomodar os interesses dos vários setores, mas antes o aproveitamento do avanço já ocorrido no processo de abertura para protestar contra sua falta de acesso aos centros decisórios. A campanha também refletia um estudado distanciamento do empresariado em relação à incômoda posição de "suporte da ditadura" em que se deixara colocar desde 1964. Vai nesse sentido a análise de Fernando Henrique Cardoso (1983:21):

> Não se apreende corretamente o sentido das pressões empresariais sem uma referência explícita ao fato de que o próprio governo Geisel (desde 1974, embora não de modo contínuo) havia lançado ao debate o tema da "distensão". Quando, a partir de 1976/77, o empresariado se moveu para participar do debate sobre a "abertura" [as reuniões de outros setores] já constituíam o pano de fundo da política brasileira. A voz dos empresários industriais somou-se a este coro. Se a categoria não teve a iniciativa, conseguiu dar repercussão ao movimento da sociedade civil: a própria imprensa, para engrossar o clamor liberalizante, "usou" a liderança empresarial.

---

43 Sobre o papel da imprensa nesse período, ver Celina Duarte (1983). Na mesma linha, Fernando Henrique Cardoso (1983:21) alude à "reinvenção da sociedade civil" pelos meios de comunicação, citando como exemplo a eleição dos empresários mais representativos, pelo jornal *Gazeta Mercantil*, a partir de 1977.

De fato, com a aceleração do crescimento industrial a partir de 1967, foi enorme o reforço às empresas estatais e multinacionais na economia brasileira. Em 1973, no entanto, o choque do petróleo deu claros sinais do final de uma época de energia abundante e barata, alertando o setor privado nacional para mudanças indispensáveis em médio prazo. A escassez de energia e de outros fatores importados significaria necessariamente um acirramento da competição entre os setores público e privado, sem que este último dispusesse de recursos de poder em escala suficiente para interferir no processo decisório. Basta lembrar, a propósito, que o Conselho Monetário Nacional, órgão mais sensível à influência do setor privado, tivera sua importância reduzida durante o governo Geisel, em favor dos conselhos de Desenvolvimento Econômico e de Desenvolvimento Social, ligados diretamente à presidência.

Da reforma partidária de 1979 à diarquia de 1982

Ficaria para o general Figueiredo, sucessor de Geisel, a tarefa de reorganizar os suportes políticos para a autorreforma do regime — quiçá até pelo estímulo à formação de um novo partido que fosse governista, ou ao menos capaz de manter efetiva interlocução com o governo — e de circunscrever e talvez encerrar a ação dos aparelhos repressivos. Essas duas questões se entrelaçariam de maneira sumamente complexa na virada da década de 1970 para a de 1980.

Dado que a legitimação do regime estava atrelada de modo excessivo ao desempenho econômico e muitos militares ainda questionavam a liberalização política, a opção pela desaceleração do crescimento envolvia dificuldades consideráveis. Com o correr dos anos, cada vez mais o governo precisaria do auxílio de um interlocutor para superar tais dificuldades. Nesse sentido, a baixa e decrescente credibilidade do partido governista, a Arena, era uma debilidade crucial do governo e do regime. A atuação política de alguns dos principais protagonistas — como os ministros Petrônio Portella e Golbery do Couto e Silva e, até certo ponto, também de Leitão de Abreu, sucessor de Golbery na Casa Civil (em 1981) — pareceu em diversos momentos orientada no sentido de estimular a formação de um partido governista imune ao desgaste que já atingira a Arena ou uma agremiação de centro, em oposição menos frontal que o MDB. Uma clara independência em relação à Arena e ao MDB, engajados em batalhas eleitorais plebiscitárias, era naturalmente a condição *sine qua non* para um terceiro partido desempenhar o papel de oposição "leal" ao governo. Na concepção inicial da abertura, a revitalização eleitoral de 1974 deveria ter propiciado a necessária reorganização do suporte político. Mas a derrota do governo, o gradualismo excessivo da abertura, o constante recurso a "casuísmos" jurídicos para solapar o crescimento da oposição, além de decisões tomadas para enfrentar crises específicas, trabalharam contra esse propósito.

A sucessão do general Geisel pelo general João Baptista Figueiredo, no início de 1979, concluiu de maneira frustrante uma etapa do processo de liberalização. Frustrante devido à expectativa generalizada de que a sucessão presidencial concluísse a "abertura", reconduzindo o país à plenitude democrática, ou ao menos explicitasse esse objetivo e delineasse as próximas etapas do processo. Desde logo, a indicação do general Figueiredo suscitava dúvidas a esse respeito, tendo em vista sua carreira intimamente associada ao Serviço Nacional de Informações (SNI). Como ficaria demonstrado, dava a impressão de que Geisel, ao endossar a candidatura de Figueiredo, optara por prolongar por mais seis anos sua estratégia "gradual e segura". Mesmo assim, importantes demandas da oposição — anistia a todos os cidadãos punidos com cassação e perda de direitos políticos e aos exilados por terem participado em ações armadas, além de restabelecimento praticamente total da liberdade de imprensa — foram atendidas em 1978-1979. No final de 1979, ao promover a reforma partidária reclamada por lideranças oposicionistas que não desejavam se integrar ao MDB, o governo uniu o agradável para tais lideranças ao útil para si mesmo: dava um grande passo para desfazer a frente de oposições agrupada em torno do MDB e se livrar do impasse embutido na estrutura bipartidária.

Sobre a cabeça do general Figueiredo pairavam pelo menos três importantes indagações. Uma, relativa ao ritmo futuro da transição: estaria ele disposto a apressar esse processo e capacitado a preparar politicamente o país para a reta de chegada? Ou iria também recorrer a novas postergações? Outra, referente à repressão: tendo sido ministro-chefe do SNI, estaria ele decidido a coibir em definitivo as arbitrariedades e excessos cometidos por organismos policiais e militares sob o manto protetor da "defesa da Revolução de 1964"? E uma terceira: efetuaria finalmente o governo a indispensável reorientação da estratégia econômica, adotando objetivos mais modestos e cautelosos, ainda que ao preço de alguma insatisfação social e de perda de apoio político?

Durante os três primeiros anos do governo Figueiredo (1979-1981), o MDB e o processo eleitoral perderam parte de sua força como focos aglutinadores da oposição ao regime, em parte como decorrência da reforma partidária que, ao acarretar a divisão do MDB, forçou na prática o adiamento das eleições municipais de 1980. Mas essa perda resultou também do próprio avanço do processo de liberalização, com a diversificação e o consequente aumento dos dissensos entre as entidades, correntes e lideranças integrantes da "fraternidade plebiscitária" oposicionista. Promulgada a anistia, em agosto de 1979, o retorno dos exilados e um concomitante arejamento na área cultural reforçaram a expectativa de que o país caminharia para um rápido e inequívoco restabelecimento da democracia. Mas a ambiguidade característica da "abertura controlada" não tardou a se manifestar. O primeiro sinal disso foi a manobra palaciana para adiar as eleições municipais programadas para novembro de 1980: suscitada até certo ponto pelas previsões econômicas desfavoráveis, procedia sobretudo da reforma partidária, que rompera a camisa de força do bipartidarismo. Assim, um bom pretexto para o governo era o fato de os novos partidos precisarem de tempo para organizar bases municipais, conforme a exigência legal, em tempo hábil para disputar as eleições.

Os novos partidos

Seis novos partidos foram criados pela reforma partidária aprovada no final de 1979, substituindo a Arena e o MDB:

- Partido Democrático Social (PDS), governista, sucessor da extinta Arena.
- Partido do Movimento Democrático Brasileiro (PMDB): sucessor do antigo MDB, reteve a sigla do antecessor mediante o esperto estratagema de acrescentar-lhe o "p", ajustando-se à exigência da nova legislação, de ter a palavra "partido" no nome de todas as agremiações.
- Partido Popular (PP), do qual se dizia ter sido idealizado pelo ministro da Justiça, Petrônio Portella, estrategista da distensão junto com o general Golbery do Couto e Silva (dizia-se também que Petrônio emprestara ao partido os dois "ps" de seu nome). Era uma tentativa de aglutinar o centro liberal, com a participação de empresários, num partido autoidentificado como de oposição ao regime vigente, mas se preparando para o papel de interlocutor confiável, com vistas a um futuro governo de coalizão.
- Partido dos Trabalhadores (PT), fortemente focalizado na figura de Lula e no chamado "novo sindicalismo" da área metropolitana de São Paulo, manifestando intensa desconfiança em relação a todos os partidos, inclusive ao PMDB, que era na época a frente aglutinadora das oposições.
- Dois outros partidos — o Partido Trabalhista Brasileiro (PTB) e o Partido Democrático Trabalhista (PDT) — se originaram do antigo PTB, suposto depositário do simbolismo trabalhista de Getúlio Vargas. Disputado entre a ex-deputada Ivete Vargas e Leonel Brizola, recém-chegado do exílio, o controle da sigla acabou nas mãos de Ivete (por inspiração palaciana, segundo se comentou na época).

Somente o PDS (ex-Arena), o PMDB (ex-MDB) e o PP de Tancredo Neves, se tantos, conseguiriam formar diretórios locais para cumprir os requisitos da lei e disputar as eleições nos cerca de 4 mil municípios então existentes. Portanto, é possível inferir que o adiamento da eleição de 1980 já estava na realidade embutido na reforma partidária de 1979. O adiamento, com a consequente prorrogação por dois anos dos mandatos municipais (prefeitos e vereadores), foi aprovado pelo governo, por meio de sua maioria parlamentar. Embora a oposição (leia-se, o MDB) tenha resistido de maneira pouco veemente, dando a impressão de concordar com o pretexto do governo, o adiamento teve sem dúvida um efeito político negativo, pois reforçou as dúvidas existentes sobre o calendário da transição, e até sinalizou a possibilidade de retrocessos, ao abrir um horizonte de três anos sem disputas eleitorais.

Um surto de terrorismo atribuído a grupos de extrema direita e a remanescentes ativos dos aparelhos repressivos não tardou a demonstrar que a dúvida sobre o comportamento do general Figueiredo em relação a tais aparelhos tinha razão de ser. Começou com ataques a bomba e incêndios em bancas de jornais, visando impedir a venda de publicações de esquerda; atingiu em seguida a Ordem dos Advogados do Brasil (OAB), e alcançou seu momento mais dramático no fracassado atentado a bomba de 1981, no Riocentro, onde se realizava um *show* artístico por ocasião do 1º de Maio. Neste último episódio, houve fortes indícios de envolvimento de militares. A imprensa e a opinião pública não se convenceram com os resultados da investigação oficial, e restou no ar a convicção de que bolsões radicais permaneciam atuantes no seio das Forças Armadas. A indisposição do presidente da República para exigir uma investigação rigorosa levou o general Golbery do Couto e Silva, estrategista da distensão e todo-poderoso ministro-chefe do Gabinete Civil da Presidência, a renunciar ao cargo, decisão formalizada em agosto daquele ano.[44] A ausência de Golbery, substituído pelo jurista gaúcho Leitão de Abreu, produziu um hiato na coordenação política do governo e criou apreensões sobre uma eventual reorientação da política de abertura. Esse quadro se agravou em setembro, quando o presidente Figueiredo precisou se licenciar para tratamento de saúde no exterior.

Durante a ausência do presidente, a oposição parlamentar — com significativo apoio de dissidentes do PDS — derrubou dois projetos de vital importância para o governo. Um deles propunha aumentar as contribuições dos assalariados para financiar o déficit da Previdência Social. O outro estendia à

---

[44] No dia 12 de setembro de 2020, o blogueiro Jamil Chade, do site UOL, relata um trabalho feito pelo pesquisador Eduardo Reina, que teria tido acesso a um documento do serviço secreto da Aeronáutica no início dos anos 1970. O documento indica que o serviço secreto teria monitorado 47 organizações e 25 mil cidadãos tidos como subversivos. Essa informação permite supor que a escala da repressão durante o período militar tenha sido muito maior do que a geralmente aceita como verdade.

eleição para os governos estaduais a figura da "sublegenda", isto é, a permissão para cada partido lançar até três candidatos ao mesmo posto, artifício mediante o qual o governo esperava acomodar as facções que se digladiavam dentro do PDS. A derrota dessa proposta tornava pouco animadoras as perspectivas eleitorais do governo para 1982. Mas a resposta do general Figueiredo, assim que reassumiu a presidência, foi contundente. No dia 25 de novembro, arrebanhando às pressas a maioria parlamentar, determinou o imediato início da tramitação do "Pacote de Novembro", alterando mais uma vez a lei eleitoral, com o objetivo de "restabelecer o equilíbrio" entre governo e oposição.

A iniciativa do governo reverteu a expectativa positiva formada durante a licença do general Figueiredo, quando pela primeira vez, desde 1964, a presidência fora assumida por um civil, o vice-presidente Aureliano Chaves. Na pitoresca linguagem do próprio presidente, o Pacote de Novembro foi um "recrudescimento", ao qual não poderia faltar uma reafirmação da retórica "revolucionária" de 1964. Mas a essa altura o recrudescimento não poderia mais produzir grande intimidação, servindo apenas para sinalizar, pela enésima vez, a pouca disposição do governo em reduzir a distância que o separava até da oposição moderada. O efeito, portanto, foi uma redução adicional na capacidade de o governo Figueiredo atuar construtivamente na preparação do retorno ao governo civil. Indeciso, o general presidente semeava mais uma vez os ventos do confronto plebiscitário, que ressurgiria nas eleições de 1982 e culminaria na campanha das Diretas Já, de 1984.

O objetivo intrínseco do pacote era impor a vinculação vertical dos votos, em todos os níveis, ou seja, tornar nulos os votos dados na mesma cédula a candidatos de partidos diferentes. Com o adiamento da eleição municipal de 1980, esta passara a coincidir com as eleições para os governos estaduais e para os legislativos estaduais e federal. Caminhava-se, portanto, para uma eleição de extrema complexidade. Permaneceria fora da disputa apenas a presidência da República, cujo titular seria escolhido indiretamente pelo Colégio Eleitoral, em janeiro de 1985. Assim, o pacote era um megacasuísmo instituído pelo rolo compressor governista, um ano antes de uma megaeleição — isso, por si só, dava margem a especulações de que o pleito poderia até ser cancelado, ou de que os laboratórios jurídicos do governo iriam ainda alvitrar novas alterações.

Pela vinculação vertical seria nulo, por exemplo, o voto dado a um vereador do PDS e a um governador do PMDB. Todos os partidos ficavam obrigados a apresentar candidatos a todos os cargos nos estados em que pretendessem concorrer. Se não o fizessem, perderiam os votos dos eleitores cuja opção mais importante fosse a escolha do governador (presumivelmente a maioria) e cuja cédula seria anulada se sufragassem candidatos de partidos diferentes. Com certeza, o objetivo consistia em levar às últimas consequências a divisão da frente oposicionista. Tornavam-se inviáveis as alianças entre partidos, mesmo tácitas, e a oposição seria a mais prejudicada, visto que tais alianças teriam como pedra de toque o apoio dos partidos menores aos candidatos do PMDB ou do PP aos governos estaduais, em troca do apoio destes a seus candidatos a prefeito, ou a deputado estadual ou federal.

Conclusão

O torpedo disparado contra o PMDB acertou o PP de Tancredo Neves, previsto justamente como uma possível "oposição leal". Percebendo que o Pacote de Novembro inviabilizaria na prática seu Partido Popular, o então senador Tancredo Neves comandou o recuo estratégico de seus aliados, reincorporando-se ao PMDB. Criticado por porta-vozes do governo como uma tentativa de confronto e radicalização, o recuo de Tancredo desfez a trama urdida pelo palácio para colocar a oposição em desvantagem. Em 1982, contados os votos, constatou-se que o processo eleitoral continuava praticamente bipartidário: a oposição elegera 10 dos 22 governadores, inclusive os de São Paulo (Franco Montoro), Minas Gerais (o próprio Tancredo Neves) e Rio de Janeiro (Leonel Brizola, eleito pelo PDT). Na Câmara dos Deputados, o trio com maior marca oposicionista (PMDB, PDT e PT) elegeu 231 dos 479 deputados; 13 foram os do PTB, ficando o governo (PDS) com 235 (49%). No Senado, graças aos "biônicos" (um terço dos senadores eleitos indiretamente, por determinação do Pacote de Abril, de 1977), o PDS manteve uma maioria de 46 votos, contra 23 das oposições. Além do Senado, conservava o governo dois outros importantes bastiões: o Colégio Eleitoral, ao qual estava afeito o processo sucessório presidencial, e que só poderia ser alterado ou extinto mediante reforma constitucional — supondo maioria suficiente no Congresso (Câmara + Senado) para bloquear eventuais emendas propostas pela oposição. Sob um ângulo mais dilatado, era evidente: o gradualismo excessivo caíra em sua própria armadilha.

O fosso continuava aberto, e persistia o enfrentamento plebiscitário iniciado em 1974; mas agora ambos os lados detinham substanciais recursos de poder e nenhum deles se dispunha a compartilhar a responsabilidade pelo agravamento da situação econômica. Protelado durante vários anos, o ajuste da estratégia econômica para baixo fora afinal efetivado, como se costuma dizer, "pela força das coisas". O fantasma plebiscitário que se quisera exorcizar com a reforma partidária de 1979 estava de volta, agora num contexto de aguda recessão, crescente desemprego e debilitamento de importantes lideranças, tanto na situação quanto na oposição.

Com a conquista de 10 governos estaduais pela oposição, configurava-se uma nova realidade institucional no regime de 1964. A estrutura de poder tornara-se diárquica: paralelamente ao Executivo federal, surgia agora uma segunda força, sem dúvida relevante. O equilíbrio daí resultante prenunciava-se instável, talvez inviável, exigindo uma sinalização mais nítida no calendário da transição à democracia ou, ao contrário, dando ensejo a novos e muito mais graves retrocessos. Do ponto de vista do governo, uma implicação de especial importância era a perspectiva de algum inesperado impasse na sucessão presidencial de 1985. Embora corroído por discordâncias internas na escolha do candidato, o PDS aferrar-se-ia nos anos seguintes à tese do "direito adquirido" de fazer o sucessor do presidente Figueiredo. Defendia, no caso, seu "direito" de eleger o sucessor de forma indireta, por meio do Colégio Eleitoral, no qual mantinha maioria — apesar de avolumar-se na opinião pública a rejeição a esse procedimento. A crise institucional latente durante toda a precedente década tivera como fulcro a crescente dificuldade encontrada pelo regime para obter a pretendida legitimação eleitoral, à medida que a oposição ia conquistando os corações e as mentes do eleitorado. Agora a crise tornara-se explosiva: a perspectiva do impasse no processo sucessório presidencial chegava finalmente ao cerne do sistema.

6

De Figueiredo a Itamar: sucessão de fragilidades

Nos anos 1980 e no começo dos 1990, o sistema político brasileiro sofreu uma grave perda de capacidade decisória. Por mais de 10 anos, desde meados do governo Figueiredo até os primeiros meses da presidência Itamar Franco, nenhum dos quatro governos conseguiu implementar um efetivo programa de estabilização econômica ou de reforma do setor público. O paradoxo é que uma década inteira de dificuldades também assistiu a um extraordinário aumento nas propostas e nos experimentos de reforma institucional, com uma amplitude de participação e debate público sem precedente no Brasil e sem paralelo na maioria dos países redemocratizados no último terço do século 20. Da convocação de um Congresso Constituinte (1987-1988), passando por uma eleição presidencial cercada de expectativas messiânicas (1989), até a realização do plebiscito sobre a adoção de um regime parlamentarista e um possível retorno à monarquia (1993) — tudo foi tentado, os mais generosos expedientes foram alvitrados, com pouco ou nenhum êxito em termos de capacidade decisória. Como se explica isso? Que profunda fragilidade era essa, capaz de retardar por tanto tempo o controle da inflação e o deslanche de indispensáveis reformas estruturais? Penso que a debilitação se deveu a um círculo vicioso político-econômico resultante de dois vetores. Vetor político: sequelas paralisantes do próprio processo de transição do regime militar ao civil. Vetor econômico: esgotamento do modelo de crescimento adotado durante os governos militares (baseado na industrialização substitutiva de importações e no endividamento externo), associado a um processo inflacionário persistente e agudo.

Sequelas paralisantes da transição

A partir do governo Figueiredo, houve uma evidente fragilização tanto no campo militar quanto no civil. Para bem compreender a situação, é preciso lembrar que o regime militar brasileiro, à diferença do ocorrido em outros países latino-americanos, nunca chegou a um radicalismo autoritário total, como o regime chileno de Pinochet e outros. Evitou a ruptura completa com a ordem constitucional. Por outro lado, ao contrário de seus congêneres do Cone Sul, esse regime conseguiu extinguir o sistema de partidos existente. Dessa forma, o processo político e os mecanismos eleitorais continuaram a operar, obviamente sob restrições, no âmbito do Congresso Nacional, dos estados, das assembleias legislativas e dos municípios. Os políticos mantiveram-se em franca atividade, ora colhendo glórias, ora expondo-se ao desgaste público (Kinzo, 1988). Portadores de esperanças, também o eram de desconfianças. A competição forçava-os a expor suas rivalidades em público e os debilitava por estarem envolvidos em uma luta em grande parte simbólica. O objeto da disputa eram "espaços políticos", e não cargos dotados de efetivo poder de decisão; apesar de sua potencial importância, tais espaços eram esvaziados, no curto prazo, pela vigência dos "atos institucionais", reservas de poder "revolucionário" acionáveis em tese a qualquer momento. Embora os partidos não tivessem participação direta no poder nacional, eram identificados como parte dele e, portanto, vistos de maneira ambígua pelos eleitores.

Algo similar ocorria entre os militares. A partir da sucessão de Geisel por Figueiredo, o poder dos militares como corporação era mais de vetar do que de propor e implementar novas políticas públicas ou planos estratégicos. Assim, o sistema político do país tendia à paralisação; nem o retirante regime militar se retirava por completo, nem o entrante regime civil assumia de vez as rédeas do poder. De modo complementar, o mencionado enfraquecimento mútuo coincidiu, no início dos anos 1980, com a crise da dívida externa, uma forte contração da economia brasileira e uma violenta redução do gasto doméstico como proporção do PIB (Lamounier e Bacha, 1994:162-165). Como observei no capítulo anterior, a situação econômica vinha se agravando desde os anos 1970, com os dois choques de preço do petróleo (1973 e 1979) e a elevação dos juros (1979). Daí em diante, o país padeceria uma década inteira sob inflações anuais de três dígitos. Apenas na virada dos anos 1980 para os 1990, graças em parte à presidência de Fernando Collor de Mello, o debate público focalizaria de maneira efetiva o esgotamento do modelo de crescimento e a necessidade de uma profunda reforma no setor público, que chegasse até a uma importante reforma patrimonial, com transferência de ativos para o setor privado.

A diarquia de 1982 e a fase final da transição

O governo Figueiredo não se mostrou capaz de equacionar de maneira consistente a etapa final da transição, retardando assim o efetivo fim do bipartidarismo e empurrando a oposição para a estratégia da mobilização de massas. A opção de aplainar as dificuldades dessa fase já havia se esgotado em 1981, quando o general Figueiredo endureceu a legislação eleitoral a fim de impedir que o pleito de 1982 para governador fortalecesse o principal negociador civil e seu provável sucessor na presidência, o então senador Tancredo Neves. Aumentava, em consequência, a dependência dos líderes mais conservadores — e do próprio Tancredo — em relação aos "autênticos" e às bases extraparlamentares do movimento oposicionista. A influência de líderes como Tancredo Neves e Ulysses Guimarães no PMDB se devia em grande parte ao papel de ponte por eles desempenhado entre as alas "fisiológica" e "autêntica" do partido.

Em 1984, com a campanha das Diretas Já, o processo de transição chegou ao paradoxo dos paradoxos. Em um ambiente econômico ainda sombrio, com o país mal saído de uma severa recessão, multidões iam às ruas para aplaudir palanques sumamente heterogêneos e defender uma posição que já então podia ser vista como moderada: a eleição direta, pelos cidadãos, do sucessor do presidente João Figueiredo, substituindo a escolha indireta pelo Colégio Eleitoral. Conquanto o regime militar agonizasse, os comícios não entoavam reivindicações contundentes — como o encurtamento do mandato de Figueiredo, ou alguma plataforma mais ambiciosa de reforma social. O fato novo que definia a conjuntura e explicava tal moderação era o caráter diárquico da estrutura de poder vigente. Tendo conquistado os principais governos estaduais em 1982, a oposição passara a dispor de suportes de poder palpáveis, a partir dos quais poderia, em tese, revigorar seu declinante magnetismo plebiscitário. De fato, a campanha das Diretas Já seria impensável sem o apoio dos governadores dos três grandes estados: Franco Montoro (SP), Tancredo Neves (MG) e Leonel Brizola (RJ). Com esse apoio, a redemocratização parecia assegurada. Segundo a percepção geral, a parada havia sido decidida no atacado, faltando apenas resolvê-la no varejo. Não haveria espaço para retrocessos.

Marcada para abril de 1984 a votação da emenda constitucional que restabelecia a eleição direta para presidente, a mobilização cresceu em volume e intensidade, vencendo até a hesitação da Rede Globo em mostrá-la ao vivo e em suas reais proporções. O volume de público e o entusiasmo cívico dos comícios não tiveram precedente na história brasileira. Igualmente notável foi a rapidez dos líderes oposicionistas em redirecionar a energia das Diretas Já para o objetivo bem menos palatável de disputar a presidência pela via indireta, ou seja, pelo mesmo Colégio Eleitoral responsável por referendar as indicações militares. Derrotada no Congresso Nacional a "emenda Dante de Oliveira", que restabeleceria a eleição direta, o comando político da oposição logo tratou de articular a candidatura de Tancredo Neves (PMDB) para enfrentar o candidato "oficial", Paulo Maluf, do PDS, em janeiro do ano seguinte. A redefinição do objetivo não alterava o compromisso moral: a investidura de Tancredo Neves na presidência da República representaria o fim do regime militar e implicaria o imediato restabelecimento da eleição direta para futuros pleitos, em todos os níveis.

Para ampliar o voto oposicionista no Colégio Eleitoral e contornar resistências de última hora à redemocratização, escolheu-se para vice de Tancredo o conservador José Sarney, participante ativo do governista PDS. De estatura política bem inferior à de Tancredo, Sarney oferecia naquele momento ambíguas credenciais democráticas, dada sua participação durante duas décadas no esquema de sustentação do regime militar. Para evitar uma eventual contestação da chapa oposicionista na justiça, Sarney se afiliaria ao PMDB.

É importante recordar as datas: a "Emenda das Diretas" foi votada e derrotada no Congresso no dia 25 de abril de 1984; a sessão do Colégio Eleitoral que resultou na vitória de Tancredo Neves teve lugar a 15 de janeiro de 1985. Mas a 14 de março, véspera de sua posse na presidência, Tancredo seria hospitalizado às pressas em Brasília e viria a falecer em São Paulo cinco semanas mais tarde, a 21 de abril. Naquele denso clima de tragédia, novas incertezas se desenharam no horizonte político do país. A responsabilidade pela implantação da "Nova República" de Tancredo Neves passava às mãos do vice, José Sarney. De qualquer forma, estava formalmente concluída a transição. Desse ponto em diante, aprofundar-se-ia a divisão da frente de oposições até então centrada no PMDB.

O PT e a reconfiguração do imaginário ideológico

A partir de 1985, com o retorno ao regime civil, o Congresso Nacional ficou repartido politicamente entre três forças principais: o novo "situacionismo", formado pela Aliança Democrática (coligação PMDB-PFL) que elegera Tancredo; uma oposição à direita, capitaneada pelo PDS (ex-Arena); e uma oposição à esquerda, cujo epicentro era o PT, de força ainda diminuta no Congresso. Subjacente a essa tripartição ocorria uma mudança mais profunda, uma reconfiguração ideológica, motivada nesse primeiro momento por concepções divergentes acerca da natureza e do alcance da própria transição. Para os ex-oposicionistas agrupados na Aliança Democrática, que agora detinham as rédeas do poder, a transição democrática pela via eleitoral indireta fora o caminho correto, dentro das circunstâncias; avanços substanciais seriam encaminhados de imediato no plano jurídico (remoção do "entulho autoritário", convocação de Assembleia Constituinte) e logo iniciados noutras áreas (reorientação da política econômica, "resgate da dívida social"). Por outro lado, dentro e fora do Congresso, o PT e integrantes do meio universitário, do clero e da "sociedade civil" vocalizavam cada vez mais a percepção de que tínhamos concluído apenas uma "transição transada", cosmética: a transição sem eleições diretas para a presidência teria sido uma manobra de cúpula, elitista, acomodatícia e, sobretudo, sujeita a uma condição implícita: a limitação do "alcance democrático" das mudanças desejadas pelo país.

Logo no início do governo civil, Florestan Fernandes (1986:119) escrevia:

> Nenhuma República foi gestada tão perversamente na ordem existente — inclusive pela ditadura que entrega os pontos — como essa que agora emerge. Nenhuma República foi tão negociada e tão "cupulista", um fino prato da politiquice e do politicismo, que amalgama e revitaliza hábitos políticos que marcaram a República Velha, a malícia varguista do Estado Novo e a atuação do PSD.

Francisco Weffort (1984:87), por sua vez, comparava a transição conservadora ao

> célebre jogo das bonequinhas russas. Vem uma dentro da outra, todas iguais, só diferentes no tamanho. O comando militar dos presidentes condiciona o perfil conservador da transição. E este reforça a hegemonia liberal no âmbito das oposições. Abre-se assim a perspectiva de um projeto, tão tradicional quanto elitista, de "conciliação nacional", do qual o ex-governador de Minas, Tancredo Neves, é o expoente máximo.

O conflito entre as duas concepções da transição, delineado no debate sobre a conveniência ou não de apresentar a candidatura de Tancredo Neves, tornar-se-ia mais nítido após a morte deste. Ressurgiria de maneira acentuada no debate sobre o caráter da futura Assembleia Constituinte — se deveria ser "exclusiva", convocada com o objetivo específico de elaborar a Constituição, ou "congressual", de responsabilidade do próprio Congresso Nacional. Permearia de ponta a ponta os quase dois anos de feitura da Constituição e se sedimentaria ainda mais na virada da década de 1980 para a de 1990. Em retrospecto, pode-se perceber a formação de um novo imaginário de esquerda à medida que o fosso entre aquelas duas interpretações se alargava. Historicamente, o pensamento da esquerda brasileira teve como fulcro o marxismo-leninismo com seu modelo do "partido de vanguarda", de inspiração soviética. Agora, com a crescente influência do PT e da "sociedade civil", ganhava corpo uma concepção populista, mas populista no velho sentido russo (*narodnik*) do termo: uma visão altamente abstrata e maniqueísta de um país dividido entre duas entidades imaginárias: o "povo" e a "elite".

O crescimento do PT e seu protagonismo nacional deveram-se a diferentes combustíveis surgidos nos anos 1980: o agravamento das tensões sociais em função da estagnação e da inflação, o surgimento do "novo sindicalismo", a figura de Lula e, na década seguinte, o movimento social que levou ao *impeachment* de Collor e à valorização da ética como tema da agenda pública. Mas a referida reconfiguração ajuda a compreender por que a esquerda petista só conquistou projeção eleitoral no final dos anos 1980 e durante os anos 1990, sobretudo após o término da Guerra Fria e o colapso do socialismo no Leste Europeu. O fim da Guerra Fria vaporizou o anticomunismo, até então um obstáculo à expansão eleitoral da esquerda em todos os seus matizes. Ampliou o arco "aceitável" de alianças, permitindo uma colaboração mais fluente entre setores que antes não se misturavam facilmente — por exemplo, enquanto perdurou a hegemonia dos partidos comunistas, o clero hesitava em estreitar laços com partidos de esquerda. O discurso *narodnik* contribuiu para a capitalização, pelo PT, das grandes mudanças desse período.

Diluído o antigo diapasão marxista, a esquerda pôde assumir o discurso democrático — não sem alguma ambiguidade —, colocando-se assim a jusante da expansão mundial da democracia representativa, também estimulada pelo fim da Guerra Fria. Até meados dos anos 1990, a ambiguidade do "compromisso com a democracia" era francamente admitida por expoentes intelectuais do petismo. Nessa época, um meticuloso estudo sobre o PT caracterizava nos seguintes termos seus principais grupos:

> Se os sindicalistas são *extra*institucionais, e os cristãos *pré*-institucionais, a esquerda é *anti*-institucional. A despeito de suas diferenças, as três forças constituintes do PT são *não* institucionais. Todas se igualam no questionamento da institucionalidade e todas rejeitam, em última instância, as instituições da democracia vigente e, em particular, o Parlamento como fórum privilegiado e legítimo da ação política [Bueno de Azevedo, 1995:191, grifos no original].

O contraste simplista entre a "elite" e o "povo" não partiu apenas dos partidos de esquerda. Difundiu-se também como decorrência de interesses eleitorais. O próprio Fernando Collor usou e abusou do ataque à "elite" durante a campanha eleitoral de 1989 e na estratégia de comunicação adotada na presidência, quando precisou explicar por que a inflação recrudescera, contrariando sua promessa de abatê-la com um único tiro.

Em retrospecto, é fácil perceber que o petismo errou redondamente em seus prognósticos, e errou por se basear numa premissa fantasiosa sobre a "elite" do país. Se, como presumia, existisse no Brasil uma elite compacta e com poder suficiente para domesticar a transição, reduzindo-a a um simples "arreglo", a governabilidade estaria de antemão assegurada. Se a aliança PMDB-PFL tivesse a coesão e o poder que lhe eram implicitamente atribuídos, com certeza o Brasil não teria vivido a tormenta política experimentada de 1985 a 1994. Nessa hipótese, poderíamos até ter presenciado fortes embates entre grupos de interesse e questionamentos sobre a qualidade da renascente democracia, mas não o que de fato ocorreu naquele período: uma acentuada e persistente perda de capacidade governativa.

Em 1986, a Aliança Democrática (PMDB + PFL) elegeu 77% do Congresso Constituinte (Câmara + Senado) e literalmente todos os governadores estaduais. Por si só, a magnitude do resultado evidencia a inadequação intelectual e a inutilidade prospectiva da referida interpretação. Se a elite tivesse a consistência "hegemônica" alegada, por que iria convocar um Congresso Constituinte — e ainda por cima com a pauta em aberto, sem projeto prévio? Mesmo admitindo, na linha daquele discurso de esquerda, uma insensibilidade total da elite dominante aos custos sociais da desorganização econômica imperante no país, teria ela interesse nos sucessivos fracassos no combate à inflação ocorridos entre 1986 e 1993 — fracassos que retardariam por muitos anos a estabilização e a retomada do crescimento? Poderíamos nos estender nessa evocação, mas o essencial cabe numa sentença: o pouco de articulação política que a aliança de fato possuía foi sepultado em São João del Rei, em abril de 1985.

O governo Sarney e o círculo vicioso político-econômico

Durante os anos 1980, o quadro econômico tornar-se-ia desolador, e não por acaso o período ficou conhecido como "década perdida": espasmos de crescimento e contração, forte instabilidade monetária e deterioração das condições sociais e dos serviços públicos. Alçado inesperadamente à presidência devido à morte do presidente eleito Tancredo Neves, Sarney tentou controlar a inflação por meio do Plano Cruzado, um congelamento de preços e salários decretado em fevereiro de 1986. Embora baseado num entendimento equivocado dos requisitos para controlar o processo inflacionário, o cruzado teve um efeito político extraordinário, elevando a popularidade do presidente a níveis estratosféricos. Uma oportunidade de ouro — desperdiçada por Sarney — para iniciar a reforma da economia.[45]

Com o colapso do Plano Cruzado, no final do ano, o círculo vicioso político-econômico agravou-se a olhos vistos. A crise é "mais política que econômica", esse era o mote repetido a todo momento. Na atmosfera pessimista, difundiu-se amplamente a ideia de que era preciso romper o círculo vicioso pelo lado político. A solução teria de sair da Constituinte, fosse pelo encurtamento do mandato de Sarney e convocação de eleições presidenciais diretas, fosse pela mudança do sistema de governo. Era crescente a convicção de que um regime parlamentarista capacitaria o país a desfazer impasses, agregar preferências e tornar mais efetivo o processo decisório. Realmente, a superação daquele estado de coisas parecia improvável no quadro conjuntural do governo Sarney, caracterizado, no polo econômico, por aguda instabilidade e preocupante estagnação e, no polo político-constitucional, pela rígida

---

[45] No dia 30 de maio de 1986, o presidente da República fez realizar em Carajás uma reunião de avaliação com os ministros da Fazenda e do Planejamento e os principais economistas responsáveis pela idealização do Plano Cruzado. Sardenberg (1987:312) conta o essencial da reunião: "[...] o presidente convocara o encontro para saborear o sucesso do Plano Cruzado e, mais, para fazer um novo e grande lance. Queria um Plano de Metas, um grande programa de investimentos, e por isso escolhera Carajás como cenário. Os economistas imaginavam [expor] um quadro de dificuldades e contenção. Pensavam em cortar gastos; Sarney, em investir mais".

separação de poderes (própria do sistema presidencial) combinada com um processo acelerado de fragmentação partidária.

A deterioração era agravada pelo mau relacionamento do Legislativo com o Executivo. O antagonismo entre os dois poderes vinha de longe. Forçado a um longo período de submissão, era previsível que o Legislativo trataria de recuperar e até ampliar suas prerrogativas. Mas havia uma questão mais imediata e palpável: uma ambiguidade institucional alojada no âmago da transição. Na verdade, a Nova República começara com um mandato presidencial em aberto, ou de definição muito ambígua, se atentarmos não só para a letra, mas também para o espírito das leis. A ida de Tancredo Neves ao Colégio Eleitoral tivera como base o compromisso de estabelecer eleições diretas para os futuros presidentes; mas a duração do mandato de Tancredo (e, logo, do vice, José Sarney) não fora objeto de entendimento. Mesmo que houvesse sido, o hipotético acordo não seria necessariamente implementável por falta de embasamento constitucional. A Constituição vigente ao tempo da eleição (1985) era a do regime militar, que prescrevia um mandato presidencial de seis anos. Tancredo havia insinuado querer um mandato de apenas quatro anos, mas esse desejo apenas teria consequência prática se ele próprio propusesse ou apoiasse emenda constitucional nesse sentido, a ser votada pelo Congresso.

A virulência política da mencionada ambiguidade dependeria também da extensão dos poderes do futuro Congresso Constituinte. Se ele fosse realmente soberano — como veio a ser —, é certo que lhe caberia a palavra final. Dada a aura de ilegitimidade democrática que pairava sobre Sarney, havia de início alguma chance de questionamento da duração de seu mandato pelo Congresso. E essa chance logo se tornou realidade, a partir do colapso do Plano Cruzado — vale sublinhar: isso ainda antes da posse dos integrantes do Congresso Constituinte, em janeiro de 1987. Claro, a essa altura não se tinha mais notícia dos "fiscais do Sarney", cidadãos que no início de 1986 haviam saído às ruas para ajudar o governo a fiscalizar o congelamento de preços. Se ainda faltasse a admissão formal do fracasso, ela chegou com o Plano Cruzado 2, um novo pacote de medidas econômicas anunciado em 21 de novembro. Daí em diante o desgaste popular do presidente seria vertiginoso, e o prenunciado impasse configurou-se passo a passo.

Em teoria, o Congresso Constituinte poderia confirmar o mandato de seis anos, reduzi-lo para cinco ou quatro anos, ou mesmo interrompê-lo de imediato. Delineava-se assim um jogo de perdedores: na prática, nem conseguiria Sarney recuperar a autoridade perdida, nem disporia o Congresso (no caso, a oposição) dos meios e da indispensável organicidade para tomar uma rápida decisão. Os fatos da conjuntura tornaram o Congresso Constituinte até mais aguerrido que o previsto, induzindo-o a competir de frente com o presidente da República no terreno plebiscitário. Apesar de conservador — basta lembrar que seus trabalhos foram controlados, na fase final, pelo chamado Centrão —, em diversos momentos o Congresso se apresentou como veículo do sentimento popular e fez questão de se colocar, sob numerosos aspectos, como antípoda do precedente regime militar (Nogueira, 2001). Mereceu aplausos unânimes a resposta do deputado Ulysses Guimarães à conjectura de Sarney a respeito do risco de o novo texto tornar o país ingovernável: "Ingovernável é a miséria!".

O fim da história é conhecido: Sarney conseguiu os votos de que carecia para assegurar-se um mandato de cinco anos e impedir a redução de suas prerrogativas por meio da imediata implantação de um regime parlamentarista (como fora cogitado). Mas essa vitória apenas prolongou a agonia de seu governo; cada vez mais se difundiam na sociedade as apreensões e prenúncios de crise.

A feitura da Constituição

As seções precedentes abordaram o peculiar e problemático desfecho da transição brasileira: de um lado, a eleição indireta de Tancredo Neves; de outro, a convocação de um Congresso Constituinte com poderes soberanos para reorganizar juridicamente o país. Esse Congresso possuía também a não menos importante função simbólica de proporcionar à renascente democracia o máximo possível de legitimidade.

Durante o período constituinte, a proverbial fragilidade partidária brasileira se aprofundou, não sendo exagero afirmar que se converteu em fator autônomo de agravamento da situação. Por falta de estrutura interna, por indigência programática ou cálculo oportunista, todos os partidos, sem exceção, abdicaram de exercer um papel institucional relevante. A maioria deles sequer se preocupou em organizar reuniões formais, designar uma comissão para fixar diretrizes ou orientar seus representantes nas votações. Desprovido de liderança presidencial e de balizamentos partidários, rejeitando inclusive a produção de um anteprojeto como referência, o Congresso engajou-se num processo de elaboração constitucional atomizado, seguramente um dos mais desagregados e carentes de foco até hoje registrados pela ciência política. Levou quase dois anos para encerrar o trabalho e deixou plantadas as sementes de numerosas dificuldades, como veremos adiante.

Esse colossal *muddling through* explica em boa parte por que a Constituição de 1988, louvada no tocante aos direitos individuais e coletivos, veio a ser conhecida como "espelho retrovisor" em quase todos os aspectos da economia. No regime militar, o Brasil vivera a radicalização e, ao mesmo tempo, o esgotamento do modelo de crescimento plasmado na era Vargas, a chamada industrialização substitutiva de importações (ISI). Embora possa contabilizar a seu favor a aceleração do crescimento entre os anos 1930 e 1970, esse modelo deve ser responsabilizado por distorções e entraves que haveriam de resultar numa trágica combinação de estagnação com inflação em disparada: fechamento exagerado da economia, excesso de intervenção empresarial e regulatória do Estado, índices de inflação consistentemente superiores à média mundial, gritante insuficiência do investimento em capital humano e perpetuação de um perfil fortemente concentrado na distribuição de renda. Em vez de partir de um exame crítico desse modelo de crescimento, incluindo necessariamente um estudo aprofundado da crise fiscal e do histórico inflacionário do país, os constituintes se limitaram a "entrincheirá-lo" na Constituição: inseriram no texto uma formidável série de entraves a reformas já então reivindicadas em termos candentes no debate público (Lamounier e Bacha, 1994).

No final de 1989, o Brasil vivia a antevéspera de uma hiperinflação, e a governabilidade periclitava. A essa altura, o então ministro da Fazenda, Maílson da Nóbrega, já havia cunhado a expressão "feijão com arroz" para sintetizar os objetivos de sua política econômica. Consciente ou inconscientemente, dava a entender que apenas dispunha de meios para "administrar" a superinflação, à espera de Godot: ou seja, do próximo presidente. Os dados de opinião pública corroboram o quadro negativo ora evocado. Segundo o Ibope, não mais de 16% dos eleitores avaliavam como ótimo ou bom o desempenho do presidente Sarney em fevereiro/março de 1988; em 1989, às vésperas da eleição, essa cifra caíra para 8%, e para 4% entre os entrevistados com renda mensal superior a 10 salários mínimos. Na campanha presidencial, todos os 22 candidatos se proclamavam de alguma forma em oposição ao governo Sarney. Essa aparente homogeneidade oposicionista infelizmente não augurava melhores dias — entre outras razões, pela baixíssima capacidade de agregação do sistema político. Basta lembrar, a propósito, que Ulysses Guimarães (PMDB) e Aureliano Chaves (PFL), cujos partidos haviam formado a Aliança Democrática e conquistado 77% das cadeiras na eleição de 1986, somariam pouco mais de 5% dos votos populares no primeiro turno da eleição presidencial. "Estabilizada" no patamar de três dígitos e desencadeando a erosão contínua da autoridade dos poderes constituídos, desacreditando as instituições e encurtando cada vez mais o horizonte de cálculo dos agentes públicos e privados, a inflação do período Sarney e do início dos anos 1990 tornou-se assim um agente autônomo na etiologia da crise de governabilidade.

1989: a pseudossolução plebiscitária para uma crise de governabilidade

Quadro 6
Bancadas dos partidos na Câmara Federal em 1987-1989 e votação dos respectivos candidatos à presidência no primeiro turno de 1989

Partidos	% da Câmara em março/1987	% da Câmara em julho/1989	% do voto popular para presidente da República no primeiro turno de 1989
PMDB	53,6	39,7	Ulysses Guimarães: 4,43
PFL	23,8	20,8	Aureliano Chaves: 0,83
PDS	6,6	5,8	Paulo Maluf: 8,28
PDT	4,9	5,6	Leonel Brizola: 15,45
PT	3,3	3,2	Luiz Inácio Lula da Silva: 16,08
PRN	–	2,6	Fernando Collor: 28,52
PSDB	–	9,0	Mário Covas: 10,78
Outros	–	13,3	Outros + nulos + brancos: 15,63

Fonte: elaborado pelo autor com dados do Tribunal Superior Eleitoral.

No mundo atual, não há espaço para uma presidência formalmente plebiscitária como a que Max Weber desejava ver implantada na Alemanha no primeiro pós-guerra: um chefe de Estado imune às garantias constitucionais normais em qualquer democracia. Mas a ameaça às instituições embutida na concepção plebiscitária da política pode surgir, na prática, por meio da mobilização de massas, chegando a transcender a intenção ou a capacidade de presidentes — por exemplo, quando processos de superinflação desorganizam a sociedade e esta confronta o governo com uma demanda por "qualquer ação".

A eleição de Fernando Collor de Mello entrará para nossa história como o momento canônico de dois desatinos brasileiros no século 20: o descalabro inflacionário e a tentação de enfrentá-lo com base em apelos diretos ao "povo". Embora no início da legislatura de 1990-1994 o Congresso estivesse altamente fracionado entre numerosos partidos, a eleição do jovem ex-governador de Alagoas foi nesse aspecto extraordinária, mesmo por padrões brasileiros. Mais até do que Jânio Quadros em 1960, Collor elegeu-se à margem dos partidos;

quando tomou posse, seu minúsculo PRN tinha menos de 5% das cadeiras na Câmara dos Deputados. Apesar disso, ou exatamente por isso, Collor cogitou sustentar o *momentum* plebiscitário da eleição e governar sem um acordo de coalizão com os partidos maiores — alternativa que envolveria certo grau de "parlamentarização" do processo decisório, em troca de um apoio legislativo mais ou menos estável.

No dia da posse, 15 de março de 1990, ao reunir pela manhã os ministros no gabinete presidencial, Collor trazia estampado no rosto contraído o recado que desejava transmitir. Imóvel, manteve o olhar fixo nas câmeras durante longos minutos, como se não admitisse o ranger de uma cadeira ou o zumbido de algum inseto retardatário. O público-alvo do inusitado comportamento não eram os ministros ali presentes. Era o "povo", a vasta "*constituency*" nacional. As palavras que Collor não proferiu, mas deve ter pensado, tinham clara proveniência bíblica: "Assim estava escrito, mas em verdade vos digo...". Eis-me aqui, sou eu o líder pelo qual todos tanto ansiavam, o presidente destemido, capaz de instilar no país seu vigoroso ânimo modernizador.

O primeiro passo seria liquidar o tigre da inflação. Em poucas horas, os ministros prescreviam o remédio: um megadecreto bloqueando três quartos da liquidez e atingindo todos os depósitos bancários, de pessoas físicas e jurídicas, além das contas de poupança. Até hoje, há quem discuta se nesse momento o Brasil atingiu ou não a temida situação de ingovernabilidade. Mas que outro nome terá a situação de um país manietado nesse grau? Em que os cidadãos têm suas contas bancárias bloqueadas e, em vez de exigirem o imediato afastamento da autoridade responsável por tal infração a seus direitos, aplaudem o ato, como se para eles, em tal circunstância, "qualquer decisão" parecesse ainda melhor que nenhuma decisão? Mais que um momento plebiscitário, pode-se, portanto, dizer que naquele 15 de março o Brasil conheceu a "ditadura" no antigo sentido romano do termo: uma delegação de poderes extraordinários a um magistrado pelo tempo necessário à restauração da ordem (Lamounier, 1991b, cap. 5).

Já fiz menção ao messianismo de 1989: a crença generalizada de que a eleição direta, só por ser direta, "a primeira após 29 anos", devolveria ao sistema político o *quantum* necessário de governabilidade, possibilitando o imediato equacionamento das questões pendentes na agenda pública. No início de 1990, o estilo contundente de Fernando Collor até emprestou certa plausibilidade à hipótese. Porém, decorridos os primeiros meses de governo, era evidente o fracasso da estratégia de liquidar a inflação "com um único tiro". No meio do ano, a fera arremetia com redobrada força, e o apoio popular granjeado pela ostentação de coragem começava a se liquefazer tão rapidamente como se constituíra. No final de 1990, o "isolamento político" do presidente se tornara o mote obrigatório da crônica política. No segundo semestre de 1991, de acordo com uma pesquisa realizada pelo Instituto de Estudos Econômicos, Sociais e Políticos de São Paulo (Idesp) com 71% dos deputados e 60% dos senadores, apenas 6% do Congresso avaliavam como "ótimo" ou "bom" o desempenho de Collor. Outro *survey* feito no mesmo período pelo Idesp, junto a eleitores residentes nas áreas metropolitanas de São Paulo e do Rio de Janeiro, mostrou que o Congresso merecia praticamente o dobro da confiança popular depositada no presidente. Em fins de março de 1992, Collor tentou uma promissora *fuite en avant*, ao nomear um ministério de notabilidades — mas os fatos logo comprovariam que essa providência viera muito tarde.[46]

Venturas e desventuras iniciais de Itamar Franco

Quadro 7
Chefes de Estado do novo regime democrático — 1985-2018

Tancredo de Almeida Neves (*)	–	–
José Sarney	15/3/1985	14/3/1990
Fernando Collor de Mello	15/3/1990	2/10/1992
Itamar Franco	2/10/1992	31/12/1994
Fernando Henrique Cardoso	1/1/1995	31/12/1998
Fernando Henrique Cardoso	1/1/1999	31/12/2002
Luiz Inácio Lula da Silva	1/1/2003	31/12/2006
Luiz Inácio Lula da Silva	1/1/2007	31/12/2010
Dilma Rousseff	1/1/2011	31/12/2014
Dilma Rousseff	1/1/2015	31/8/2016
Michel Temer	2/9/2016	31/12/2018
Jair Bolsonaro	1/1/2019	

Fonte: elaborado pelo autor.

(*) Eleito pelo Colégio Eleitoral em 15 de março de 1985, faleceu a 21 de abril do mesmo ano, sem tomar posse; substituído no cargo pelo vice José Sarney.

---

[46] Sobre o governo Collor, de maneira geral, ver Lamounier (1991b) e Rosenn e Downes (1999). Sobre o *impeachment*, ver Souza (1999).

Consumado, em setembro de 1992, o afastamento de Collor, o país experimentou certo alívio, mesmo sem terem se alterado os problemas de fundo. Na verdade, eles haviam se agravado. Com os impasses estruturais na economia e os elevados índices de inflação, difundia-se agora entre as elites empresariais e na mídia a percepção de que o vice Itamar Franco, sucessor de Collor, simplesmente não dispunha de condições para o exercício da presidência. Integridade por certo não lhe faltava, mas de rumo programático ele parecia carecer por completo. Homem de temperamento difícil, pouco afeito à liturgia do cargo, pecava sobretudo pela incapacidade de definir prioridades, despendendo energias em questões manifestamente secundárias. Na área econômica, esteve perto de se notabilizar pela demissão, em sete meses, de três ministros da Fazenda (Gustavo Krause, Paulo Haddad e Eliseu Resende).

Mais uma vez, todas as previsões eram sombrias. Era esse o quadro quando Itamar Franco pegou o país de surpresa, em abril de 1993, ao convidar para a pasta da Fazenda o então ministro das Relações Exteriores, Fernando Henrique Cardoso, com poderes semelhantes aos de um primeiro-ministro. Esse gesto de Itamar Franco sinalizava a intenção de direcionar seu governo para a única prioridade concebível naquele momento: o combate à inflação, tema a ser discutido no próximo capítulo. Detenhamo-nos, por ora, nas condições políticas anteriores à nomeação de Fernando Henrique para a Fazenda e à elaboração do Plano Real. Como frisei, durante cerca de 12 anos, de Figueiredo a Itamar, o Brasil careceu de efetiva liderança presidencial; nesse período, uma conjunção extremamente adversa de fatores econômicos e políticos impediu a estabilização econômica e, por várias vezes, suscitou apreensão quanto à consolidação da democracia.

Eleições de 1994: um período de "purgação" com o PT?

Nos primeiros meses de 1993, tendo na memória a frustração produzida pela aventura Collor e diante de si a manifesta falta de rumos de Itamar Franco na presidência, muitos líderes políticos, empresariais e da mídia conjecturavam que o Brasil precisaria passar por um período de "purgação" antes de conseguir recriar condições de governabilidade e implementar um programa sério de combate à inflação. Por período de purgação entendiam um governo de esquerda ou populista, de cujos escombros nascesse alguma solução consistente. Nada havia de golpista na atitude desses líderes. O que ela expressava era uma estranha mescla de desânimo e angústia. Desanimados e perplexos, só atinavam com este caminho: ir ao fundo do poço e chegar a uma crise muito maior, que forçasse o país a enfrentar seus demônios. Na realidade política daquele momento, essa impaciência equivalia a admitir que o cenário mais temido — a eleição de Lula e a ascensão do PT ao poder federal — talvez fosse, afinal, um bom atalho.

Como simples exercício contrafactual, vale especular sobre o que poderia ter acontecido. Lula liderava as pesquisas com folga. Uma prestigiosa revista semanal chegou a estampar na capa uma foto dele com o paletó jogado às costas, caminhando à beira de uma rodovia. Legenda: "Lula sozinho na estrada". Mas esse PT de 1993 não era o de 2002. Não via a inflação de três dígitos como problema sério. Raramente falava em ajuste fiscal, se é que alguma vez tocou no assunto. Privatização, nem pensar. Apoiado por expressiva parcela dos eleitores, para os quais seria o único partido de fato "puro" e "ideológico", era rejeitado com ênfase pela parcela restante. Naquele momento e naquelas condições, talvez a eleição de Lula rachasse o país ao meio. Supunha-se que o PT, detentor de firme "vontade política", daria início a políticas sociais vigorosas. No entanto, se em 2004 numerosos integrantes do próprio partido se espantaram com a incapacidade do governo Lula no campo da política social, como poderia ele se mostrar mais consistente 10 anos antes? Plausível, por conseguinte, é supor um governo de mediano para ruim, espectador passivo de uma crise em contínuo agravamento, à espera de outra eleição messiânica, pautada por fortes dissensos. O que faria esse hipotético Lula, 10 anos mais moço, contra a inflação? Certamente, pensaria 10 vezes antes de cortar despesas, contingenciar verbas orçamentárias ou aumentar impostos. Na verdade, precisaria da inflação para fechar as contas. Outro superdisparo, como o tentado por Collor, com bloqueio de ativos? Um congelamento geral de preços e salários, como o de Sarney? Eis aí uma série de indagações às quais o Brasil felizmente não precisará responder. A única certeza é que, na conjuntura de 1994, um caminho ou outro desorganizaria de vez a economia: a "purgação" a que alguns políticos e empresários pareciam resignados não seria um simples retiro espiritual, a ser feito num fim de semana.

Até aqui, apresentei um país privado de efetiva liderança presidencial por cerca de 12 anos: de meados do governo Figueiredo (1981) a meados do governo Itamar Franco (1993). Tal quadro não passaria de mera evocação de uma quadra difícil se o debate público do período tivesse produzido um consenso seguro quanto às futuras opções institucionais. Se tivesse ocorrido uma decisão mais consistente que a do plebiscito de 1993 sobre a implantação de um sistema parlamentarista, ou a implantação de medidas para reduzir a fragmentação inter e intrapartidária, habilitando o Congresso a participar mais efetivamente do processo decisório — e sobretudo a "revisão constitucional" prevista para 1993 nas "disposições transitórias" da própria Constituição. Na legislatura de 1990-1994, esse decididamente não foi o rumo seguido. Não obstante o volume quantitativo de sua produção legislativa e o momento de glória vivido com o *impeachment*, o Congresso chegou naquele quatriênio a um nível de acentuado descrédito. Se o *impeachment* foi um episódio marcante daquele período, outro marco importante foi o escândalo de corrupção que eclodiu no final de 1993, conhecido como "o caso dos anões da Comissão de Orçamento".

Como não poderia deixar de ser, esse prolongado período de fragilidades no Executivo e na relação dele com o Legislativo haveria de se exteriorizar por meio de alguma deformação institucional grave. Sob pressão da própria paralisia, o organismo político tratou de se defender do impasse subjacente invertendo a função de um instrumento legislativo previsto no texto de 1988: a medida provisória. Concebido para situações de "relevância e urgência", esse instituto passou a ser usado com abusiva frequência: quase 600 vezes até 1994, quando se comemorou o sexto aniversário da Constituição — uma Constituição, não custa sublinhar, concebida sob a explícita e democrática intenção de resistir a propensões cesaristas do Executivo.

Ao longo dos anos 1990, logo se constataria a simetria da mencionada deformação. No que se referia à legislação ordinária, o Executivo impunha facilmente sua vontade ao Congresso, valendo-se de medidas provisórias; mas era refém do Poder Legislativo em qualquer caso de alteração constitucional. A maioria exigida para aprovar as dezenas de emendas constitucionais que se tornaram necessárias (de 60%, em dois turnos de votação) obrigou o governo a formar uma base parlamentar de pelo menos 70% e assegurar um comparecimento praticamente total de seus aliados às sessões. Desde 1988, o inchaço da prerrogativa de editar medidas provisórias configura uma anomalia que não pode ser desfeita pela eliminação pura e simples dessa figura constitucional. O reequilíbrio das relações entre Executivo e Legislativo terá de ser alcançado de maneira gradativa, por meio de reformas políticas e de alterações comportamentais de ambos os lados.

Conclusão: a síndrome da hiperatividade paralisante

Um sistema político controlado de forma contínua e compacta por uma pequena elite, ou um sistema fragmentado, que mal consegue definir uma agenda — portanto com uma precária capacidade de autocoordenar-se? Essa disjuntiva levou a avaliações diametralmente opostas a respeito da conjuntura negativa que se formou durante a transição do regime militar ao civil e persistiu até por volta de 1994. Nas seções precedentes, caracterizei aquela conjuntura como uma síndrome de declinante governabilidade — por sua vez decorrente, desde os tempos de Figueiredo, de uma relação de mútuo enfraquecimento entre o regime militar e o ascendente poder civil. Configurou-se então um esvaziamento dos mecanismos de coordenação do regime militar, sem a concomitante habilitação de lideranças individuais e de instituições capazes de produzir, de maneira legítima e eficaz, o *quantum* desejável de coordenação sob condições pluralistas e democráticas.

Não há exagero em interpretar essa problemática combinação como sintoma de acometimento por um vírus político. A origem estaria na simbiose debilitante entre a autoridade militar em declínio e a autoridade civil em penosa ascensão. Ampliando-se sob a forma de um *loop*, um circuito autoalimentado, cada vez mais autônomo, a debilidade inicial infundiu nos integrantes da classe política um sentimento generalizado de insegurança quanto a sua própria legitimidade. Esquecidos de que o sistema político brasileiro não dispõe de balizamentos partidários ou outros para articular e agregar de maneira efetiva as preferências, eles buscaram compensação para a referida debilidade numa desordenada multiplicação de iniciativas. O resultado foi uma sobrecarga na agenda pública, que retardou em excesso o processo de reorganização institucional e dilapidou boa parte do capital de legitimidade democrática gerado pela transição. A isso denomino "síndrome da paralisia hiperativa" (Lamounier, 1996a).

Para bem fixar os contornos da hiperatividade paralisante, recapitulo aqui os principais fatores que a engendraram:

- O prolongamento do regime militar até o agonizante mandato presidencial do general Figueiredo produziu o referido debilitamento das autoridades militares e civis.
- A recessão de 1981-1983 e a crise da dívida externa — coincidentes com a primeira eleição direta de governadores (1982) — frustraram o prometido (e de qualquer forma vago) "resgate da dívida social".

- A elaboração da nova Constituição, com a qual se pretendia dotar a nascente Nova República de forte legitimidade democrática, complicou-se em demasia, mercê da insegurança e da excessiva desagregação das forças políticas. Daí decorreram a morosidade do processo, os numerosos equívocos inscritos no texto e um saldo de legitimação bem inferior ao esperado.
- A morte de Tancredo Neves e a ascensão à mais alta magistratura do vice José Sarney ampliaram a área de atrito potencial com o Congresso Constituinte e praticamente esterilizaram por mais um período a liderança presidencial.
- O fracasso do Plano Cruzado e das subsequentes experiências heterodoxas de estabilização queimou um recurso sumamente importante para o almejado reequilíbrio democrático, que seria o prévio sucesso no controle da inflação.
- Ao contrário do que ocorreu no Chile, o regime militar brasileiro legou ao sucessor civil um modelo econômico esgotado. Sob condições democráticas e contínua adversidade econômica, haveria, pois, de crescer a dificuldade de obter apoio social para a reforma econômica, fechando-se também aqui o círculo vicioso.
- Realizada sob condições de precária governabilidade, a eleição presidencial de 1989 gerou expectativas messiânicas, à esquerda e à direita. Seus possíveis efeitos positivos para a governabilidade foram reduzidos pela própria radicalização da campanha (Collor × Lula), e finalmente anulados pelo inusitado desfecho: o *impeachment* de Fernando Collor, em 1992, por corrupção.
- Concebido com o objetivo de redefinir as relações entre Executivo e Legislativo, o plebiscito de 1993 sobre o sistema de governo revelou-se inadequado como veículo para o equacionamento de tão complexa questão e estreitou, em vez de ampliar, a perspectiva de uma solução negociada para os defeitos que o sistema presidencialista evidenciara na década precedente.
- Pelo art. 3º das Disposições Transitórias, a Constituição de 1988 autorizara uma revisão geral do texto após cinco anos de vigência, em regime unicameral e mediante maioria de 50% mais um do total de integrantes do Congresso. O fracasso da revisão implicou o restabelecimento da exigência constitucional normal (art. 60, § 2º, da Constituição): maioria de três quintos, em dois turnos de votação, e votações separadas na Câmara e no Senado. A indispensável revisão de pontos-chave da Constituição foi assim reinserida na agenda política como pesado encargo para o governo a ser eleito em 1994.

7

De Fernando Henrique a Lula e Bolsonaro[47]

De abril de 1993 até o final de 1994, o Brasil conseguiu superar a crise em que se debatia desde a década anterior. Com a estabilização da moeda, governo e agentes econômicos recuperaram a capacidade de operar estrategicamente, perseguindo objetivos concatenados, de médio e longo prazos. Desfeita a trama paralisante, o foco se abriu para a reforma constitucional, a reestruturação da economia, a privatização, a racionalização do gasto público — enfim, para todo o amplo conceito de reforma do Estado. Configurava-se dessa forma, com contribuições de variados setores, uma nova agenda pública, movida não apenas pelo debate especializado, mas também por um poderoso combustível popular: a valorização, pelos cidadãos, da recém-conquistada estabilidade monetária. Neste capítulo, analiso os mecanismos que tornaram possível a reversão da crise e faço uma avaliação preliminar dos resultados alcançados ao longo dos governos Fernando Henrique e Lula e dos primeiros dois anos e meio de Jair Bolsonaro.

Os mecanismos da reversão

A reversão deveu-se a quatro fatores que operaram em curta sequência, primeiro pelo lado político e em seguida pelo econômico:

[47] Meu objetivo neste capítulo é semelhante ao dos quatro anteriores, destacando a cronologia dos governos, desde Getúlio, e os debates que lhes serviram de moldura. Este, embora conserve o sentido de crônica, difere, porém, deles pela maior ênfase que me vi forçado a conferir ao tema da reforma política. Disso decorre que no próximo capítulo, dedicado à reforma política de um ponto de vista mais técnico, serei forçado a repetir alguns pontos centrais da questão.

- Uma mudança informal do sistema de governo, com Fernando Henrique Cardoso no papel de primeiro-ministro no interregno parlamentarista configurado a partir de abril de 1993.
- Um plano consistente de combate à inflação.
- A eleição de Fernando Henrique para a presidência da República.
- Uma nova agenda pública, como consequência da estabilização.

O interregno parlamentarista de 1993-1994. Pelo lado político, o fator-chave foi a alteração do sistema de governo levada a cabo pelo presidente Itamar Franco em 1993, ao atribuir a Fernando Henrique Cardoso uma posição que equivalia, na prática, à de um primeiro-ministro. Os efeitos positivos logo se fizeram sentir. Bem recebida pela mídia, pelo meio empresarial e pelo meio político, essa nomeação diluiu de imediato o pessimismo reinante. No Congresso Nacional, exceto pelo PT e pelos partidos de esquerda, sinais de convergência não demoraram a surgir, refletindo a resposta positiva da sociedade à retomada da inflação como foco prioritário da ação governamental.

O Plano Real e a inversão da função política da inflação. Fonte de incontáveis problemas, a inflação às vezes o é também das soluções, pois transforma a estabilização em demanda popular fortemente articulada. No caso brasileiro, isso se evidenciara no maciço apoio aos planos Cruzado (1986) e Collor (1990), em suas fases iniciais. É possível mobilizar o desconforto social decorrente da instabilidade monetária e transformá-lo em capital político. Foi o que aconteceu em 1993-1994. Embora escaldada pelo fracasso de cinco planos, a sociedade não deixaria de apoiar um esforço certificado por um ministro com fortes credenciais técnicas e políticas e reconhecida capacidade de diálogo com os diferentes partidos e organizações empresariais e sindicais. Outro aspecto a ressaltar é o *modus faciendi* do Plano Real. Gradativo e realista, abandonando a abordagem de "choque" dos planos precedentes, o Plano Real se orientou pela ideia de reconciliar os agentes econômicos de modo progressivo com a "realidade" dos preços, utilizando uma unidade de referência, a unidade real de valor (URV), paritária em relação ao dólar, que passo a passo se transformou na nova moeda. Ao lado dos outros fatores mencionados, esse gradualismo ajudou a criar um clima de estabilidade e inclusive a moderar em certa medida o ambiente político.

Eleição de Fernando Henrique para a presidência da República. A 31 de março de 1994, embora a inflação ainda beirasse os 40% ao mês, o então ministro se sentia em condições de sair candidato à presidência contra Lula — o mais importante líder sindical da história brasileira, que então encabeçava com folga as pesquisas eleitorais. Em julho, quando a URV, que era um índice, se transformou na nova moeda, o real, substituindo o cruzeiro real, a taxa mensal de inflação despencou para algo entre 2% e 3%. No final desse mês, Fernando Henrique já aparecia à frente de Lula nas pesquisas. Venceu no primeiro turno, realizado no dia 3 de outubro. A eleição foi ideologicamente contrastada, mas sem incidentes, graças sobretudo ao elevado conceito público de ambos.

Por que Fernando Henrique venceu tão facilmente? Desde logo, por uma razão objetiva. Naquele momento, o controle da inflação haveria de ter um efeito redistributivo palpável e imediato. No sistema de indexação generalizada então vigente, os cidadãos de baixa renda, sem conta em bancos, não se beneficiavam da correção automática dos saldos. E tiveram um ganho real expressivo com a estabilização, como logo se verificaria, por exemplo, na melhoria de seu padrão de consumo alimentar.

Em segundo lugar, um fator subjetivo, o "*feel good factor*". De fato, o fim da desordem monetária representou um ganho substancial para a sociedade, aliviada por viver num ambiente monetário confortável, normal, não estressante. Mas para compreender o efeito eleitoral, é preciso lembrar que a inflação e seu controle são um sistema de comunicação virtualmente perfeito. A passagem da instabilidade para a estabilidade, da desordem para a ordem, é vivenciada de maneira instantânea por toda a sociedade, e não há dificuldade alguma em identificar o santo responsável pelo milagre. A percepção de Fernando Henrique como agente principal da estabilização se impôs de modo evidente desde o início da campanha, mas o fato notável é que se manteve durante todo o primeiro mandato. Ao longo desse período, pesquisas de opinião pública mostravam o alto valor dado pela sociedade à estabilidade da moeda, que por conseguinte se mantinha como a mais forte âncora da popularidade do presidente.

Em terceiro lugar, está o contraponto propriamente político entre Fernando Henrique e Lula. Beneficiários de elevados índices de intenção de voto, Lula e o PT eram ao mesmo tempo, na época, alvo de elevada taxa de rejeição. Um fator favorável a Fernando Henrique era sem dúvida o sentimento anti-Lula. E na campanha eleitoral o PT cometeu um erro tático deveras notável: posicionou-se contra o Plano Real. Reforçou, assim, a velha imagem de "partido do não" e, de quebra, passou recibo da baixa prioridade que conferia ao combate à inflação, demanda social àquela altura aguda e articulada.

Uma nova agenda, doméstica e internacional. Estava desfeita a crença em soluções mágicas, como o controle de preços tentado por Sarney e o bloqueio da liquidez decretado por Fernando Collor. Essa nova percepção deveu-se a diversos fatores, como: a própria persistência da inflação; a compreensão de que a Constituição de 1988 criara dificuldades adicionais para a recuperação da economia; progressos feitos nesse sentido por outros países latino-americanos; e, de modo geral, o avanço do debate internacional. Assim que a inflação foi controlada, a nova agenda logo se configurou como um encadeamento para a frente: um amplo programa de reformas estruturais reconhecidamente indispensável em função da lógica interna do Plano Real e da globalização da economia. Por certo, não se tratava de um mero *plug-and-play*: a nova agenda exigia alterações na Constituição, aprofundamento do conhecimento técnico em algumas áreas e um trabalho de convencimento em relação a certos tabus (previdência e privatização, entre outros). Requeria ainda um trabalho político cuidadoso no tocante à sequência em que as reformas seriam enviadas ao Congresso Nacional.

Seria ideal o governo aproveitar o período de "lua de mel" para se concentrar nas reformas com impacto fiscal mais expressivo e imediato, como a tributária e a previdenciária. Mas tais questões, intrinsecamente complexas, multidimensionais e divisíveis, sem dúvida teriam uma tramitação demorada, com elevado risco de derrota (Lamounier, 1996b:41-44). O contrário tenderia a acontecer em questões de conteúdo mais ideológico, como as referentes à flexibilização dos monopólios. Em relação a estas, a lógica das votações se caracterizava por sua simplicidade e indivisibilidade — na verdade, um padrão binário, pelo qual os parlamentares seriam convocados a votar a favor ou contra as propostas do Executivo. Em 1987-1988, graças à aliança entre a esquerda e ampla parcela do centro, o Congresso Constituinte dilatou os monopólios públicos e permitiu-se até o devaneio de fixar em 12% a taxa real de juros. Sete anos depois, no primeiro semestre de 1995, o Congresso descartou num abrir e fechar de olhos grande parte do que a Constituinte havia aprovado.

O governo FHC: avaliação geral[48]

Com exceção do ano inicial, o governo Fernando Henrique apresentou modestas taxas de crescimento do PIB, refletindo a persistência de restrições macroeconômicas, entre as quais: baixa taxa de investimento, vulnerabilidades externas, infraestrutura inadequada e desequilíbrios fiscais. Mesmo

[48] Para uma avaliação mais completa, ver a coletânea de Lamounier e Figueiredo (2002).

assim, a administração FHC foi inovadora e conseguiu melhorar a gestão em numerosas áreas. A tabela 5 mostra a evolução dos principais indicadores macroeconômicos.

Tabela 5
Indicadores macroeconômicos — 1968-2019
(médias anuais por período)

	Crescimento do PIB (% a.a)	Inflação (% a.a)
1968-1973	11,1	19,1
1974-1980	7,1	51,8
1981-1984	-0,3	150,3
1985-1989	4,3	471,7
1990-1994	1,3	1.210,0
1995-1998	2,6	9,4
1999-2002	2,1	8,8
2003-2006	3,5	6,4
2007-2010	4,6	5,1
2011-2014	2,2	6,2
2015-2018	(-) 1,04	5,75
2019	1,14	4,3

Fonte: elaborada pelo autor, adaptada do apêndice estatístico em Giambiagi et al. (2005:4), com base em dados compilados pelos autores. Inflação: IGP até 1993 e IPCA desde 1994.

Em primeiro lugar, manter a inflação sob controle foi por si só um grande feito, dado o longo histórico inflacionário do país e o severo impacto, ao longo do período, de três crises financeiras externas: do México, em 1995; da Ásia, em 1997; e da Rússia, em 1998. O modelo de estabilização adotado, com âncora cambial, juros elevados e forte acumulação de reservas, aumentou a dívida e suscitou críticas compreensíveis por parte do empresariado exportador e do sindicalismo. A supervalorização do real foi decisiva para vencer a inércia inflacionária: ao estimular a importação, forçou a concorrência doméstica e conteve a alta de preços. Teve também a função de facilitar a importação de bens de capital, com vistas a aumentar a produtividade e melhorar a qualidade dos produtos. Em janeiro de 1999, apesar de alguma confusão inicial, a desvalorização do real levou ao abandono da rigidez tradicional e a uma bem-sucedida transição para o sistema de câmbio flutuante.

O desempenho fiscal ficou muito aquém do desejável, sobretudo em vista do aumento da dívida e da carga tributária. Consciente da complexidade do problema e das resistências políticas, o governo deixou de lado a ideia de uma reforma tributária abrangente. Optou por aumentar o recolhimento de impostos com base numa estrutura sabidamente falha, tornando-a assim ainda mais disfuncional para a eficiência e a competitividade externa da economia. Por outro lado, houve sensível melhoria no tocante à transparência fiscal — por exemplo, a contabilização dos chamados "esqueletos" fiscais — e ao arcabouço jurídico, destacando-se nesse particular a aprovação, em 2000, de uma ambiciosa Lei de Responsabilidade Fiscal.

Em relação ao sistema financeiro e à privatização, o desempenho do governo Fernando Henrique pode ser avaliado como muito bom. O saneamento do sistema bancário, tendo por instrumento o Programa de Estímulo à Reestruturação e ao Fortalecimento do Sistema Financeiro Nacional (Proer), a abertura do mercado para bancos estrangeiros e a privatização dos bancos públicos estaduais, foi um passo importante, que por certo amorteceu o impacto negativo da desvalorização de 1999. Em 1995, a estabilização da moeda deixara os bancos estaduais em situação extremamente frágil. Atento à complexidade do problema, o governo federal tratou-os caso a caso, acomodando as diferentes situações, renegociando dívidas e estimulando a privatização. A privatização não alcançou as instituições federais no setor financeiro, porém foi vigorosa em relação a empresas não financeiras, várias delas até então tidas como intocáveis — como as de telecomunicações e, na mineração, a Companhia Vale do Rio Doce (CVRD); ficaram de fora a Petrobras e as empresas geradoras de energia elétrica.

Do ponto de vista social, houve progressos substanciais nas políticas universalistas: educação, no primeiro mandato; e saúde, no segundo. A reforma agrária apresentou resultados modestos, não por falta de empenho do governo, mas pelo baixo potencial redistributivo dessa política, ao contrário do que lhe é em geral atribuído. O programa Comunidade Solidária, criado por Ruth Cardoso, plantou uma importante semente de cooperação do poder público com ONGs e grupos carentes. Em relação ao gasto social, que sempre beneficiou muito mais os estratos médios, em detrimento dos mais pobres, os resultados foram sem dúvida frustrantes. O combate à criminalidade tampouco avançou como seria desejável, devido desde logo às dimensões e à complexidade institucional do problema, dependente de cooperação entre os diversos níveis da Federação. Ressalte-se também a inadequação dos recursos disponíveis para certas áreas, como o controle do tráfico internacional de drogas, para o qual se tratou de implantar o Sistema de Vigilância da Amazônia (Sivam) e só muito mais tarde se aprovou a lei que autoriza o abate de aeronaves em voos clandestinos.

Na política externa, Fernando Henrique teve importante atuação, inaugurando a chamada "diplomacia presidencial". Tratou de diluir o excessivo "terceiro-mundismo" de que o Itamaraty se achava impregnado e levantou a reivindicação brasileira de um assento no Conselho de Segurança da ONU, por enquanto não atendida. Seu objetivo fundamental era recuperar a credibilidade externa do país, não apenas política, mas também econômica, tendo em vista o histórico brasileiro de instabilidade monetária e de descontinuidades no trato com organizações internacionais, públicas e privadas. A nova perspectiva consistia em reinserir o Brasil no mundo, tendo em vista uma atuação verdadeiramente sistêmica, que atraísse investimentos, promovesse o comércio e desse a devida atenção a incipientes acordos de integração regional, entre outros pontos. Como frisa Lins e Silva (2002:300), o Brasil deveria se apresentar no exterior como um país

> capaz de manter um desempenho macroeconômico de acordo com os padrões estabelecidos ou considerados aceitáveis por instituições monetárias, analistas financeiros, investidores, agências de classificação de risco de crédito, todos atores novos, que se tornaram preponderantes para as relações internacionais do país nos últimos anos.

Ainda que de forma indireta, muitas das medidas implantadas entre 1995 e 2002 tiveram efeitos significativos no processo político, em todos os sentidos. Vêm logo à mente os exemplos da Lei de Responsabilidade Fiscal e a privatização dos bancos públicos estaduais. Contudo, direta e formalmente, a única medida de reforma política aprovada no período foi a que autorizou a reeleição dos ocupantes de cargos executivos por um mandato consecutivo. Seja pelo insucesso do plebiscito sobre o parlamentarismo (1993), seja porque lhe faltava convicção quanto à oportunidade de tal iniciativa, o governo Fernando Henrique não atribuiu prioridade à reforma política. Historicamente, a problemática combinação brasileira de presidencialismo puro com um exacerbado multipartidarismo agravou-se com a curta duração dos mandatos e a impossibilidade de reeleição. Em 1993, um dos poucos itens aprovados na fracassada revisão constitucional fora a redução do mandato presidencial de cinco para quatro anos — o que evidentemente só piorou as coisas. Em janeiro de 1997 o Congresso aprovou emenda constitucional admitindo a reeleição para um mandato consecutivo de quatro anos, inclusive para Fernando Henrique, que assim se tornou o primeiro presidente brasileiro a ser reeleito.

A eleição de Fernando Henrique propiciou a articulação de um forte núcleo político dirigente, centrado no PSDB e respaldado no Congresso por uma coalizão amplíssima, sem precedente na história brasileira. Cimentadas pela nomeação de representantes dos partidos para importantes postos no governo, as relações de Cardoso com o Congresso foram muito boas durante os primeiros quatro anos. Mas, como nota Helena Chagas (2002:332), a necessidade de manter uma coalizão tão ampla — a chamada "era dos três quintos" — teve alto custo:

> Para manter coesa base tão heterogênea, permeada por interesses diversos e eleita sob as regras de um sistema político que estimula comportamentos individuais orientados pelo paroquialismo, Fernando Henrique fez concessões e envolveu-se em uma rede de conexões políticas que acabou por imobilizar o governo em diversas ocasiões.

Reforma constitucional e produção legislativa

O feito mais importante do primeiro mandato de Fernando Henrique, ao lado do controle da inflação, foi o impulso à reforma constitucional. Esta era, a um só tempo, um meio para outras reformas e um fim em si mesma, dada a manifesta inadequação do texto de 1988 para a imprescindível reorganização da economia e do Estado. O governo enfrentava desde o início um desafio inusitado: convencer o país e o Congresso Nacional da necessidade de reformar em sua espinha dorsal uma Constituição promulgada havia apenas sete anos. Torna-se aqui indispensável frisar o rigor dos requisitos. A aprovação de uma emenda constitucional requer o voto positivo de 60% dos 513 deputados federais e dos 81 senadores, em separado e em dois turnos de votação. Tal exigência só pode ser atendida quando se tem uma grande base parlamentar e se obtém o comparecimento da quase totalidade dos parlamentares às votações. A coalizão de apoio ao governo FHC, incluindo sete partidos, detinha nominalmente mais de 70% das cadeiras em ambas as Casas, mas era heterogênea e vulnerável às dissensões internas que sempre lavram nos partidos brasileiros. Apesar dessas dificuldades, já no primeiro semestre de 1995 o governo conseguiu aprovar cinco alterações importantes: a "flexibilização" dos monopólios estatais do petróleo, das telecomunicações e da distribuição de gás canalizado, com o objetivo de permitir investimentos privados nesses setores, além da revisão do conceito de empresa nacional e da abertura da navegação de cabotagem a embarcações de bandeira estrangeira, rompendo as reservas de mercado para investidores nacionais embutidas nessas regulamentações.

Uma linha de interpretação hoje popular entre jornalistas e cientistas políticos pretende explicar a produção legislativa do governo Fernando Henrique como fruto de uma liderança pessoal mais efetiva do que a de seus antecessores, das amplas prerrogativas conferidas ao Executivo pela Constituição de 1988 no campo legislativo e, de modo geral, do aperfeiçoamento endógeno dos partidos e do Congresso Nacional. Sem contestar *in totum* essa tese, penso que a explicação é mais complexa. O que vai a plenário tende a ser aprovado. A oposição real dos partidos e do Congresso não se faz sentir tanto no sentido de bloquear a legislação, e sim no de desfigurar projetos e extrair benefícios fisiológicos. A pressão é exercida em momentos cruciais, como o da designação de relatores (em geral contrários à matéria), da recomposição bianual das mesas diretoras da Câmara e do Senado e das periódicas reformas ministeriais, cujo objetivo é quase sempre recompor a base de apoio para facilitar a aprovação de "pacotes" legislativos. Esse assunto será retomado no próximo capítulo, mas cumpre aqui frisar que a eficácia do Executivo no governo Fernando Henrique se deveu sobretudo ao já mencionado encadeamento para a frente da agenda pós-inflação, à notória incapacidade dos partidos e do Congresso de gerar alternativas relevantes, e à prerrogativa presidencial, extremamente duvidosa sob o ponto de vista dos valores democráticos, de criar fatos consumados por meio da edição de medidas provisórias.

O exercício do poder: recursos, restrições e estilo

Como presidente, Fernando Henrique tratou de evitar o Cila do plebiscitarismo e o Caríbdis do "consociativismo", isto é, da miríade de micropressões congressuais, partidárias e regionais. Consciente dos riscos da tradição plebiscitária, recorreu sistematicamente à construção de consensos. A formação do ministério é um bom exemplo. Ao nomear seus integrantes, não escolheu apenas políticos dos partidos integrantes da coligação eleitoral (PSDB, PFL e PTB), mas também nomes do PMDB, o maior partido brasileiro naquele momento, que tivera como candidato seu adversário Orestes Quércia, ex-

-governador de São Paulo. Essa decisão foi essencial para assegurar a maioria de três quintos, necessária para aprovar reformas constitucionais. Em abril de 1996, incluindo no ministério políticos do PPB, partido de porte médio, FHC agregaria mais um bloco de cadeiras à maioria governista.

Entre os fatores que explicam a orientação antiplebiscitária seguida por Fernando Henrique, ao menos quatro merecem registro, até porque compõem um quadro conjuntural assaz atípico na história do presidencialismo brasileiro: (1) o precedente de Fernando Collor, ainda bem vivo na memória; (2) a recente estabilização da moeda e seus aspectos psicossociais: reconhecer que seu apoio popular decorria sobretudo do alívio trazido pela estabilidade era uma razão política objetiva para FHC cultivar um estilo "desplebiscitarizante", evocando inclusive Juscelino Kubitschek, símbolo de serenidade; (3) o clima de convergência política e ideológica que, recorde-se, não se resumia ao ambiente doméstico: o fim da Guerra Fria, simbolizado pela queda do muro de Berlim, havia reduzido a polarização e "desideologizado" a política em todo o Ocidente; (4) a conduta normalmente afável do presidente, reflexo de traços pessoais e também de sua importante experiência política como membro do Congresso Nacional.

Se esses quatro fatores ajudam a compreender o afastamento da tentação plebiscitária, resta explicar como o presidente conseguiu manter sua autonomia em meio ao emaranhado de interesses "consociativos". Um primeiro aspecto diz respeito ao onipresente "poder da presidência". Ele se compõe de prerrogativas institucionais e da possibilidade de distribuir uma extensa gama de benefícios materiais e simbólicos, desde o mais simples, como aparecer na foto ao lado de um presidente popular, até a liberação das chamadas "emendas parlamentares" (recursos orçamentários destinados a projetos locais, alocados por intermédio dos congressistas).

O controle da inflação e a popularidade dele decorrente conferiram a Fernando Henrique um poder muito grande em comparação com qualquer outro ator (líderes congressuais ou de partido, governadores e outros) tomado individualmente. Permitiu-lhe pôr em prática, com disposição aparentemente inesgotável, sua conhecida capacidade de persuasão e negociação e seu gosto pelo debate. Paradoxalmente, a superagenda do presidente facilitava o manejo da megacoalizão partidária. Se a amplitude da coalizão é um problema, a agenda pesada pode ser uma solução, pois mantém ocupado o leão congressual. Agenda vazia, ao contrário, às vezes é consequência, e não raro prenúncio, de crises — dado que os partidos e o Congresso brasileiros são extremamente débeis na função de produzir alternativas à agenda do Executivo. Assim, tal como aconteceu quando foi nomeado para a Fazenda em 1993, Fernando Henrique auferiu os benefícios da força do programa de reformas de seu governo e da indigência programática das oposições de direita e de esquerda, incapazes de oferecer alternativas viáveis. Também nesse aspecto, é preciso ressaltar o caráter atípico da conjuntura — para o bem ou para o mal, não é provável que futuros presidentes precisem aprovar, como ocorreu com FHC, mais de 30 emendas constitucionais durante seus mandatos.

Com níveis bem satisfatórios de popularidade durante o primeiro mandato, Fernando Henrique até saía ganhando com a oposição carrancuda movida pelo PT em conjunto com os pequenos partidos de esquerda. Esse bloco votava sistematicamente contra o governo, e tal posição acabava por se revelar contraproducente, "confirmando" as razões da rejeição popular de que era alvo.

O tamanho da coalizão governista era, em si, um fator dissuasório, pois implicava um custo político inicial elevado para indivíduos ou grupos eventualmente inclinados a dificultar seu funcionamento. Não menos importante foi o substancial auxílio dado ao presidente por seus dois fiéis escudeiros, Luís Eduardo Magalhães, presidente da Câmara dos Deputados, e Sérgio Motta, ministro das Comunicações, que atuaram afinados no sentido de reduzir o componente centrífugo e fisiológico da coalizão. Luís Eduardo liderou a Câmara com firmeza, coadjuvando o esforço do Executivo na rápida aprovação de seus projetos. A morte de ambos, em abril de 1998, com apenas 48 horas de intervalo, foi um duro golpe para o governo, privando-o por um longo período de um efetivo esquema de coordenação política.

Segundo mandato: a ira dos deuses

Em outubro de 1998, tendo Lula outra vez como adversário, Fernando Henrique mais uma vez venceu no primeiro turno, com 53,1% dos votos contra 31,7% do opositor. Iniciou o segundo mandato em janeiro de 1999, apoiado pela mesma coligação multipartidária.

Para quem tinha quatro anos de mandato pela frente e nenhum candidato natural à sucessão, os fundamentos econômicos eram sofríveis. A almejada passagem da fase de estabilização a outra voltada para o crescimento tornava-se cada vez menos provável. No momento da reeleição, o regime cambial brasileiro já estava sob severa pressão. Decorridas apenas duas semanas do início do segundo mandato, o governo foi forçado a desvalorizar o real, para estancar uma enorme fuga de recursos. Quais os fatores responsáveis por deflagrar a desvalorização? Sem dúvida, os choques externos (o último em agosto, com origem na Rússia) desempenharam um importante papel. Além disso, a insatisfatória situação fiscal interna e das contas externas, e também fatores políticos, entre os quais a incapacidade do governo de realizar uma reforma convincente da previdência social.

Consumada a desvalorização, um batalhão de cassandras e profetas do apocalipse entrou em campo. Analistas e jornalistas econômicos, dentro e fora do país, semearam previsões aterradoras, antevendo uma grande recessão, altos índices de inflação, mais desemprego, tensões sociais e até instabilidade política. Na verdade, o impacto da desvalorização foi muito menor do que o antecipado: a taxa de crescimento do PIB em 1999 foi inferior a 1%, mas positiva; a de inflação fechou em 8,3% e o desemprego medido pelo IBGE ficou em 7,6% (contra 8,4% em 1998!). Aos olhos do mercado financeiro, a confiança estava na prática restaurada no final de março de 1999, tendo em vista a rápida aprovação de medidas de ajuste exigidas pelo acordo celebrado em caráter de emergência com o FMI e a nomeação de Armínio Fraga para a presidência do Banco Central. Em meados de abril, o real já começava a se valorizar e as expectativas iam se tornando positivas. Por volta de maio, pode-se dizer que a situação estava normalizada — com o real valendo menos, é claro.

No entanto, o desgaste político trazido pela desvalorização se mostrou agudo e persistente. De modo previsível, a desvalorização solapou a popularidade de Fernando Henrique, pois sua reeleição se devera em larga medida à expectativa de manutenção da estabilidade cambial. O repentino colapso da moeda trouxe de volta a frustração e o sentimento de desconfiança que os brasileiros aparentemente imaginavam ter exorcizado de uma vez por todas em 1994. A popularidade presidencial caiu ainda mais no decorrer do ano, devido ao descontentamento gerado pelo aumento das tarifas públicas e dos preços dos combustíveis.

Mas se a normalização econômica ocorreu em cinco meses, por que então o quadro político teria permanecido negativo? Desde logo porque o Executivo, pela primeira vez desde 1995, perdera a iniciativa política. Sob as restrições do acordo com o FMI e da perda de popularidade, o presidente via-se agora numa posição defensiva diante do Congresso e da opinião pública. Finda a tramitação do pacote de emergência negociado com o FMI, ficou de mãos vazias, sem ter o que oferecer ao Congresso em termos de agenda.

Responder ao vazio legislativo era, portanto, condição *sine qua non* para a recuperação política. Nesse sentido, em abril de 1999 o Executivo enviou ao Congresso o projeto da Lei de Responsabilidade Fiscal, que seria aprovada por fim em 2000 — tratava-se de uma medida importante para estabelecer uma estrutura de gerenciamento das finanças públicas nos governos federal, estadual e municipal. A proposta orçamentária e o Plano de Investimentos Plurianual foram apresentados ao Congresso em agosto de 1999, juntamente com uma nova proposta na área da previdência, introduzindo modificações na fixação da idade mínima para a aposentadoria. Com uma coordenação política mais eficaz e uma agenda legislativa substancial, o governo pôde, então, neutralizar propostas desencontradas e retomar de forma gradual a iniciativa.

Crucial, porém, foi o jogo das expectativas. O governo pouco a pouco se reerguia, mas um cipoal de cálculos equivocados medrava em Brasília. Com o cacife político reduzido e sem um candidato natural para 2002, Fernando Henrique não tinha como evitar a deflagração precoce do processo sucessório, nem como desfazer na mente dos adversários (e mesmo de aliados) a percepção de que o governo se tornara um *lame duck*, um "pato manco", ou seja, de que acabaria bem antes da hora. O quadro econômico melhorava, mas o político se deteriorava. Na crise da desvalorização da moeda, o Congresso viera em auxílio do Executivo; mas, passada a emergência, algumas das principais figuras dos partidos da base governista engalfinharam-se em feroz combate. O palco principal foi o Senado, onde se desenvolveu uma crise política assaz artificial. Artificial, primeiro, porque derivava de um grande exagero no que se referia ao precoce fim do governo Fernando Henrique; segundo, porque tal previsão se chocava de maneira flagrante com indicadores bem positivos de recuperação econômica. Em especial, alguns aliados, como os senadores Antônio Carlos Magalhães, homem forte do PFL e então presidente do Senado, e Jáder Barbalho, líder do PMDB no Senado, começaram a agir como se o segundo mandato de FHC fosse um fracasso consumado. O ex-presidente Itamar Franco, governador de Minas Gerais, comportava-se como adversário, e vários movimentos de protesto, notadamente o Movimento dos Trabalhadores Rurais Sem Terra (MST) viam entreabrir-se um período propício a demonstrações cada vez mais agressivas.

O principal impacto negativo adveio, sem dúvida, da peleja entre os senadores Antônio Carlos Magalhães e Jáder Barbalho, em uma típica luta por ocupar posições, cada um tentando se sobrepor ao outro na disputa por espaço na mídia. Um episódio banal, poder-se-ia dizer, não fosse pelo fato de que tal confronto retardou a diluição da atmosfera de crise formada no início do ano, da qual o país já estava praticamente livre. Dada a perda de popularidade de Fernando Henrique, o embate era interpretado como um movimento dos dois senadores para levar seus respectivos partidos a se distanciar do governo. Em suas manobras táticas, Magalhães e Barbalho conseguiram abrir comissões parlamentares de inquérito (CPIs) sobre corrupção no Judiciário e no sistema financeiro, respectivamente. As audiências mobilizaram a opinião pública e afastaram ainda mais o Congresso de seu foco em projetos relevantes do ponto de vista fiscal, como as reformas da previdência e da administração pública. Consolidou-se, em consequência, a impressão de que a coligação de governo não apoiaria medidas fiscais adicionais, e isso, por sua vez, debilitava as expectativas econômicas que, bem ou mal, haviam melhorado por volta de março de 1999.

No início de 2001, com o segundo mandato a meio caminho, a popularidade de Fernando Henrique voltou a subir, e com ela também a expectativa de que ele pudesse ter um papel importante na sucessão presidencial. A adoção do câmbio flutuante e o eficiente gerenciamento da política monetária por parte do Banco Central auguravam uma rápida recuperação da economia. Mas a trajetória benfazeja foi interrompida pela crise de energia. Se houve imprevidência, ou má vontade de São Pedro, só estudos especializados poderão dizer. Fato é que o "apagão" de 2001 cortou pela metade a taxa de crescimento projetada para aquele ano, derrubou mais uma vez a popularidade de Fernando Henrique e afastou em definitivo a hipótese de vir ele a fazer seu sucessor. O gerenciamento da crise, por meio de racionamentos e ações educativas, foi excelente. Atenuou o problema imediato e deixou um saldo positivo no tocante à conscientização do público sobre a questão da energia. Politicamente, porém, o "apagão" causou uma forte queda no prestígio do governo.

Lula-Lá

A valorização da estabilidade monetária pela sociedade e a agenda de modernização do setor público posta em prática no período 1993-1994 foram cruciais para a reversão da crise de governabilidade. Cinco ou seis anos mais tarde, ao aproximar-se a reta final do governo Fernando Henrique, esses grandes propulsores da reforma conservavam parte de sua força, mas produziam efeito político muito menor. Para milhões de eleitores, eles haviam se transformado em "direito adquirido". Além disso, a agenda brasileira e mundial passara por significativas alterações. O foco na inflação, dominante na década de 1980 e no começo da de 1990, perdera terreno em favor de preocupações redistributivas. Protestos contra a globalização (em especial as manifestações anti-Davos, realizadas tanto em Davos quanto em Porto Alegre, no início de 2001) e outros eventos de ressonância internacional sugeriam que uma nova agenda, mesmo difusa, seria um fator relevante no processo sucessório de 2002. No Brasil, era essa a interpretação dada às importantes vitórias alcançadas pela oposição de esquerda nas eleições municipais de 2000, inclusive no município de São Paulo, onde o PT elegera o prefeito.

Não dispondo o PSDB, em 2002, de uma candidatura tão natural como fora a de Fernando Henrique Cardoso em 1994, nem de um mecanismo equiparável ao controle de uma superinflação para "produzir" tal candidatura, era previsível que a sucessão giraria em torno de outros eixos. Não seria uma polarização entre dois candidatos "naturais", como FHC e Lula haviam sido em 1994 e 1998, e sim uma disputa aberta, com vantagem para a oposição de esquerda — que, além de Lula, o candidato mais forte, tinha também Ciro Gomes (PPS) e Anthony Garotinho (então no PSB).

Ora, não é segredo que os chamados "mercados emergentes", entre os quais o Brasil se inclui, dependem vitalmente de um contínuo influxo de capitais (sob a forma de investimentos produtivos diretos e de aplicações financeiras). Se a situação econômica é saudável, os problemas políticos e eleitorais perdem importância aos olhos dos investidores; se não é, eles se transformam em sério complicador adicional. Ainda ambíguo quanto a seu modelo de democracia, o PT de 2001-2002 o era também quanto à política econômica — ambiguidade compartilhada, diga-se de passagem, por Ciro Gomes e Garotinho.

Após numerosos atropelos entre os principais partidos da base governista (PSDB, PMDB e PFL) e em vista da debilidade da candidatura Serra, a campanha prenunciava-se devastadora sob o ponto de vista econômico-financeiro.[49] De fato, em meados de 2002 um forte choque cambial levou a uma desvalorização do real em cerca de 50%. Sem medidas de contenção, e sobretudo se os principais candidatos manifestassem intenções "heterodoxas", a consequente desarrumação cambial e financeira traria de volta a inflação, e possivelmente

---

[49] Até abril de 2002, a economia crescia em ritmo razoável, mas logo a seguir parou, já sob o efeito negativo das expectativas. "Parou por causa da perspectiva de uma ruptura", declarou Fernando Henrique em 2004, em entrevista a Mendonça de Barros et al. (2004:31).

levaria de roldão a Lei de Responsabilidade Fiscal e outras reformas — ou seja, poriam a perder grande parte das realizações logradas nos precedentes nove anos. A primeira providência foi "blindar" o país na medida do possível contra o choque externo. Para isso, o presidente Fernando Henrique arquitetou um arcabouço para a transição de governo. Persuadiu três dos quatro principais candidatos (a exceção foi Anthony Garotinho) a assumir o compromisso público de manter o vigente regime de política econômica e um acordo a ser negociado com o FMI pelo governo que se encerrava. O acordo com o FMI foi um poderoso incentivo, não apenas porque começou a reverter de imediato a instabilidade financeira, mas também por haver deixado nas mãos do governo a ser eleito a maior parte dos recursos disponibilizados.

A história política dos povos oferece numerosos exemplos de governos que se capacitam a implementar determinadas políticas justamente por adotarem posturas incongruentes com seu passado ideológico. O exemplo clássico é a retomada das relações dos Estados Unidos com a China pelo presidente Richard Nixon, republicano e conservador. De maneira análoga, a posição pragmática assumida pelo PT desde 2002 foi um fato importante no encaminhamento da transição. Naquele momento, como já se notou, a instabilidade prenunciava-se aguda, como consequência das incertezas engendradas pela própria campanha eleitoral. A desvalorização do real e a pressão inflacionária dela decorrente não deixavam dúvida quanto à deterioração do quadro econômico (e até político) em 2003. Estava-se diante de uma bifurcação. O caminho congruente com o passado ideológico petista levaria fatalmente ao agravamento da crise. O caminho incongruente facilitaria o reequilíbrio cambial e a recriação das condições de governabilidade. Lula escolheu a incongruência. Essa opção permitiu-lhe reverter a tendência à instabilidade e possibilitou um razoável "espetáculo de crescimento" em 2004-2005.

Uma vez guindados ao poder em 2002, Lula e a cúpula do PT emitiram sinais de que se dispunham a manter e até aprofundar a política dita "ortodoxa" do governo Fernando Henrique. É claro que a referida postura incongruente do PT se materializou sob o açoite da crise. Certo da vitória desde muito antes da eleição, Lula optou por um caminho confiável para o mercado, evitando traumatizar investidores e abraçando uma agenda legislativa não tão diferente da que o governo Fernando Henrique deixara pendente.

Os números da eleição também contribuíram para a opção petista. Havia entre os agentes econômicos um temor de "recaída" populista ou nacionalista, fundado na suposição de que Lula poderia ficar refém dos militantes e radicais — bem como dos sindicatos e movimentos reivindicatórios ligados ao partido. Mas a enorme votação de Lula e o resultado apenas razoável obtido pelo PT, sobretudo para os governos estaduais, desfizeram de vez a ideia de um possível domínio do governo Lula pelas bases organizadas das quais o partido longinquamente se originara.

Lições da batalha que não houve

A temida crise sucessória de 2002 foi, portanto, como a célebre batalha que não houve. O ordeiro desenvolvimento do processo eleitoral e a postura pragmática do governo Lula em seus primeiros dois anos permitem-nos extrair três conclusões.

Institucionalmente, o velho fantasma petista começou a ser exorcizado. Enquanto o PT não chegasse ao governo federal, não havia como desfazer a preocupação com uma democracia que até então não enfrentara o desafio da alternância pacífica; hoje essa questão, se não está superada, certamente perdeu grande parte de sua virulência.

Economicamente, a realidade se impôs: ficou demonstrado que todos os países "emergentes" operam sob fortes restrições de curto e médio prazos. Não se trata de uma questão ideológica. Sejam quais forem os méritos relativos do "neoliberalismo" e do "intervencionismo" — rótulos aos quais recorro somente para abreviar o argumento —, não há dúvida de que a quebra de expectativas e contratos pode dar ensejo a crises graves, não apenas financeiras, mas de governabilidade e até de regime. As dificuldades que se apresentaram antes da eleição e a atenuação delas nos primeiros anos do governo Lula demonstraram de forma eloquente que um dos principais complicadores era justamente o mau presságio quanto aos rumos de um eventual governo petista.

Politicamente, há também importantes lições a extrair. Na oposição, o PT e seus adeptos no meio intelectual tinham o hábito de criticar não apenas a política econômica do governo Fernando Henrique, mas também a heterogeneidade de seus apoios no Congresso e o recurso demasiado frequente a decretos (medidas provisórias). No governo, logo se deram conta de que a fragmentação do quadro partidário brasileiro é um risco constante para a governabilidade, qualquer que seja a cor ideológica do governo. O presidente precisa de amplo apoio multipartidário no Congresso. Em sua avaliação dos dois primeiros anos do governo Lula, Eduardo Kugelmas (2004) ressaltou a insuficiência da arbitragem presidencial entre diferentes setores do Executivo, entre os partidos aliados e até entre correntes internas do PT. No passado, o antídoto a que a direção petista recorria contra a infidelidade partidária era a imposição de punições draconianas a seus próprios dissidentes. Uma vez instalado no Palácio do Planalto, o partido tratou de suprir a necessidade de engordar sua base de apoio estimulando numa escala sem precedentes o "troca-troca" de parlamentares entre partidos. O elevado custo dessas operações apareceria em meados de 2005, na chamada "crise do mensalão".

Vicissitudes do governo Lula

Encerrada a "lua de mel", o governo Lula começou a enfrentar instabilidades em sua base de sustentação congressual e partidária.

Em dezembro de 2004, rachado ao meio, o principal partido aliado, o PMDB, realizou em Brasília uma convenção com o objetivo de deliberar sobre sua permanência ou não na coalizão de governo. Impugnada pela ala governista do partido, a convenção foi parar na Justiça e seu resultado ficou indefinido. Em fevereiro, também dividido, o PT não conseguiu chegar a um nome de consenso e foi rotundamente derrotado na eleição para a presidência da Câmara, vencida pelo deputado Severino Cavalcanti (PP de Pernambuco). Esse resultado inviabilizou e transformou em fiasco a reforma ministerial que o presidente da República acalentava havia vários meses. Entre março e maio, o governo colheu outros reveses — na área tributária, por exemplo: confrontado com ampla resistência política e empresarial a novos aumentos de impostos, viu-se forçado a retirar da pauta a Medida Provisória nº 232, mediante a qual pretendia aumentar a tributação sobre prestadores de serviços. Nesse mesmo período, o Senado rejeitou o nome indicado para presidir a Agência Nacional do Petróleo (ANP). Essa série de percalços levou não apenas os principais colunistas políticos do país, mas também membros do Congresso e até integrantes do PT a discutir publicamente as possíveis raízes institucionais de tal desnorteio. Um dos mais destacados nomes do PT na Câmara Federal, o deputado Paulo Delgado, fez valiosa análise da situação. Entrevistado por Cristiano Romero e Rosângela Bittar para o jornal *Valor Econômico* (12 de março de 2004), ele atribuiu a desarticulação política do governo ao enfraquecimento dos partidos e à condição minoritária do presidente. Ao montar sua maioria no Congresso, observou, o governo Lula desarticulou ainda mais a base política, pois estimulou mais de uma centena de deputados a mudar de legenda, abandonando as siglas de oposição e entrando nas que integravam a base do governo:

> O eleitorado nos deu uma ampla votação majoritária para presidente da República, mas a essa votação não correspondeu uma votação majoritária para a composição do Congresso. Tivemos que fazer composições pós-eleitorais. Isso acabou produzindo uma base instável. Esse fenômeno sempre ocorrerá enquanto não existirem partidos políticos sólidos e organizados verticalmente, com disciplina e organização interna formal, rígida, e também com o voto partidário predominando sobre o individual.

Para remediar tal situação — uma decorrência notória do sistema de governo e da fragmentação do sistema de partidos —, Delgado via como necessária uma reforma assentada sobre o voto em lista preordenada (ou seja, o voto partidário), a fidelidade partidária e o financiamento público das campanhas. Delgado mencionou também o recurso abusivo a medidas provisórias, esterilizando a iniciativa legislativa do Congresso, mas criticou também a incapacidade deste de protagonizar uma verdadeira contrapartida de poder ao Executivo. O essencial, no entendimento do deputado mineiro, era, pois, "requalificar a relação entre governo e Câmara", de forma a desestimular o recurso a medidas provisórias, construindo uma alternativa a elas e devolvendo ao governo aquelas que não preenchessem os requisitos de relevância e urgência.

Em abril de 2005, em reunião realizada no Rio de Janeiro, o Campo Majoritário, ala que representava 60% do PT, discutiu o desgaste do presidente. Reportando os debates, a jornalista Janaína Lage informou na *Folha Online* de 9 de abril: "O documento elaborado pelo Campo Majoritário afirma que chegou a hora [de] o partido discutir a reforma política [...], a fim de evitar a formação de alianças partidárias 'incoerentes e incompreensíveis para a opinião pública'".[50]

---

[50] Coincidentemente, no mesmo dia e no mesmo jornal, o senador José Sarney discorreu sobre a deposição do presidente Lúcio Gutiérrez, do Equador: "É o velho labirinto da América Latina, que, para decepção e tristeza nossa, mais uma vez se enrola, vai e volta, e a saída não aparece. Há alguma coisa de errado no presidencialismo em países pobres. O sistema não resiste a crises. Em vez de caírem os governos, caem os presidentes. Talvez fosse a hora de pensar num outro tipo de regime para curar a instabilidade dessas nações. Mas, como diz o brocardo, 'a gente só se lembra de Santa Bárbara quando vem a trovoada'".

Em 2004, o foco preponderante da ação petista no Congresso fora o estímulo ao troca-troca partidário, mas rumores de que a montagem da base governista no Congresso envolvera expedientes "não republicanos" circulavam desde meados do ano, pelo menos. No dia 31 de agosto, em artigo intitulado "Governo do PT se beneficia do troca-troca partidário", o jornalista Ranier Bragon escrevia na *Folha de S.Paulo*:

> Crítico da infidelidade partidária costumeira no Congresso, quando era oposição, o atual governo, do PT, estimulou nos bastidores o processo de crescimento de PTB e PL, que praticamente dobraram suas bancadas em relação à eleição. A oposição fala abertamente, e integrantes do governo reconhecem reservadamente, que o ex-assessor da Casa Civil Waldomiro Diniz — gravado em 2002 pedindo propina a um empresário do ramo de jogos — era um dos responsáveis por essas negociações.

Nova referência a práticas de corrupção ligadas ao troca-troca seria feita a 17 de fevereiro de 2005 por ninguém menos que o recém-eleito presidente da Câmara, deputado Severino Cavalcanti:

> *Folha de S.Paulo*: [...] hoje o PMDB passou o PT em número de deputados.
> Severino: Um entra de manhã, sai de tarde, volta de noite. Depois outro, mais outro. Tem que acabar com isso. Isso é uma excrescência, uma indecência. Temos de fazer projeto aqui na Câmara para acabar com isso. Um recebe dez, outro recebe 15, outro recebe 20...
> *Folha*: 20 o quê, reais?
> Severino: 20 mil, 30 mil... Mas eu não tenho provas. Se tiver, vou fazer um inquérito e mandar cassar o mandato. E pegar quem compra e quem vende.
> *Folha*: E se o PMDB ficar maior do que o PT na Câmara?
> Severino: Acho que não vai ficar. O governo vem aqui, pega um, depois pega outro...

Finalmente, em maio, um megaescândalo atingiria em cheio o PT. O episódio começou com a publicação, pela revista *Veja* de 14 de maio, da transcrição de um vídeo em que um funcionário dos Correios fora flagrado recebendo propina de empresários interessados em licitações. Loquaz, o funcionário discorreu longamente sobre um esquema de corrupção supostamente comandado pelo deputado Roberto Jefferson, presidente nacional do PTB. Pressentindo, segundo suas próprias declarações, que se tratava de uma "armação" da cúpula petista para caracterizar o PTB como o único foco de corrupção no governo

Lula e tentar ejetá-lo da base governista, Jefferson contra-atacou com estardalhaço. Em momentosa entrevista ao jornal *Folha de S.Paulo* de 6 de junho, discorreu extensamente sobre uma rede de corrupção que teria sido montada pelo então ministro-chefe da Casa Civil, José Dirceu, e pela direção do partido. Com o objetivo de reforçar o apoio congressual ao Executivo, o governo teria pago um "mensalão" de cerca de R$ 30 mil a numerosos deputados do PP e do PL. Investigações foram imediatamente iniciadas pela Corregedoria e pela Comissão de Ética da Câmara, e uma Comissão Parlamentar Mista de Inquérito foi imediatamente convocada. No final de junho, as investigações já haviam colhido veementes indícios de que tais pagamentos teriam sido feitos em espécie, com recursos provenientes de empresas estatais, "requentados" por uma empresa de publicidade sediada em Belo Horizonte. Haviam também documentado a participação do diretor da referida empresa de publicidade como avalista, num empréstimo obtido pelo Partido dos Trabalhadores junto a um banco mineiro. Essa sequência de indicações forçou o deputado José Dirceu a se demitir da chefia da Casa Civil e pôs abaixo os principais diretores do PT (José Genoíno, presidente; Delúbio Soares, tesoureiro; e Sílvio Pereira, secretário-geral), afastados de suas funções na primeira semana de julho de 2005. Configurava-se, assim, uma das maiores crises políticas da história brasileira, com gravíssimas repercussões institucionais.[51]

Recordemos que a eficácia do voto na determinação da política pública é um pressuposto fundamental da democracia. Dele decorre o conceito de *accountability,* referente à obrigação dos governos de se ajustar às preferências dos eleitores. Ajustarem-se na medida do possível, evidentemente, pois não faz sentido imaginar um governo democrático conscientemente implementando políticas que sabe serem desastrosas a fim de cumprir cegamente seu compromisso com os eleitores. Os governos não são meras caixas de ressonância, até porque, como indiquei acima, a figura medieval do "mandato imperativo" há muito deixou de existir. Dito de outra forma, o ideal democrático não se configura quando o governo, obedecendo cegamente a algum suposto imperativo, a algum determinante incontornável, promove monstruosidades; e a racionalidade, por sua vez, só é concebível onde a interação entre governantes e governados possa se desenvolver num nível de razoável *inteligibilidade* quanto ao que acontece e é decidido.

---

[51] Sobre a Ação Penal nº 470 (o julgamento dos "mensaleiros" pelo Supremo Tribunal Federal), ocorrido em 2012, ver Pereira (2013), Falcão (2013) e observações adicionais no capítulo 9 deste livro.

Os dilemas anteriormente abordados em termos teóricos configuraram-se de forma notavelmente concreta no Brasil a partir da eleição de Luiz Inácio Lula da Silva para a presidência da República em 2002. As ideias econômicas que os petistas tradicionalmente defendiam afiguravam-se inexequíveis tanto por motivos conjunturais quanto por sua intrínseca debilidade. Sob o açoite da crise que se avizinhava, o presidente e a cúpula do partido logo se deram conta de que aplicá-las redundaria num enorme desastre e trataram de se acomodar aos princípios de política econômica que antes anatematizavam.

Sobre o segundo mandato de Lula, serei breve. Paradoxalmente, o "mensalão" causou mais danos ao PSDB que ao PT. Áspero, o eleitorado tucano passou a manifestar uma profunda decepção por não ter o partido aberto uma campanha agressiva pelo *impeachment* de Lula, posição, como se sabe, assumida pelos líderes da sigla a fim de não desestabilizar a política econômica conduzida pelo ministro Antônio Palocci. Reeleito, Lula desfrutou o enorme benefício do crescimento do comércio internacional e do *boom* das exportações brasileiras de *commodities* para a China. Ao mesmo tempo, valendo-se de seu faro político, Lula expandiu até o limite do concebível o programa Bolsa Família, transformando-o num curral eleitoral que ruborizaria os "coronéis" da Primeira República. Tornado, assim, imbatível nas urnas, ele faria facilmente seu sucessor e, não menos importante, passaria a gozar de um prestígio internacional quiçá sem precedentes na história brasileira.

Dilma: o peso do despreparo

Fazer o sucessor tornou-se um desafio fácil, mas Lula não esperou sentado. Trabalhando intimamente com Marcelo Odebrecht, um dos maiores empreiteiros do país, e com João Santana, seu publicitário predileto, tornou na prática dispensável a participação dos cerca de 140 milhões de cidadãos que compareceriam às urnas em outubro de 2010. Seu objetivo era levar ao Planalto uma pessoa fiel (ou dócil) o suficiente para manter aquecida a poltrona para seu retorno triunfal em 2014. Dócil, Dilma até que não foi tanto, mas surpreendeu o país com seu impressionante despreparo.

Mal atingida a metade de seu primeiro mandato, estava evidente que o quadro político brasileiro caminhava a passos largos para uma precoce acefalia. Acumulando erros no relacionamento com os partidos, a presidente parecia querer destroçar sua base de apoio no Congresso, e as oposições, a três anos e meio da eleição presidencial e sem condições de fazer frente à popularidade de Lula, não tinham como encarnar uma agenda alternativa.

As relações políticas com o Congresso renderam-lhe derrotas acachapantes, como na votação do Código Florestal; Lula não perdia oportunidade de se intrometer, e a catadupa de cobranças fisiológicas despudoradas cedo conscientizaram a presidente de que, na *Realpolitik* rombuda que às vezes prevalece no Congresso, a escolha é frequentemente entre recuar ou recuar. Ainda assim, um pouco mais de tirocínio e uma postura ética mais clara lhe teriam poupado o desgaste que lhe rendeu o chamado *affair* Palocci. Em poucos meses, o assunto na imprensa era a fortuna que seu braço direito no governo, Antônio Palocci, ministro-chefe da Casa Civil, havia amealhado, incompatível com a profissão de médico, que não exercia, e com o trabalho de consultor, que praticava em escala modesta.

Nesse período, a fala mais importante da presidente foi o anúncio de que o governo iria privatizar os terminais aeroportuários. Claro, ninguém imaginou que ela, aferrada a uma ideologia nacional-estatista de sabor brizolista, tivesse experimentado um súbito surto de "neoliberalismo". Tratava-se apenas de tentar viabilizar dois compromissos que Lula lhe havia deixado: a Copa do Mundo em 1914 e a Olimpíada. *Ex post factum*, salta aos olhos que devíamos ter pedido desculpas à Fifa e ao COI e desistido daqueles dois desatinos, vorazes sugadores de recursos públicos. Outro empreendimento econômico do governo Dilma foi o trem-bala Campinas-Rio de Janeiro, que nunca saiu do papel, mas deixou uma estatal a mais para o contribuinte financiar. No mais, seu pensamento econômico — se assim o podemos designar — é aquele que o Brasil conhece desde priscas eras: *pick the winner.* Às favas o mercado, o marco regulatório, os contratos e o ideal de um arcabouço jurídico estável. Empresário bem-sucedido é empresário apoiado pelo governo, tratado a pão de ló pelo BNDES, agraciado com socorros providenciais e juros de pai para filho. Que empresa séria, em condições de fazer um grande investimento, vai ter confiança num país em que as regras do jogo podem ser alteradas de uma hora para outra por *fiat* político, em nome do "interesse nacional"? Nessa batida, à medida que os bons ventos do segundo mandato de Lula paravam de soprar e o leme tremia nas mãos de Dilma, o espectro da estagnação e da recessão rapidamente se agigantaram.

Acusada diretamente de corrupção, quanto eu saiba, Dilma não foi, mas uma dúvida permanece. Como pôde ela presidir o Conselho de Administração da Petrobras sem nada perceber da espessa trama de ilicitudes que o governo Lula e meia dúzia de grandes empreiteiros lá haviam implantado? Esse fato assombroso não impediu que ela chegasse ao fim do mandato e até se reelegesse contra Aécio Neves em 2014, provavelmente porque os principais desdobramentos da história ainda não haviam vindo a público. Àquela altura, a operação Lava Jato ainda não havia desvendado o esquema de corrupção plantado na Petrobras, que resultaria na prisão de numerosos próceres do PT. Em agosto de 2016, acusada de descumprir a legislação pertinente à execução orçamentária, ela foi finalmente afastada por meio do processo de *impeachment*.[52] O PT fez o possível e o impossível, no Brasil e no exterior, para caracterizar o *impeachment* como um golpe e para atribuir a ele a brutal situação econômica que seu governo legou ao país, com um recuo de quase 10% na renda anual *per capita* e o dobro do número de desempregados que ela encontrou no início de seu mandato.

Estendendo-se a praticamente todo o sistema partidário, os fatos trazidos à tona pela Lava Jato viriam a ser o epicentro da aguda crise política que o Brasil começou a viver, equilibrando-se mal e mal durante o interregno Michel Temer e sem garantia alguma de desembocar numa solução mais sólida sob a batuta de Jair Bolsonaro.

Michel Temer

Sucessor de Dilma Rousseff, Temer viu-se no papel de um anêmico Sísifo, fazendo o possível para reaprumar o governo e a economia do país. E foi inegavelmente bem-sucedido no tocante às taxas de juros e de inflação, ambas substancialmente reduzidas. Mas não dispunha de espaço para inverter a curva do desemprego, que seguiu seu curso ascendente, refletindo o desastroso desempenho econômico do governo Dilma.

---

52 O enredo que acima se expôs não traduz na extensão devida a mediocridade do elenco. Presidindo a sessão do *impeachment* no Senado, o presidente do Supremo Tribunal Federal, Ricardo Lewandowski, articulou com alguns líderes da casa uma das mais escandalosas agressões à Carta Constitucional de que temos registro em nossa história. Contrariando o que está cristalinamente expresso no art. 52, parágrafo único, Sua Excelência considerou que a perda do cargo em virtude do *impeachment* não necessariamente implicava a "inabilitação, por oito anos, para o exercício de função pública, sem prejuízo das demais sanções judiciais cabíveis".

Ao contrário de Dilma, Temer era essencialmente um parlamentar; passou mais de três décadas na Câmara, e em posições de destaque, não no baixo clero, como foi o caso de Bolsonaro. Com sua experiência de articulação política, não engavetou a agenda de reformas; ao contrário, insistiu nela, logrando um êxito digno de nota no tocante à reforma trabalhista. A supressão do famigerado "imposto sindical", herança da ditadura Vargas, provocou uma redução em curto prazo dos milhares de sindicatos que só existiam graças a essa fonte de receita.

Louve-se também sua habilidade em explicitar desde o início que não pleitearia a reeleição para a presidência. Manteve, assim, um contrapeso de legitimidade, ainda que modesto, para o pesado fardo que trazia sobre os ombros, tendo sido vice na eleição de 2014 e, ao mesmo tempo, um articulador-chave na operação política que resultou no *impeachment* de Dilma Rousseff em agosto de 2016.

Mas, claro, vivíamos tempos de Lava Jato, a mancha de óleo das investigações espraiava-se rapidamente sobre todo o espectro partidário, e o próprio Temer não era imune a suspeitas de corrupção ao longo de sua carreira. Nessa seara, seu pior erro foi ter recebido na residência oficial, altas horas da noite, fora de agenda, um empresário do setor frigorífico, Joesley Baptista, também suspeito de incursões no terreno do ilícito. Para piorar as coisas, o referido empresário gravou secretamente a conversa que tiveram, nela havendo trechos ambíguos, abundantemente explorados pela imprensa nas semanas seguintes.[53]

Fato é que o presidente Temer, não obstante seus acertos, chegou ao final com um índice extremamente baixo de aprovação popular. Seu enfraquecimento e o fato de os partidos de centro terem se mostrado incapazes de produzir uma candidatura viável levaram à esdrúxula radicalização do pleito de 2018, no qual o "petismo" e o "bolsonarismo", ambos com elevadas taxas de rejeição, votando um contra o outro, firmaram-se numa folgada dianteira.

---

[53] Desde que deixou a presidência, Temer passou à condição de réu em seis dos 10 inquéritos em que foi investigado, inclusive um por desvio de dinheiro. Chegou a ficar quatro dias em prisão preventiva, juntamente com seu ministro de Minas e Energia, Wellington Moreira Franco. Ressalve-se, entretanto, que foi escolhido pelo presidente da República para chefiar a delegação brasileira que viajou ao Líbano a fim de prestar assistência aos atingidos pela gigantesca explosão ocorrida no porto de Beirute em agosto de 2020.

Jair Bolsonaro

A principal causa da ascensão de Jair Bolsonaro à presidência da República em 2018 foi, sem sombra de dúvida, sua capacidade de personificar o antipetismo que passou a grassar no Brasil após dois mandatos de Lula e dois anos e meio de Dilma Rousseff. Por intuição ou por possuir uma boa base de informações sobre a psicologia do antipetismo, fato é que ele granjeou quase 54 milhões de votos no segundo turno, contra 46 milhões dados ao petista Fernando Haddad. É lógico que o legado de Dilma também pesou muito. Decorridos 14 meses do *impeachment*, uma legião de famílias continuava a sentir o desemprego bater a suas portas e outras tantas retornavam humilhadas da paradisíaca "classe média" para onde o governo da petista levianamente proclamava havê-las enviado. Jair Bolsonaro soube captar a condutibilidade atmosférica do azedume então prevalecente, oferecendo "franqueza", quer dizer, dureza, agressividade e até falta de educação, em vez do desarmamento dos espíritos que um político de mais alta estirpe teria procurado. Um acidente de percurso — a facada que levou durante um ato de campanha em Juiz de Fora, MG, certamente reforçou a aura de homem firme e destemido que ele se esmerava em projetar. No quadro social daquele momento, a promessa de liquidar a "velha política" resumia perfeitamente tais expectativas. Além de capitalizar a "velha política" entrincheirada no Congresso e em grande parte representada pelos anódinos partidos ditos "de centro", Bolsonaro também soube atrair parcelas da sociedade crescentemente hostis ao funcionalismo público, acenando com reformas liberais (donde o convite ao economista Paulo Guedes para comandar a pasta da Fazenda) e ao Judiciário, convidando o juiz Sérgio Moro, que àquela altura despontava como um herói nacional por comandar a Operação Lava Jato.

Foram essas, em resumo, as linhas de força que determinaram o resultado eleitoral. No momento em que escrevo, segundo semestre de 2020, é possível compor uma narrativa distinta, que necessariamente deve começar pelo perfil pessoal de Jair Bolsonaro. Pelo espelho retrovisor, o que vemos na presidência, sem tirar nem pôr, é o homem que foi expulso das Forças Armadas no posto de capitão; que passou 29 anos na Câmara dos Deputados como um autêntico membro do "baixo clero", sem deixar traço de alguma iniciativa relevante; que ignora a liturgia do cargo ao qual a maioria eleitoral o elevou; que, em 2020, com a chegada da Covid-19, não vacila em sabotar o trabalho dos agentes de saúde que atuam na linha de frente do combate à pandemia;

que ameaça agredir fisicamente jornalistas, e por último, mas não menos importante, pensando na eleição de 2022 ou temendo um eventual *impeachment*, desidratou o liberal que havia recrutado para capitanear a economia e trouxe para o governo justamente o chamado "Centrão", suprassumo da "velha política" que prometera extirpar. Sem esquecer que Bolsonaro nomeou o juiz Sérgio Moro para ser um esteio de seu governo, mas não lhe deu o espaço de combate à corrupção pressuposto em tal entendimento, o que levou Moro a afastar-se do governo.

Com o desastre adicional da pandemia e a aversão ao risco entre os investidores internacionais, a reforma da previdência — principal feito do primeiro ano do mandato de Bolsonaro — não surtiu os resultados desejados. Já rastejante, a economia sofreu o impacto adicional do volumoso gasto (indispensável, sem dúvida) efetuado para proteger os segmentos sociais mais vulneráveis à doença, não deixando qualquer dúvida sobre o tranco recessivo deste ano e a estagnação dos próximos. A perspectiva de contas públicas desajustadas talvez por 10 anos apresenta-se agora como uma hipótese perfeitamente plausível, permanecendo como uma miragem o nível de investimento e o aumento da produtividade de que desesperadamente necessitamos.

PARTE III

8

O imperativo da reforma política

A reforma das instituições políticas é um tema constante na história do Brasil independente. No Império, partindo da própria Constituição outorgada por dom Pedro I em 1824, tivemos as reformas do período regencial, as leis descentralizadoras (liberais) da Regência e a revogação delas pelas leis centralizadoras do chamado "regresso", e a mais ousada, antecipação da maioridade e a consequente coroação de dom Pedro II aos 15 anos de idade, que contribuiu decisivamente para a estabilidade e abriu caminho para a implantação de um sistema parlamentarista de governo em 1847. Na República, durante o século 20, após a elaboração da Constituição de 1891, tivemos um debate praticamente ininterrupto sobre centralização × descentralização, sistemas de governo (presidencialismo × parlamentarismo) e dos sistemas de partidos e eleitoral (proporcional × majoritário). Na esteira da Revolução de 1930, de uma só penada, as reformas de 1932-1934 estabeleceram o voto feminino, o voto secreto, a Justiça Eleitoral e uma primeira versão do sistema proporcional.

Decorridos quase três quartos de século desde a Segunda Guerra Mundial, não cabe a menor dúvida de que os impasses brasileiros atingiram uma dimensão espantosa, de que tão cedo não teremos como superá-los, e de que mesmo isso dependerá de uma reforma política abrangente e enérgica.

Somos atualmente o que os economistas descrevem como um país *aprisionado na armadilha do baixo crescimento* — ou seja, um país que supera até com certa facilidade a fase fácil da industrialização, apenas incorporando uma parte da vasta mão de obra disponível e pouco necessitando de educação e tecnologia —, que empaca nesse ponto. A "armadilha" a que me refiro diz respeito aos países que superam uma renda anual *per capita* de US$ 10 mil, mas dificilmente chegam ao patamar dos US$ 20 mil. A título de exemplo: para se igualar à Grécia atual, um dos países mais pobres da Europa meridional, a renda *per capita* brasileira teria que crescer de forma sustentada pelo menos 2% ao ano durante três décadas, no mínimo. Nem esse modesto objetivo temos conseguido atingir. Escusado dizer que não temos a opção de ficarmos parados na posição em que nos encontramos. Se não superarmos a armadilha, o retrocesso será inexorável. Regrediremos a um nível de desigualdade e de conflitos sociais de uma intensidade dificilmente imaginável. Eis por que recorro à expressão *empuxo*, ou propulsão. Ou construímos um sistema político realmente capaz de impulsionar o crescimento econômico e a distribuição das oportunidades, ou permaneceremos por muito tempo numa condição de lamentável atraso. Segue-se que o imperativo da reforma política precisa ser retomado com vigor, com a abrangência e a audácia que os novos tempos estão a exigir. As preocupações que atormentavam os constituintes de 1987-1988 são hoje claramente insuficientes como referência para o debate.

Embora neste texto eu empregue as expressões "Congresso Constituinte" e "Assembleia Constituinte" como equivalentes, é preciso lembrar que, nos anos 1980, elas se referiam a posicionamentos claramente conflitantes. Naquela conjuntura, uma corrente argumentava que a transição do regime militar ao civil se dera sem ruptura constitucional, e se opunha, por conseguinte, à convocação de qualquer organismo com poderes constituintes originários. No polo contrário, outra corrente não só defendia a convocação como demandava uma "Assembleia Constituinte exclusiva", ou seja, um organismo independente do Congresso Nacional, a ser eleito com a missão específica de elaborar uma nova Constituição. Prevaleceu, como sabemos, uma fórmula intermediária: os senadores e deputados a serem eleitos em 1986 assumiriam poderes originários, funcionando como um órgão constituinte. Essa solução, como é fácil perceber, trazia embutido um grave risco. Com a morte de Tancredo Neves a 21 de abril de 1985, José Sarney foi imediatamente empossado na presidência. Candidato a vice, Sarney era pouco mais que uma sombra de Tancredo, e obviamente não detinha credenciais comparáveis às dele como referência para o largo espectro de oposições que se constituíra contra o regime militar. Mas todos os principais protagonistas do processo político estavam certos de que Sarney faria o possível para obter do Congresso a extensão de seu mandato de quatro para cinco anos. Investido, porém, com poderes constituintes originários, o Congresso poderia atender ou negar liminarmente tal pleito, reduzindo a duração do mandato e mesmo o extinguindo, se e quando lhe aprouvesse. Deparando-se, portanto, com as dificuldades inerentes a todo processo de reorganização constitucional, o Congresso iniciava seus trabalhos arqueado por uma perigosa divisão interna. Acrescente-se que o clima de opinião então prevalecente seria favorável a alguma fórmula parlamentarista, já aí colidindo, por conseguinte, com o manifesto desejo de José Sarney de exercer o poder presidencial em sua plenitude. A tal ponto chegavam os conflitos latentes, que os constituintes, embora viessem a usar amplamente o projeto da Comissão Afonso Arinos no transcorrer dos trabalhos, em público o rechaçaram como uma interferência "externa". Nesse aspecto, o desentendimento baixou às raias da caricatura: conquanto a comissão, idealizada por Tancredo, tivesse sido nomeada, e definida oficialmente como comissão presidencial, Sarney limitou-se a fazer publicar o texto no *Diário Oficial*, não se atrevendo a remetê-lo ao Congresso.

Integrada por 50 membros, a Comissão Afonso Arinos firmou um diagnóstico segundo o qual o sistema político brasileiro tem como espinha dorsal uma combinação assaz problemática em relação à estabilidade e à eficácia decisória: de um lado, o presidencialismo originário da era Vargas, com a tradição plebiscitária que o caracteriza em toda a América Latina; de outro, a tendência à fragmentação partidária, ao fortalecimento de interesses corporativistas e à multiplicação de bloqueios que caracteriza as chamadas democracias *consociativas* (ou "por consenso").

Assim, a formação de maiorias governativas, que de qualquer forma seria complicada num regime presidencial pluripartidário, tornou-se ainda mais difícil devido ao efeito conjunto de um sistema eleitoral extremamente permissivo (proporcional com lista aberta, ou seja, agravado pela admissão do voto individual e a consequente exclusão do voto em lista fechada); por um federalismo fortemente desequilibrado, uma vez que no mínimo metade dos municípios, constitucionalmente autônomos, não se sustenta sem um contínuo aporte de recursos por parte do governo federal; pelo bicameralismo legislativo, tendo ambas as casas a prerrogativa da iniciativa legislativa, e numerosos outros mecanismos de bloqueio. Quanto aos partidos políticos, é essencial lembrar que o sistema brasileiro é, sem sombra de dúvida, o mais fragmentado do mundo, sendo praticamente impossível o maior deles eleger 20% dos deputados federais.[54] Segue-se que os presidentes da República, sufragados por todo o eleitorado

[54] Uma medida mais sofisticada da fragmentação partidária é a sugerida por Laakso e Taagepera (1979). Ponderando os partidos nominais, eles sugerem um índice (denotado pela letra N) do número de partidos efetivos representados numa assembleia. O *score* brasileiro nesse índice saltou de 2,8 em 1986 para mais de 8,0 em 1990 e 1994, suficiente para demonstrar que nossa estrutura partidária se situava entre as mais fragmentadas do mundo. Em 2014, esse *score* saltou para 13,3, uma aberração que pode ser interpretada como uma virtual decomposição do sistema de partidos.

nacional, não dispõem de poder e legitimidade numa escala correspondente às expectativas criadas durante as campanhas eleitorais, configurando-se já aí uma pressão endógena para o recurso a práticas de duvidosa moralidade e a todo um rol de ilicitudes. Esse conjunto de atributos não deixa dúvida quanto aos obstáculos quase intransponíveis com que os presidentes se deparam na articulação com o Congresso e em suas tentativas de formar as maiorias de que dependem para governar. Tendo como suporte apenas coalizões instáveis e heterogêneas, tornam-se reféns de uma miríade de grupos que, sejam ou não formalmente constituídos como partidos, valem-se da extensa trama de subsídios de poder embutida no sistema e reagem, como se diz no jargão jornalístico, "criando dificuldades para vender facilidades". E nem se diga que tais dificuldades decorrem apenas da trama institucional. Como em toda a América Latina, a maioria dos presidentes invocam o movediço suporte partidário de que dispõem para, docemente constrangidos, atropelar sempre que possível o Legislativo e o Judiciário, seja recorrendo de maneira abusiva a decretos (atualmente denominados medidas provisórias), seja apelando diretamente ao "povo", fonte de intimidação inseparável da tradição populista-plebiscitária.

Em tese, toda reforma política envolve preocupações com a *soberania popular*, a *accountability*, a *estabilidade* e a *eficácia decisória*. Emprego a expressão *soberania popular* para designar o crescimento do eleitorado, vale dizer, o alargamento da base de poder na sociedade, medido pela abrangência, igualdade e efetivo exercício do sufrágio. Esse aspecto foi tratado com simplicidade pelo Congresso Constituinte de 1987-1988, que ratificou o voto do analfabeto, admitido pela Emenda Constitucional nº 25, estendeu o direito de voto em caráter facultativo aos jovens de 16 a 18 anos e eliminou as restrições vigentes desde 1946 aos partidos comunistas.

No capítulo 2, fiz referência ao notável crescimento do eleitorado, ao qual veio incorporar-se o voto feminino, aprovado em 1933, e o desenvolvimento de uma robusta engrenagem administrativa e judicial com a incumbência de organizar e assegurar a boa ordem dos pleitos. Neste particular, podemos afirmar sem vacilação que a maior parte do caminho já foi percorrida e que o Brasil tem pouco ou nada a dever a outros países democráticos situados num nível semelhante de desenvolvimento econômico e social.

Mas nem tudo são flores. No Brasil, a soberania popular é severamente restringida por distorções incrustadas em nossa estrutura federativa, vale dizer, a desproporcionalidade das bancadas estaduais em relação às respectivas populações. Os constituintes de 1987-1988 agravaram bastante essa distorção.

Ao atender ao (justo) pleito dos territórios do extremo Norte de se transformarem em estados, o Congresso garantiu-lhes, assim como a outros estados pouco populosos, o mesmo piso de oito deputados federais. Efetivada em nome da Federação, a desproporcionalidade tornou-se ainda menos justificável no Senado, no qual cada Estado passou a eleger três em vez de dois senadores.

De fato, a defesa da desproporcionalidade *em nome da Federação* tem uma longa história no Brasil, embora colida frontalmente com a regra de ouro da democracia: uma pessoa, um voto. Não existe base lógica ou filosófica para atribuir pesos diferentes às preferências dos cidadãos, muito menos em função do estado onde tenham emitido seus votos.[55] É, pois, justo assinalar que o arcabouço constitucional brasileiro não é propriamente uma democracia federativa e sim uma federação que admite instituições democráticas no âmbito interno dos estados. Transposto para o plano eleitoral, o argumento sem dúvida justo e correto de que as desigualdades inter-regionais precisam ser reduzidas resulta no endosso a restrições inaceitáveis da própria soberania popular, passando a super-representar os estados menos populosos e a sub-representar os de maior população. Disto o Brasil é um exemplo egrégio, tendo em vista a enorme sub-representação dos cidadãos residentes no maior estado, São Paulo, e a super-representação dos estados menos populosos do Centro-Oeste e do Noroeste. O cientista político Alfred Stepan (1999:24-25) refere-se a tais federações como *demos-constraining*, ou seja, federações que, visando compensar desigualdades socioeconômicas, impõem pesos desiguais aos votos dos cidadãos:

> O Brasil é a federação mais "*demos-constraining*" do mundo. A super-representação [dos estados menos populosos] é ainda mais extrema que nos EUA. Um voto para o Senado em Roraima pesa 144 vezes mais que um voto para senador em São Paulo. Além disso, Brasil e Argentina são as únicas federações democráticas do mundo que reproduzem tal super-representação na Câmara baixa [dos Deputados]. Com uma representação perfeitamente proporcional, São Paulo teria 114 cadeiras, quando na verdade tem apenas 70, e Roraima teria apenas 1 cadeira, quando na verdade possui 8. Inspirada na ideologia da representação territorial, a Constituição brasileira estipula que nenhum estado pode ter mais de 70 (caso de São Paulo) e nenhum menos que 8 cadeiras na Câmara baixa.

---

[55] Soares e Lourenço (2004) sublinham que a criação de estados pobres e pouco populosos tem impacto negativo não apenas na representação política, ampliando a desproporcionalidade, mas também para as finanças públicas e as políticas sociais.

No tocante à *accountability* (garantias e incentivos para o bom cumprimento dos mandatos), a Constituição de 1988 adotou numerosas providências importantes, cabendo destacar as referentes à administração pública, consubstanciadas no capítulo VII, arts. 37 e 38. Salvo pela Lei de Acesso à Informação, adotada posteriormente, praticamente nenhuma inovação favorável à *accountability* foi incluída no plano das instituições políticas *stricto sensu*. Nem poderia ser diferente, sendo nossa organização política, como aponta Stepan, rigorosamente *demos-constraining* e nosso sistema partidário com certeza o mais fragmentado do mundo. No caso brasileiro, tampouco a Procuradoria-Geral da República (insculpida na Constituição de 1988 a partir da precedente experiência com a Lei da Ação Civil Pública) tem-se distinguido como uma contribuição importante à *accountability*, uma vez que os procuradores-gerais, com as exceções de praxe, assumem um papel que mais parece o de um braço direito do presidente da República. Tratei as desproporcionalidades entre bancadas e populações estaduais em conexão com a soberania popular, mas há, é claro, uma superposição com a *accountability*. Se o esquema federativo torna desiguais os votos dos cidadãos, indiretamente alguns perdem parte de sua soberania e de sua capacidade de pressionar pelo bom cumprimento dos mandatos. Em 2005, quando redigi a primeira edição deste livro, discorri sobre a *accountability*, mas nem remotamente poderia imaginar a dimensão da corrupção desvendada pela Lava Jato, e muito menos a ação conjugada de magistrados nos três poderes para desmontar a operação. Se, como se afirma, o juiz Sérgio Moro cometeu uma infinidade de erros e ilicitudes, fica a questão: por que diversos acusados devolveram enormes fortunas aos cofres públicos? A verdade é que figuras de cúpula, em praticamente todos os partidos, se aliaram para desfazer a operação e se beneficiam amplamente da vedação à prisão em segunda instância (ou seja, à exigência constitucional do "trânsito em julgado", art. 5º, XVII). O exposto permite-nos adiantar que a contribuição da Constituição de 1988 no tocante à *accountability* foi assaz modesta.

No restante deste capítulo, abordarei os temas da *estabilidade* (aperfeiçoamento do sistema de governo, dos sistemas de partido e dos mecanismos de manejo de crises, tendo em vista reduzir a probabilidade de golpes e retrocessos) e da *eficácia decisória* (a capacidade conjunta das instituições de gerir as atividades normais do Estado e de produzir as reformas e políticas públicas necessárias ao crescimento econômico e à ampliação do bem-estar social). Entre esses dois pontos, há, obviamente, uma íntima conexão, uma vez que um sistema político cronicamente instável dificilmente será eficaz, assim como um sistema ineficaz cedo ou tarde resvalará para a instabilidade. Compreensivelmente, a questão que eles envolvem foi objeto de detida atenção por parte da Comissão Afonso Arinos e do Congresso Constituinte propriamente dito (1987-1988), bastando lembrar, a esse respeito, que, no período 1985-1988, Brasil, Argentina e Chile apenas começavam a superar os traumas legados por seus respectivos ciclos de governos militares.

A questão da eficácia decisória (ou "governabilidade") envolve diversos problemas, dois dos quais devem ser preliminarmente examinados. Primeiro, há uma tendência a restringir indevidamente o conceito, tomando-o praticamente como sinônimo de produção legislativa, esta por sua vez avaliada tão somente no âmbito da relação Executivo × Legislativo. Ora, a produção legislativa é função de fatores não apenas endógenos, mas também exógenos: demandas ou pressões sociais mais amplas, inclusive internacionais. Segundo, a discussão é permeada por juízos de valor que os pesquisadores nem sempre explicitam na medida desejável: há um *parti pris* pró-Executivo, quero dizer, um entendimento da governabilidade como a situação em que o Executivo facilmente extrai do Legislativo as decisões que lhe interessam. Fica assim estabelecida uma virtual sinonímia entre governabilidade e sujeição do Legislativo ao Executivo. Meu ponto de vista é o oposto. Entendo a governabilidade democrática como a capacidade conjunta do sistema estatal, expressa na ação independente mas harmônica dos três poderes, como prescreve a Constituição. Uma situação de acentuada preponderância do Executivo pode resvalar para manipulações indevidas e, no limite, para aventuras ditatoriais, distanciando-se sobremaneira daquilo que a expressão governabilidade democrática deve designar. Ao abordarmos essa questão, é, pois, indispensável avaliar se o processo decisório se mantém nos limites de um equilíbrio razoável entre o Legislativo e o Executivo, o sistema de partidos e agentes externos relevantes.

Entre as medidas recomendadas pela Comissão Afonso Arinos e discutidas pelo Congresso Constituinte, cabe destacar, quanto ao *sistema de governo*, a transição do vigente presidencialismo para um modelo impropriamente designado como parlamentarismo, uma vez que o modelo discutido e submetido ao plebiscito de 1993 foi, na realidade, o do semipresidencialismo da Quinta República francesa; a mudança do vigente sistema eleitoral proporcional clássico para o (também mal denominado) "distrital misto alemão"; e uma limitação do próprio tamanho do Congresso, como explicarei adiante. No Congresso, a disputa em torno do sistema de governo levou a um estranho desfecho. De um lado, Sarney alcançou seus objetivos, revertendo a aparente tendência pró-parlamentarismo e fixando em cinco anos, como desejava, a duração de seu mandato. De outro, uma expressiva maioria de constituintes aliou-se ao diminuto grupo monarquista e conseguiu inserir nas *disposições transitórias* da Constituição um adiamento da decisão final, que seria então tomada por meio de um plebiscito sobre a forma (monarquia × república) e o sistema de governo (presidencialismo × parlamentarismo) cinco anos após a promulgação da Constituição.

Derrotada a proposta parlamentarista tanto no Congresso quanto no plebiscito de 1993, a corrente reformista de orientação sistêmica perdeu *momentum*. No restante da década, as atenções voltaram-se para temas específicos, no pressuposto de que seria mais fácil aprovar uma reforma "fatiada" — ou seja, por estágios sucessivos —, suposição que os fatos não corroboraram. Para não estender muito este texto, abstenho-me de relatar aqui os esforços feitos nas legislaturas subsequentes.

Assinalando que o sistema semipresidencial da Quinta República francesa não delega ao presidente uma massa de poderes comparável a seu homólogo norte-americano, Maurice Duverger (1993:27) acertadamente observa que

> o sistema presidencial [puro] é intrinsecamente propenso à instabilidade. Se as oposições políticas são profundas, os riscos de derrapagem são grandes. É o que evidencia a América Latina. O sistema presidencial jamais funcionou a contento a não ser nos Estados Unidos. Noutros países, ele degradou-se em presidencialismo, vale dizer, em ditadura.

À avaliação de Duverger é preciso acrescentar — como fiz no capítulo 4 — que o presidencialismo brasileiro é uma excrescência plebiscitária da era getulista, transmitida sem contrapesos suficientes nem mudanças substanciais na cultura política aos períodos constitucionais subsequentes. Não descabe cogitar que a observação de Duverger sobre o presidencialismo norte-americano talvez fosse menos benévola caso ele tivesse tido oportunidade de acompanhar o confronto de 2016 entre Hillary Clinton e Donald Trump e o desempenho deste daquela data até 2020, e se tivesse refletido um pouco mais sobre o arcaico "colégio eleitoral", sem o qual Hillary Clinton teria saído vitoriosa daquele pleito.

Da mesma forma, a rigidez mútua entre os dois poderes — derivada da periodicidade fixa dos mandatos e da total independência dos procedimentos eleitorais — significa que o Legislativo não dispõe de meios legítimos para afastar um presidente que não esteja cumprindo adequadamente os requisitos do mandato que haja recebido das urnas — salvo, como já se notou, pelo complexo e arriscado instituto do *impeachment*. Na quase totalidade dos casos, isso significa transformar problemas políticos — carência de apoio nas câmaras legislativas ou incompetência, pura e simplesmente — numa difícil questão jurídica, vale dizer, numa acusação plausível de crime de responsabilidade. Podemos afirmar sem temor de erro que uma ampla maioria da sociedade não compreenderá tal acusação, e dará ou não seu apoio ao afastamento do presidente em função do seu sentir político. Do exposto, pode-se inferir que o acoplamento da presidência plebiscitária a uma estrutura política marcadamente consociativa tende a exacerbar a irresponsabilidade de ambos os lados. O presidente presidencialista dificilmente resistirá à tentação de reforçar a face plebiscitária de seu poder com jogadas políticas arriscadas, manejando de forma desaconselhável os recursos financeiros do Estado, implantando programas de transferência de renda de caráter claramente eleitoreiro e, não menos importante, valendo-se da agressividade característica do populismo latino-americano com o intuito de anular as prerrogativas do Legislativo e do Judiciário. Estes, por sua vez, em especial o Legislativo, tenderão a "plantar dificuldades para colher facilidades", como se diz no jargão jornalístico, seja negando apoio a proposições razoáveis de interesse do Executivo, seja excogitando as chamadas "pautas-bombas", cujo significado irresponsável e deletério a própria expressão transmite com exatidão.

A Constituição de 1946 era mais favorável que a de 1988 ao Congresso, especialmente no que diz respeito ao orçamento. A concentração desse poder no Executivo, levada a cabo pelo regime militar com base na Constituição de 1967, não foi revertida pelos constituintes civis de 1988. Uma vez aprovada pelo Congresso a Lei de Diretrizes Orçamentárias, a elaboração propriamente dita do orçamento é feita pelo Executivo, e tendo ele caráter meramente autorizativo e não impositivo, a execução orçamentária permanece como peça-chave da centralização. O "executivismo" se evidencia de maneira não menos flagrante na amplíssima faculdade de iniciar legislação. A Constituição de 1988 não apenas manteve, mas piorou o marco decisório preexistente ao ampliar a iniciativa unilateral do Executivo por meio do novo instituto da medida provisória.[56]

[56] A figura constitucional da medida provisória manteve sob nova roupagem, a do decreto-lei, introduzida pela Constituição ditatorial de 1937 e restaurada pela de 1967 (Emenda Constitucional nº 1, do período militar).

Autorizado o presidente a editá-las com base em elásticos critérios de "relevância e urgência", as medidas provisórias entram imediatamente em vigor, com força de lei; o Congresso pode rejeitá-las, mas deve regular retroativamente as situações sobre as quais elas tenham incidido. Embora compreensível à luz do processo inflacionário e do desarranjo generalizado que o país vivia nos anos 1980, e em vista também do equilíbrio de fragilidades em que a relação do Executivo com o Congresso e os partidos se transformara, fato é que a figura da medida provisória conferiu ao presidente da República uma soma de poderes inaceitável. O ocorrido no governo Collor ilustra o que estou a argumentar de forma ainda mais direta: o Congresso aprovou a Medida Provisória nº 168, que restringia drasticamente o nível de liquidez na economia, não porque concordasse com ela, mas porque absolutamente não concordava. Discordando, mas consciente da impossibilidade de regular retroativamente a situação criada, aprovou-a como um claro recado ao presidente: "Quem pariu Mateus, que o embale" (Lamounier, 1991b, cap. 5). De 1988 até hoje, os presidentes frequentemente ignoraram mesmo os elásticos critérios constitucionais e muitas vezes editaram medidas provisórias sobre matérias que nada tinham de urgente e relevante, chegando em alguns casos às raias do pitoresco, como a regulamentação da pesca na Amazônia, a produção de fubá e a concessão de estímulos educacionais à juventude. Mas isso não é tudo. Já no início de 1989, o Supremo Tribunal permitiu a *reedição* pelo Executivo de medidas provisórias não votadas pelo Congresso no tempo devido. Os presidentes não dormiram no ponto: tiraram proveito dessa dilatada interpretação, tornando permanentes, na prática, leis que na verdade não foram apreciadas, e chegando até a reeditar medidas provisórias com mudanças no texto original.[57] Tampouco é possível ignorar a instabilidade que o recurso abusivo a esse instrumento traz à ordem jurídica do país. Salta aos olhos que a possibilidade de alterar de uma hora para outra importantes aspectos do arcabouço normativo, apenas com o consentimento *ex post* do Legislativo, é uma ameaça constante aos direitos dos cidadãos e à previsibilidade que uma economia complexa requer em seu funcionamento diário.

---

[57] Em agosto de 2001, o Congresso aprovou uma emenda constitucional estreitando os critérios para a edição de medidas provisórias. Mas o tiro saiu pela culatra. Confusa, a nova mecânica estabelecida passou a trancar frequentemente a pauta, prejudicando tanto o Executivo quanto o próprio Legislativo.

Quanto a esse aspecto, a cultura política das elites brasileiras abriga um traço decididamente esquizofrênico. Antiliberais e criadas à sombra de uma secular mistificação do poder "carismático" (conexão afetiva com o "povo", "representante da "unidade nacional" etc.), as elites rejeitam o sistema parlamentarista. Só se lembram dele — e aqui evoco o pitoresco dito de José Sarney — na hora da crise, assim como nós só nos lembramos de Santa Bárbara na hora da trovoada. Não menos curioso, entretanto, é que adoramos o Deus da centralização, mas tememos os decretos-leis e medidas provisórias — armas de que ele se vale para disparar seus fulminantes raios.[58]

Vale ressaltar que o instituto das medidas provisórias vez por outra produz efeitos inesperados no relacionamento entre o Executivo e o Legislativo. A aprovação de emendas constitucionais, como não podia deixar de ser, requer um quórum qualificado; em nosso caso, o voto favorável de 60% do total de membros de cada casa, separadamente e em dois turnos de votação. Considerando-se que o maior partido mal angaria 20% das cadeiras, não é exagero afirmar que a Constituição vigente tornou o presidente refém do Congresso em tudo que requeira aprovação de emendas constitucionais. No que concerne à legislação ordinária, a iniciativa de legislação do Executivo aumentou extraordinariamente com a adoção da figura da medida provisória. Assim, nessa esfera o Congresso é que se tornou refém do Executivo. A abundante edição de tais medidas desde 1989 só pode ser compreendida e justificada como uma forma de contornar disfunções ainda mais graves do sistema político brasileiro — ou seja, como um fraco antídoto para um mal muito maior. Debilitados e hostilizados pela opinião pública, os legislativos e a classe política sentem-se inseguros (ou talvez não detenham o cabedal dos conhecimentos necessários) para promover modificações constitucionais na escala necessária.

No período constituinte (1987-1988), o argumento central dos parlamentaristas foi o de que sua proposta, por ser mais flexível, é menos vulnerável a crises e rupturas que o presidencialismo. No meio acadêmico internacional, essa tese foi retomada com especial vigor, nos anos 1980, pelo cientista

---

[58] Numa pesquisa realizada no primeiro semestre de 2015, pedi a avaliação dos entrevistados — 870 advogados e 180 docentes de direito — sobre 15 possíveis propostas de reforma política. A proposta *menos* apoiada, com 35%, foi a implantação do parlamentarismo, porém a *mais* apoiada, com 90%, foi "disciplinar com rigor a prerrogativa presidencial de editar medidas provisórias, a fim de evitar o emprego abusivo desse instrumento".

político Juan Linz, cuja obra estimulou numerosos estudos comparativos.[59] Baseando-se em extensos levantamentos empíricos, Stepan e Skach (1993) e Przeworski et al. (2000) deram notável respaldo ao argumento de Linz, indicando que os regimes parlamentaristas são de fato menos vulneráveis a crises e mais aptos a garantir a continuidade democrática que os presidencialistas. Na discussão brasileira do período constituinte, um foco importante do debate foi se a maior durabilidade da democracia sob o parlamentarismo se devia realmente à mecânica institucional desse sistema ou a ser ele mais frequente entre os países muito ricos. Da abrangente inquirição que empreenderam, baseada em estatísticas nacionais de todos os continentes e englobando todo o período desde o fim da Segunda Guerra Mundial a 1990, Przeworski et al. (2000:129, 136) extraíram uma conclusão taxativa:

> Basta um rápido exame dos padrões descritivos para imediatamente se ver que Linz tinha razão no que concerne à durabilidade desses sistemas institucionais [...]. Democracias presidenciais têm maior probabilidade de morrer que democracias parlamentaristas, em qualquer nível de desenvolvimento [econômico] [...] Embora não tenhamos identificado com segurança as razões disso, o fato é que as democracias presidenciais são menos duradouras que democracias parlamentaristas. A diferença não se deve ao nível de riqueza dos países onde tais instituições foram observadas, nem ao desempenho econômico deles. E tampouco se deve a qualquer das condições políticas sob as quais elas têm funcionado. Democracias presidencialistas são simplesmente mais "quebráveis", quaisquer que sejam as condições econômicas ou políticas.

Uma das "condições políticas" a que os autores se referem é o grau de fragmentação partidária. A questão suscitada é se a combinação entre presidencialismo e forte fragmentação do sistema de partidos aumenta ou não a probabilidade de rupturas do processo democrático e consequentes retrocessos

---

[59] Depois de circular informalmente durante vários anos, o principal texto de Juan Linz sobre sistemas de governo foi publicado em versão definitiva no volume de Linz e Valenzuela (1994). Ver também os debates reunidos em Lamounier e Nohlen (1993), as avaliações do plebiscito em Lamounier (1994:289-290), bem como os estudos quantitativos de Stepan e Skach (1993) e Przeworski et al. (1995, 2000). Cabe ressaltar que Przeworski et al. incluíram os regimes semipresidencialistas (França, Portugal e outros) na categoria "parlamentarismo", ficando assim implícito que, em termos estatísticos, não há como considerá-los menos propícios à estabilidade. Juan Linz não sustentava esse ponto de vista. Sobre a diferença entre o sistema parlamentarista da Alemanha e o semipresidencialismo francês, ver o anexo técnico no final deste capítulo.

autoritários. Na versão inicial de seu estudo, de 1995, Przeworski et al. deram suporte a essa linha de raciocínio, chegando a afirmar (p. 7) que a combinação entre presidencialismo e minoria parlamentar — praticamente certa quando a estrutura partidária é muito fracionada — equivalia a um "*kiss of death*" — um beijo de morte — para a continuidade democrática. Na versão publicada em livro no ano 2000 (p. 134), os autores atenuam esse argumento:

> O fato de um sistema partidário ser altamente fracionado [...] não tem impacto algum na sobrevivência de um ou outro tipo de democracia; mas a inexistência de um partido majoritário tem um forte impacto na estabilidade das democracias presidenciais, que são instáveis quando nenhum partido controla uma maioria de cadeiras na câmara baixa. Já as chances de sobrevivência das democracias parlamentaristas independem da existência de um partido majoritário.

Embora não confirmem a relação entre fragmentação partidária e instabilidade, os autores suscitam a possibilidade de uma zona de impasse, na hipótese de o governo, não tendo maioria, ter o apoio de pelo menos trinta por cento da assembleia. Tal configuração poderia engendrar impasses ou conflitos de difícil solução, trabalhando, pois, contra a estabilidade. Que dizer, porém, do caso brasileiro, cujo grau de fragmentação partidária não tem paralelo no mundo? Por ser um caso extremo, não podemos responder à indagação com segurança estatística, mas podemos afirmar, sem temor de erro, que, nesse particular, o Brasil é um caso totalmente "fora da curva", beirando o incompreensível.[60] A conclusão, de qualquer forma, é que os regimes presidenciais envolvem riscos mais altos: tendem mais à instabilidade onde não exista um partido majoritário na Câmara, ao contrário das democracias parlamentaristas, que não são afetadas por esse fator.

Levantamentos quantitativos levados a cabo nas últimas três décadas trouxeram importantes contribuições para o nosso entendimento do funcionamento interno do Congresso, em geral atenuando a crítica generalizada à fragmentação e à infidelidade partidária. Não sendo essa minha área de trabalho, mas dispondo de uma razoável experiência no acompanhamento da vida interna dos partidos e da feitura da legislação, atrevo-me a sugerir que tais levantamentos não raro se concentram na parte superior de um

---

[60] Sou grato a Fernando Limongi pelos esclarecimentos que me prestou sobre estas questões, em comunicação pessoal.

iceberg. O "mensalão" e o "petrolão" trouxeram-nos à memória a perspicaz observação de Bismarck, segundo a qual não convinha ao público saber como leis e salsichas são feitas. Primeiro, a fidelidade partidária (disciplina ou governismo, como se lhe queira chamar) tem muito de ilusório. Muitos parlamentares votam "com a liderança" porque não compreendem ou não querem se dar ao trabalho de estudar as matérias a serem votadas. Segundo, nem todas as matérias relevantes chegam ao estágio decisivo da votação em plenário. Terceiro, sobre a maioria de tais matérias, o Legislativo e os partidos não têm condição alguma de formular alternativas, e muitos são os casos em que a aprovação se dá pela *força das coisas*, ou seja, devido ao caráter imperativo de emergências ou de agendas extraparlamentares, por vezes até internacionais. Quanto da volumosa produção legislativa do governo Fernando Henrique, por exemplo, se explica pelo aprimoramento endógeno do Legislativo e dos partidos, ou mesmo pelo poder de agenda do Executivo, e quanto pelo encadeamento virtualmente imperativo da estabilização com a agenda doméstica e internacional da reforma do Estado? Dado o passo inicial para o controle da inflação, com base em instrumentos monetários, dificilmente poderia o Congresso negar apoio à flexibilização dos monopólios, base da privatização, à Lei de Responsabilidade Fiscal e a outras medidas de semelhante relevância. Podia retardar e diluir certas propostas, como de fato retardou e diluiu, mas não podia opor-se pura e simplesmente a elas, ou substituí-las por propostas contraditórias, dado o referido encadeamento para a frente estabelecido pelo Plano Real. Nesse sentido, não descabe conjecturar que apoio da mesma ordem poderia ter sido mobilizado antes mesmo da Constituição de 1988. O governo Sarney derrubou temporariamente a inflação com base no Plano Cruzado (congelamento de preços e salários), e ao fazê-lo obteve apoio popular sem precedente na história republicana; seu erro foi não projetar para a frente o capital político que granjeara com os encadeamentos. Não menos ilustrativa foi a reação do Congresso à Medida Provisória nº 168, baixada no primeiro semestre de 1990 pelo recém-eleito presidente Fernando Collor de Mello. Bloqueando uma proporção elevada da liquidez, tal medida simplesmente engessava por tempo indeterminado o funcionamento da economia. Mesmo compreendendo a urgência de conter o agudo processo inflacionário da época, cabe a pergunta: que Parlamento livre daria respaldo a uma medida dessa natureza? Deu-o o Congresso Nacional, obviamente torcendo o nariz e mandando um claro recado ao presidente: quem pariu Mateus, que o embale!

Com 35 anos de retrospecto, não cabe dúvida de que futuros esforços de reforma deverão conferir maior ênfase ao parlamentarismo como reforço à *eficácia decisória*. A questão a considerar envolve duas dimensões. De um lado, tudo faz crer que a organização política brasileira se tornou ainda mais disfuncional que nos anos 1987-1988, quando a Carta vigente durante o período militar foi reformulada pelo Congresso Constituinte. Do outro, não cabe dúvida de que o Brasil atual se depara com um conjunto de problemas muito mais grave, que dificilmente enfrentaremos com sucesso sem um vigoroso reforço do *empuxo* decisório.

Findo o processo constituinte, desapareceu, evidentemente, a possibilidade de uma reforma abrangente, sistêmica, mas outras propostas referentes à estabilidade foram trazidas a público por comissões especiais do Congresso, devendo-se, entre essas, destacar o fim das coligações partidárias, finalmente aprovado para as eleições legislativas municipais de 2020. A chamada "cláusula de desempenho", julgada inconstitucional pelo Supremo Tribunal Federal em 2006, foi também aprovada, mas com alcance mais limitado: restringir o acesso dos partidos que não atingirem o mínimo de votos estipulado ao Fundo Partidário e ao Horário Eleitoral Gratuito. O objetivo dessas duas medidas é impedir a proliferação e a fragmentação do sistema de partidos, processos geralmente considerados negativos para a estabilidade e o bom funcionamento do regime democrático. Cumpre frisar que a atualidade dessa discussão se deve também a tendências autoritárias que se vêm manifestando em praticamente todo o mundo. O que se tem (imprecisamente) designado como "populismo autoritário" ascendeu ao poder antes mesmo do fim do século 20, na Venezuela, com a ascensão do "bolivarianismo" de Hugo Chávez, cujos piores prenúncios logo se encarnaram na dominação não menos repressiva e violenta de Nicolás Maduro. No momento em que escrevo (agosto de 2020), a nuvem escura do "populismo autoritário" paira sobre a Hungria do primeiro-ministro Viktor Orbán, na Índia do presidente Modi, e mesmo nos Estados Unidos, corporificada na caricata presidência de Donald Trump. Os casos acima mencionados são exemplos de um fenômeno mais amplo, que abordarei mais extensamente no capítulo final.

A reforma que considero imperativa haverá de produzir um empuxo vigoroso, que corresponda à enorme dimensão dos desafios que o Brasil previsivelmente terá de enfrentar nas próximas décadas. Empuxo vigoroso não é um eufemismo para um regime autoritário; bem ao contrário, nosso desafio é compatibilizar nossas instituições democráticas com um processo decisório à altura dos impasses que nos aguardam. Desse ponto de vista, além da disjuntiva presidencialismo × parlamentarismo e de outros pontos já referidos, quatro outras questões merecem ser mencionadas: (1) partidos políticos, (2) sistema eleitoral, (3) tamanho do Congresso e (4) providências atinentes ao recrutamento e à renovação da classe política.

Quanto ao plebiscito de 1993, vencido pelos presidencialistas, Cintra (1993:70) considera que

> se usou o meio errado — uma consulta plebiscitária — para uma deliberação de vital significado para o aperfeiçoamento democrático. Um plebiscito para que o eleitor respondesse com um simples "sim" ou "não", sobre assunto tão complexo, foi, para esse grupo, um despropósito, pois sistema de governo é matéria que exige decisão por um corpo de representantes especializados. Não se teria, pois, justificado a renúncia dos constituintes ao seu direito e dever de dispor sobre ela.

Partidos políticos

Do ponto de vista da continuidade histórica, nunca é demais lembrar que, no Brasil, carentes não são apenas os partidos individualmente, mas os sistemas partidários. Os partidos do Império não sobreviveram à República; os da Primeira República (1889-1930) não sobreviveram à Revolução de 1930. O *intermezzo* de Vargas (1930-1945) prescindiu por completo de partidos. Os do período 1945-1964 foram extintos por decreto, em 1965. No período militar, a governista Arena contrariou o prognóstico altissonante da época e não se firmou como "o maior partido do Ocidente", e o PMDB, forte na transição do regime militar para o civil, é hoje um agregado de grupos estaduais, capaz, se tanto, de desempenhar um papel de equilíbrio institucional, mas pouco propenso a se livrar da marca fisiológica que assumiu desde o retorno ao regime civil.

Conter a proliferação de siglas e a fragmentação das bancadas é algo que teríamos de ter feito há muito tempo. Agora, tudo faz crer que perdemos a oportunidade. Temos, no momento, 33 partidos registrados, 26 dos quais já representados na Câmara dos Deputados, nenhum deles conseguindo obter 20% das cadeiras. Ora, dizer que temos 26 partidos fracos ou que não temos nenhum é mais ou menos a mesma coisa. A verdadeira correlação de forças em nosso Legislativo assenta-se em umas poucas grandes bancadas (bancada do boi, bancada da bala, bancada evangélica) — que nada têm a ver com a representação da cidadania — e por uma infinidade de grupos corporativistas, ligados principalmente ao serviço público e às empresas estatais. A função precípua de um partido político digno desse nome é transcender a multiplicidade de interesses, a fim de organizá-los e agregá-los. Salta aos olhos que a estrutura partidária brasileira não cumpre tal missão, até porque a maioria das siglas se constituiu apenas para receber uma fatia do financiamento público (Fundo Partidário) e do programa gratuito de propaganda eleitoral pelo rádio e pela televisão. Seriam mais apropriadamente contados como outras tantas agremiações corporativistas. A realidade, portanto, é que a estrutura política de que hoje dispomos é constituída pelos escombros do velho Estado patrimonialista, que, ao se decompor, engendrou o paradoxo de um Leviatã bifronte e anêmico. Bifronte, ele ostenta, por um lado, a corrupção Odebrecht-*size*, desvendada a partir de 2015 pela Operação Lava Jato; por outro, um formigueiro corporativo, organizado para a defesa de uma miríade de interesses estreitos, praticamente insuscetível de agregação.

O importante papel desempenhado pelo MDB nos anos 1970-1980, servindo como referência e mobilizando a oposição popular ao regime militar, foi favorecido pela estrutura bipartidária (Arena × MDB) imposta pelos militares em 1965. Não obstante o artificialismo de sua origem, o bipartidarismo teve consequências positivas. Facilitou o envolvimento de um eleitorado em rápida expansão no processo político-eleitoral e disseminou a compreensão e os valores do regime democrático, como nunca ocorrera anteriormente. Com a reforma de 1979, cujo objetivo era dividir a frente de oposições agrupada no MDB, novos partidos começaram a ser criados. Em 1982, cinco deles obtiveram representação na Câmara Federal. Os partidos comunistas, interditados, só seriam legalizados em 1985, após a consumação formal do retorno ao regime civil. Nas eleições de 1986 para o Congresso Constituinte, sete novos partidos chegaram à Câmara Federal, seis deles com 1% ou menos das cadeiras, mas o maior partido, o PMDB, ficou com 53,4% dos assentos. A essa altura, embora a proliferação de siglas fosse acentuada, a fragmentação ainda era moderada. Durante os trabalhos do Congresso Constituinte, o próprio PMDB se dividiu, dando origem ao atual PSDB. Porta-voz da antiga oposição ao regime militar, o PMDB sofreria outro grande baque na eleição presidencial de 1989. Na verdade, o PMDB não foi o único. Fernando Collor de Mello derrotou todos os grandes partidos, e sua eleição foi um divisor de águas na evolução partidária do período pós-militar. Daí em diante, a fragmentação se acelerou: 21 partidos obtiveram representação no Congresso em 1990 e 18 nas eleições de 1994 e 1998. Portanto, o período de 1988-1990 marca a transição de um sistema de fragmentação moderada para outro, em que essa característica se exacerbou.

Partidos sem contornos definidos e incapazes sequer de manter vinculados seus membros no Congresso carecem, como é óbvio, da confiabilidade que se espera de portadores de compromissos. Cabe aqui uma analogia com a esfera privada. Em relações comerciais, a segurança jurídica e a validade dos contratos têm como pressuposto a estabilidade das "partes", concebidas como entidades cuja coesão e cujo modo de ser se conservarão ao longo do tempo. No processo da representação política, a identidade depende em grau ainda maior dos personagens envolvidos, ou seja, dos candidatos que personificam os partidos e expõem seus programas durante a campanha eleitoral. Inexistindo tal vínculo, seria a rigor mais legítimo, no tocante à *accountability*, passar ao extremo oposto, suprimindo o monopólio dos partidos e admitindo a candidatura avulsa.

No dia 9 de dezembro de 2004, o PMDB realizou em Brasília uma convenção extraordinária para decidir se permaneceria na coalizão de apoio ao presidente Lula. A extensão do racha no partido pode ser avaliada pela impugnação da convenção, por iniciativa da ala governista, transformando o desacordo político em questão judicial. Comentando o episódio em artigo publicado na *Folha de S.Paulo* no dia seguinte, sob o título "Casa-da-mãe-joana", o então presidente do Senado, José Sarney, aproveitou para avaliar mais amplamente a situação dos partidos políticos:

> O sistema partidário brasileiro só não está no fim porque nunca existiu; [...] convivemos com 36 partidos e com nenhum. A culpa de tudo isso não é do sistema em si. É do artificialismo, da vontade de contrariar, na política, aquilo que seria, na física, a lei da gravidade. O voto proporcional, uninominal, que só é praticado no Brasil, é desagregador e estimula a luta interna e um processo em cadeia de divisões e subdivisões.

Sistema eleitoral

Sistema eleitoral, como se sabe, é o mecanismo por meio do qual os votos populares dados aos diferentes partidos no âmbito de cada estado são convertidos no número de cadeiras parlamentares que corresponderá a cada um deles no

Legislativo. Nos pleitos senatoriais prevalece, como sabemos, o critério majoritário: é como se cada estado fosse um grande distrito, cabendo o assento ao candidato ou candidatos mais votados. No caso da Câmara Federal — o mesmo valendo para as assembleias estaduais e câmaras municipais —, a questão é mais complexa. O ponto de partida é o chamado *quociente eleitoral*, resultado da divisão do número de votos válidos pelo número de cadeiras a preencher. Admitindo que a Bahia, por exemplo, tenha 7,5 milhões de votos válidos na próxima eleição, e tendo ela 39 cadeiras na Câmara dos Deputados, o quociente eleitoral será 192.307 votos. Para habilitar-se à repartição proporcional das cadeiras, um partido (considerado como um todo, ou seja, levando em conta a votação de todos os candidatos e os votos dados à legenda) terá que atingir esse número, *elegendo pelo menos um deputado*, ou ficará excluído das divisões sucessivas mediante as quais todas as 39 cadeiras serão preenchidas. A segunda cadeira caberá ao partido que, após essa primeira divisão, tiver a maior "sobra" de votos e assim sucessivamente.

No momento atual, podemos considerar que estão sobre a mesa três modelos de sistema eleitoral, todos provenientes dos debates havidos no transcurso do Congresso Constituinte de 1987-1988. O primeiro é o sistema proporcional puro, cuja base principal foi descrita no parágrafo anterior. O segundo, praticado principalmente no mundo anglo-saxão, é rigorosamente o oposto: é o modelo majoritário puro, também conhecido como *first-past-the-post*. Nos Estados Unidos, por exemplo, todo o país é dividido em distritos uninominais: cada partido indica um e apenas um candidato para a vaga de cada distrito. Vence o candidato (partido) com maior votação, ficando por assim dizer esterilizados, ou seja, sem representação, o partido ou partidos derrotados.

O terceiro modelo é o impropriamente chamado de "distrital misto", ou "misto alemão", cuja denominação correta é *voto proporcional personalizado*. Trata-se de uma fórmula engenhosa, concebida para atender às preferências do Partido Cristão Democrático, adepto do modelo anglo-saxão (voto distrital puro, ou majoritário puro), e do Partido Social Democrático, inclinado a manter, aprimorando-o, o sistema proporcional, ao qual atribuía boa parte das dificuldades que se haviam verificado na República de Weimar (1919-1933), teoricamente facilitando a ascensão de Adolf Hitler ao poder. Ao contrário do que equivocadamente afirmam alguns autores, o "distrital alemão" é um sistema proporcional, uma vez que a alocação final das cadeiras no conjunto do Parlamento corresponde de maneira bastante próxima à votação auferida nas urnas pelos diferentes partidos. Vejamos como isso acontece. O eleitor tem dois votos. Com o primeiro, ele sufraga uma lista fechada, ou seja, previamente ordenada pelo partido de sua preferência. Com o segundo, ele vota no candidato de sua preferência no distrito onde reside. A fim de obter a desejada representação no Parlamento (Reichstag), um partido tem de atingir um mínimo de 5% dos votos válidos no total do país ou, alternativamente, eleger três candidatos distritais, vale dizer, fazer a maioria em pelo menos três circunscrições locais. A proporcionalidade entre os partidos é obtida pela computação dos votos em lista partidária, totalizados no conjunto do país. O número de cadeiras a que cada partido terá direito será então preenchido com os candidatos que ele tiver eleito por intermédio da lista partidária e com os candidatos que tiverem se sagrado vitoriosos nos distritos, segundo o método majoritário. Não há possibilidade de somar maçãs com laranjas. A representação é obtida por meio do mínimo de 5% da votação válida nacional ou pela vitória em três circunscrições locais. Acrescente-se que os vitoriosos na esfera local conservam seus mandatos, mesmo se o número de eleitos em determinado estado for superior a três.

Incumbido pela Comissão Afonso Arinos de elaborar a proposta pertinente ao sistema eleitoral, optei pelo primeiro modelo alemão, de 1949, que posteriormente passou por diversas modificações (ver anexo técnico, no fim desta seção). Esse modelo pode ser considerado mais "autoritário" do que os posteriores, uma vez que atribuía somente um voto a cada eleitor e estipulava (art. 16, § 1º, do projeto) que "a votação obtida nos distritos pelos candidatos de cada partido servirá como base para a distribuição das cadeiras, tendo em vista assegurar a melhor aproximação possível à proporcionalidade partidária". Com um só voto, as opções do eleitor ficavam restringidas, óbvio; e usando a votação obtida pelos partidos nos distritos uninominais, a proposta inclinava-se muito mais para o "distrital" anglo-saxão que para os modelos proporcionais europeus. Adotei tal formulação por temer uma acelerada fragmentação partidária. Considerei que um período de robustecimento da estrutura seria necessário para a maturação da cultura partidária e também, claro, para conferir um respaldo mais firme à transição do presidencialismo ao parlamentarismo (semipresidencialismo).[61]

[61] Contudo, o "autoritarismo" a que me refiro é relativo. No vigente sistema brasileiro, que qualifiquei como permissivo, o voto dado a um candidato individual na lista de um partido é somado à votação total da legenda, produzindo, por conseguinte, um efeito semelhante ao de minha proposta.

Nessa matéria, nem sempre conseguimos chegar a enunciados ferreamente exatos, mas é geralmente aceito que o *sistema proporcional puro* dificulta a formação de maiorias — ou, mais exatamente, facilita, ou não impede, a multiplicação do número de partidos. O *distrital puro* (majoritário uninominal) produz o efeito oposto, restringindo a proliferação de siglas,[62] ficando o "distrital misto" numa posição mais próxima do modelo proporcional. Por sua lógica intrínseca, o modelo alemão teria provavelmente facilitado a multiplicação dos partidos, mas isso não aconteceu por uma razão que devemos aqui considerar tendo em vista o debate brasileiro. Na Alemanha, a prática de tal modelo tem sido acoplada a uma cláusula de barreira (*SperrKlausel*), equivalente a 5% dos votos válidos no caso da lista e aos referidos três candidatos vitoriosos na vertente distrital. No Brasil, a adoção de uma cláusula de barreira (que nós docemente designamos como "cláusula de desempenho") tem sido discutida com o objetivo de restringir a desordenada proliferação partidária a que temos assistido. Em nosso caso, trata-se de uma hipótese problemática, uma vez que, no Brasil, a totalização dos votos se dá na esfera estadual, não na nacional. Daí resulta que, em cada estado, o quociente eleitoral funciona como uma barreira implícita, à qual seria muito difícil sobrepor outra barreira de, digamos, 5%. Tome-se, a título de ilustração, o caso do Amazonas, representado na Câmara Federal por oito deputados. Para atingir o quociente, um partido precisa atingir 100/8 dos votos válidos, ou seja, 12,5%. Sobrepondo-se a esse percentual mais 5 % de uma barreira explícita, chegamos a 17,5%, um evidente disparate.

Anexo técnico: sistema de governo e sistema eleitoral da República Federal da Alemanha (adaptado de Carstairs, 1980:167-168)

Finda a Segunda Guerra Mundial, o perigo representado ao leste pela zona de ocupação soviética, futura República Democrática Alemã, facilitava o entendimento entre os grandes partidos, no resto do país, na tarefa de reorganizar constitucionalmente a Alemanha. Convidados pelos comandantes militares a assumir tal missão, os 11 governadores (presidentes dos *Länder*) convoca-

[62] Além de facilitar a identificação dos candidatos pelos eleitores e reduzir os custos da eleição, o distrital puro tem a importante vantagem de permitir a implantação do chamado *recall* (plebiscito revocatório), pelo qual os eleitores podem, em tese, "deseleger" um representante com o qual estejam insatisfeitos.

ram um conselho parlamentar que, por sua vez, atribuiu a uma comissão a tarefa de elaborar um projeto de Constituição. Comparada à Constituição de Weimar, a principal alteração foi estabelecer que o presidente da República passaria a ser apenas um chefe de Estado formal, sem poderes relevantes. Importante seria agora o chanceler, ou seja, o primeiro-ministro, cuja investidura dependeria de apoio majoritário no Reichstag. Ao mesmo tempo, a fim de prevenir a ocorrência de um vazio de poder devido a uma oposição eventualmente irresponsável, adotou-se o chamado "voto construtivo de não confiança", vale dizer, a exigência de que um voto de não confiança contra o primeiro-ministro só poderia entrar em vigor se o sucessor no cargo fosse simultaneamente nomeado pela maioria dos membros do Reichstag. Essa inovação criou um sistema parlamentarista responsável, em claro contraste com o sistema semipresidencial da República de Weimar.

No tocante ao sistema eleitoral, a memória negativa de Weimar não impediu que o sistema adotado mantivesse o princípio proporcional. Este ponto é de suma importância, uma vez que, no Brasil, tal sistema é frequentemente designado como "voto distrital misto", expressão portadora de um grave equívoco, o de que se trataria de um sistema majoritário análogo ao dos países anglo-saxões. O princípio proporcional foi mantido, mas tratou-se de chegar a ele por meio de uma operacionalização inteiramente distinta, inspirada no desejo de conciliar propostas antagônicas. Os partidos conservadores, quero dizer, o Cristão-Democrata e seu aliado bávaro, a União Cristã Social, firmaram posição a favor de um sistema majoritário (distrital-uninominal), segundo o modelo anglo-saxão. O Partido Social-Democrata e o Liberal-Democrata insistiram na representação proporcional. Em 1949, chegou-se a um compromisso segundo o qual cerca de 60% dos membros do Reichstag seriam eleitos por maioria relativa em distritos uninominais e os restantes 40% entrariam como membros adicionais eleitos em listas rígidas, de forma a atingir a proporcionalidade partidária em cada um dos *Länder*. Cada eleitor teria direito a um só voto, que serviria para eleger seu candidato no distrito uninominal e, ao mesmo tempo, para apoiar a lista do partido ao qual o candidato distrital pertencesse. Para a alocação das cadeiras, o método D'Hondt seria utilizado, mas, para participar na distribuição dos assentos adicionais, um partido teria de ganhar pelo menos um assento local num distrito ou pelo menos 5% dos votos em um dos *Länder*.

Importantes alterações foram introduzidas em 1953, em parte reforçando e em parte reduzindo o caráter proporcional do sistema. Daquele ponto em diante, só metade (em vez de 60%) dos representantes seria eleita em distritos uninominais, sendo a outra metade eleita por meio de listas partidárias, com o objetivo de atingir a proporcionalidade. Reduziu-se, dessa forma, a chance de as eleições distritais uninominais produzirem desproporções excessivas, que não pudessem ser compensadas pela eleição de membros com base no princípio proporcional. Por outro lado, as cláusulas de exclusão tornaram-se mais severas, passando-se a exigir que a alocação de assentos adicionais ficasse limitada a partidos que tivessem ganhado um assento ou 5% dos votos, não em um *Land*, mas na nação como um todo. Outra mudança, que aumentou a margem de escolha, foi que os eleitores adquiriram o direito de usar dois votos, um para a eleição de um candidato individual (local) e outro para apoiar uma lista, que não precisaria mais ser a mesma do partido ao qual o candidato fosse filiado.

Finalmente, em 1956, novas modificações foram aprovadas, novamente afetando a proporcionalidade em direções opostas. A proporcionalidade entre votos e assentos deveria agora ser estabelecida no nível nacional, sendo então os assentos distribuídos aos partidos nos diferentes *Länder*. Mas as cláusulas de exclusão foram arrochadas ainda mais, uma vez que a alocação de assentos adicionais por meio de listas partidárias ficou limitada a partidos que obtivessem 5% dos votos no nível nacional ou *três* assentos nos distritos uninominais.

Não há possibilidade de combinar os dois critérios. Para ter acesso ao Reichstag, um partido precisa preencher um dos dois critérios: 5% da votação válida nacional *ou* três mandatos majoritários (distritais).

Número de representantes

Outro ponto de suma relevância é o tamanho do Congresso Nacional. A Comissão Afonso Arinos recomendou a manutenção de um tamanho aproximadamente igual ao anteriormente vigente, com quatro deputados e dois senadores por estado. Nesse aspecto, o Congresso Constituinte conseguiu piorar bastante o que existia. Estabeleceu o mínimo de oito deputados por estado e aumentou de dois para três o número de senadores. Ao mesmo tempo, conferiu *status* de Estado aos quatro territórios do extremo Norte, com o que ficamos com um Congresso mastodôntico. Claro, ninguém defenderá que a sociedade brasileira ficaria bem representada por 100 ou 200 parlamentares, mas o número a que se chegou — 513 deputados e 81 senadores — é manifestamente disfuncional. Para comparação, basta lembrar que os Estados

Unidos, com uma população um terço maior que a nossa, mantém há várias décadas uma Câmara de Representantes com 435 deputados e uma Câmara Alta com 100 senadores.

A inevitável complexidade da organização do trabalho parlamentar, o custo astronômico com salários, assessores e pessoal administrativo e outras dificuldades contam só uma parte da história. Pior, sem dúvida, é o equívoco de natureza teórica e histórica subjacente a esse gigantismo. No Paper Federalista nº 55, documento que precedeu a ratificação da Constituição norte-americana, James Madison foi direto ao ponto: "Mesmo que cada cidadão ateniense fosse um Sócrates, ainda assim as assembleias de Atenas não deixariam de ser tumultuadas". Madison nem precisaria ter ido tão longe. A própria assembleia nacional (Convenção) da Revolução Francesa, com 750 membros, foi facilmente levada pela retórica de Louis-Antoine Saint-Just, um estudante de 25 anos, quando decidiu impor a pena de morte ao rei Luís XVI e à rainha Maria Antonieta — decisão que custaria caro à França (Schama, 1989:651).

O equívoco a que me refiro consiste em pensar que o poder da instituição e o poder individual de cada representante crescem indefinidamente com o aumento do total de representantes. Numa democracia bem organizada, o que se requer do Parlamento é poder suficiente para exercer seu papel de contrapeso ao Executivo e ao Judiciário, funcionalidade na organização dos trabalhos e prestígio para recrutar um corpo variado o suficiente para representar a diversidade social e com a competência necessária para cumprir sua função precípua de legislar.

Eis o argumento de James Madison:

> Nada pode ser mais ilusório do que basearmos nossos cálculos políticos em regras aritméticas. Sessenta ou setenta homens podem ser mais confiadamente investidos de determinado grau de poder do que seis ou sete, mas não se conclua daí que seiscentos ou setecentos seriam mais dignos de confiança. E se extrapolarmos a hipótese para seis ou sete mil, todo o raciocínio será invertido. A verdade é que, em qualquer caso, parece ser necessário um número mínimo para assegurar os benefícios de uma livre troca de ideias e a proteção contra possíveis conluios com finalidades inconfessáveis; por outro lado, é indispensável observar-se certo limite máximo, a fim de evitar a confusão e a intemperança das multidões [Madison, Jay e Hamilton, 1984:442].

Aceitando sugestão minha, a Comissão Afonso Arinos recomendou manter dois senadores por estado e reduzir o número de deputados federais dos então existentes 487 para 420. Baseando-se em estimativas populacionais por região para 1990, tal proposta pretendia evitar o Cila de bancadas demasiado exíguas, incapazes de desempenhar adequadamente seu papel, e o Caríbdis de uma muito numerosa, que fatalmente acarretaria as deficiências precedentemente assinaladas. Contemplava, adicionalmente, uma moderada correção das tradicionais desproporcionalidades entre as bancadas e as populações dos respectivos estados.

Tabela 6
População das regiões e proposta da Comissão Afonso Arinos para a representação dos estados na Câmara dos Deputados

	% da população projetada para 1990	% na Câmara	
		Regiões	1990 (proposta)
Norte	5,73	9,65	9,01
Nordeste	28,78	30,60	29,61
Sudeste	43,84	34,70	38,81
Sul	14,66	16,84	14,99
Centro-Oeste	6,98	8,21	7,59
Total (= 100)	(151 milhões)	(487)	(420)

Fonte: elaborada pelo autor.

Renovação da classe política

Uma providência que merece ser discutida, com vistas principalmente à renovação do corpo de representantes, é a admissão de candidaturas avulsas. Vejamos como tal hipótese poderia ser implementada. No modelo atual, como foi indicado, o acesso à Câmara se dá por uma única "rampa" — a rampa partidária. Sendo a indicação de candidatos uma prerrogativa exclusiva dos partidos, não existe alternativa. Contudo, não descabe conceber uma rampa paralela, a das candidaturas avulsas, pela qual possam concorrer tantos candidatos quantas sejam as cadeiras atribuídas ao respectivo estado. Escusado frisar que o candidato inscrito por uma rampa não poderia se inscrever pela outra. E mais: se o objetivo dessa inovação é agilizar a renovação do Parlamento, a rampa avulsa poderia ser reservada a candidatos que não hajam previamente exercido mandato público eletivo. A primeira objeção que vem à mente é que essa segunda rampa atrairia um número muito grande de candidatos, variando do mais sério a uma enxurrada de aventureiros. Muitos se apresentariam apenas para divulgar o nome ou com vistas a auferir algum benefício colateral. É óbvio que tal possibilidade precisaria ser impedida.

Não se requer muita argúcia para perceber que, nesses aspectos, o Brasil vive ainda a prolongada entressafra iniciada na transição do ciclo militar para o regime civil. A qualidade intelectual média dos representantes não é especialmente notável. A organização dos trabalhos parlamentares transcorre sob a maléfica influência da desabrida proliferação de partidos escassamente relevantes, e tais partidos, como é de conhecimento geral, são manejados autocraticamente por seus dirigentes, que, com as exceções de praxe, fazem o que podem para impedir o acesso de novas caras ao Parlamento. Nesse aspecto, é preciso lembrar que, no Brasil, os partidos detêm o monopólio da indicação de candidatos. Só indivíduos filiados a um dos partidos políticos com pelo menos um ano de antecedência qualificam-se para a disputa de uma cadeira (valendo tal regra para os três níveis da Federação). E mais: a lei não estabelece limites quanto à reeleição, tendo o eleito a prerrogativa de exercer quantos mandatos quiser, contanto que se reeleja. Esse, evidentemente, é o retrato falado de um Parlamento em marcha batida para a petrificação, vulnerável a todo tipo de irresponsabilidade e incapaz de se opor com a necessária altivez ao populismo plebiscitário.

9

Urbi et orbi: questões atuais da democracia

Durante o último quarto do século 20, os governos dos países desenvolvidos, Estados Unidos à frente, bem como organizações regionais e uma extensa gama de associações privadas, passaram a atuar com desembaraço com o objetivo de ampliar a presença da democracia representativa no Terceiro Mundo.[63]

O ponto de partida dessa postura mais atuante foi evidentemente o colapso da União Soviética e de seus satélites no Leste Europeu. Aquele impulso inicial parecia haver aberto espaço para uma promissora nova era. Em vez de colecionar hipóteses pessimistas sobre os "antecedentes" ou "pré-requisitos" dos regimes democráticos, passou-se ao entendimento de que estes poderiam se constituir em qualquer parte do mundo, mesmo em países onde tal forma política era antes considerada inviável. Dito de outro modo, a mencionada mobilização trazia implícita uma importante revisão teórica — a de que a construção da democracia não depende de condições prévias, podendo florescer em qualquer comunidade nacional, embora admitindo que tal construção seria mais difícil em condições de extrema pobreza e em países carentes de um mínimo de organização estatal. Subproduto do término da Guerra Fria, esse novo entendimento interligou-se de diversas formas à globalização, ao incremento do comércio mundial, à revolução nas comunicações e à consagração de uma doutrina internacional de direitos humanos, cujo grande marco inicial foi a conferência de Helsinque de 1973 (Diamond e Plattner, 1993). Neste capítulo, farei referência à reversão desse otimismo nas últimas

[63] Um exemplo digno de nota foi a criação, em 2001, do Clube de Madri, organização integrada por ex-presidentes e primeiros-ministros empenhados em apoiar internacionalmente a democracia.

duas décadas e suscitarei algumas outras questões a respeito da democracia no mundo contemporâneo.

Como ponto de partida, é essencial termos em conta que a democracia como hoje a entendemos é um indivíduo histórico recente. Até a virada do século 19 para o 20, com a parcial exceção da Inglaterra e dos Estados Unidos, o sistema representativo não diferia muito daquilo que no início da era moderna se designava como *dominium politicum*. Mais amplo que um *dominium regale*, o *dominium politicum* podia ser descrito como um condomínio de grandes senhores, que se ampliava ou se contraía um pouco de acordo com as circunstâncias. Assim, a indagação que nos deve inicialmente ocupar diz respeito a esse *statu nascendi*, o *dominium politicum*, que culmina nas democracias representativas que hoje conhecemos, assentadas sobre eleitorados de massa e procedimentos bem estabelecidos para o acesso ao poder pela via eleitoral.

A ideia de "pré-requisitos" é parte intrínseca dessa trajetória, remontando ao século 19. Geralmente se considerou que uma estrutura de Estado robusta, capaz de delimitar, arbitrar e pacificar um embrionário "espaço eleitoral", seria uma condição necessária. E, realmente, como imaginar o enfrentamento periódico entre partidos, cada um deles mobilizando milhões de eleitores e não necessariamente dispostos a acatar o resultado das urnas, sem uma força maior — um Estado — capaz de garantir o cumprimento das regras e os resultados do jogo? Intuitivamente, parecia seguir-se que a "construção do Estado" seria uma condição *prévia* necessária. A dificuldade, como tentarei mostrar a seguir, está no adjetivo "prévia". Retomando a argumentação desenvolvida na primeira parte deste livro, insistirei em que o Estado-condição-necessária não deve ser entendido como uma "anterioridade" rigorosa e estanque, mas como um processo consubstancial à própria organização e consolidação institucional da democracia.

Parece-me, com efeito, que entre a nova noção de uma construção institucional quase sem "pré-requisitos" e a que antes vigorava nos meios políticos e pensantes, há uma distância considerável. Uma década atrás, numa reação inusitadamente taxativa, Fukuyama (2004:17) reiterou a visão tradicional:

> Acontecimentos mundiais recentes põem novamente em relevo esta verdade: para se ter um Estado democrático, é preciso primeiro ter um Estado, ponto final. Entre os desafios de nossa época, nenhum supera a necessidade de criar Estados viáveis onde eles foram destruídos ou mal chegaram a existir.

No mesmo sentido interveio Whelan (1983:40):

> [o conceito de democracia refere-se] a um método de decisão coletiva, ou de autogoverno, [e, em consequência] não pode ser aplicado à questão logicamente anterior, que é a própria constituição da comunidade política, cuja existência a democracia pressupõe.

Como se vê, na acepção restritiva que lhe dão Fukuyama e Whelan, geralmente acolhida pelos historiadores, "construir o Estado" significa estabelecer a soberania, vale dizer, fixar as fronteiras do território e estruturar um aparelho burocrático e militar capaz de controlar as atividades que têm lugar em seu âmbito. É, portanto, um processo *não democrático,* independentemente do grau em que os "construtores" recorram à violência para iniciá-lo. No Brasil, o entendimento dominante, de uma ponta a outra do espectro ideológico, sempre foi o vocalizado por Fukuyama e Whelan. Desde o século 19, entre os principais políticos, intelectuais e publicistas, muitos sustentaram que a democracia só poderia se enraizar e prosperar quando o país viesse a possuir uma organização estatal robusta e atingisse níveis relativamente avançados de desenvolvimento econômico, social e educacional.

Antes de entrar na substância da questão, entendamo-nos, porém, quanto ao conceito de democracia. Definições, como sabemos, são em última análise arbitrárias. Devem ser avaliadas por sua utilidade. Se alguém quiser restringir o conceito de democracia a países apenas habitados por anjos vestidos de cetim rosa ou azul-claro, nada impede que o faça. O problema é que tal definição não será útil, dado que poucos países terão percorrido uma trajetória tão simples e suave, e democracia será então um termo totalmente abstrato e inútil. No sentido hoje quase universalmente aceito pelos próprios *practitioners* da política e evidentemente pelos cientistas políticos e juristas, são democráticos os regimes nos quais o acesso legítimo ao poder se dá mediante eleições periódicas, limpas e livres, nas quais a maioria, ou pelo menos uma parte expressiva da população adulta, tenha o direito de participar. Esse é o caminho legítimo: "*the only game in town*", na feliz expressão de Juan J. Linz.[64] Nessa acepção, a democracia tem mais a ver com estruturas e práticas

---

[64] O professor Juan Linz recorria com frequência a essa expressão, "*the only game in town*", para frisar que a vitória em eleições limpas e livres é o único caminho para o acesso legítimo a um cargo eletivo. Para uma discussão detalhada dessa magna questão da democracia representativa, ver Linz e Stepan (1978:27-38).

institucionais que com resultados substantivos (*outcomes*); estes certamente variam no tempo e de um país a outro.[65] Tal proposição parece-me implicar três consequências importantes. *Primeiro*, a democracia não é um ponto de chegada — a situação a que um país chega após atingir um nível elevado de desenvolvimento material —, mas justamente o contrário: é uma estrutura institucional que facilita o equacionamento dos conflitos com o mínimo possível de violência. *Segundo*, nenhuma construção política — nem a do Estado, nem a da democracia — tem início num solo consensual; elas nascem como parte intrínseca de uma trama de conflitos materiais, culturais, religiosos, linguísticos ou de qualquer outra natureza. Nunca é demais lembrar que, mesmo nos Estados Unidos, o reconhecimento da legitimidade do adversário, sem o qual não há como imaginar disputas eleitorais pacíficas, configurou-se por volta de 1830. O discurso de despedida do presidente George Washington, em 1800, foi ainda uma severa advertência contra os riscos de um país dividido em "facções". *Terceiro*, um país dificilmente atingirá as duas condições anteriores sem um compromisso escrito — um pacto ou Constituição — entre as partes relevantes. Ou seja, uma opção explícita por um regime representativo, orientado para a resolução pacífica das contendas, é essencial para a construção do Estado e da democracia, o que desde já afasta a ideia de que o Estado seja uma simples ossatura burocrática. No Brasil, dado o viés anti-institucional de nossa cultura política, esta proposição tem permanecido em segundo plano, subestimando-se e não raro tratando-se com deboche a Constituição de 1824, à qual seguiu-se de imediato a instalação (obviamente embrionária) da maquinaria eleitoral e judiciária.

É escusado frisar que as proposições acima estão formuladas num nível de alta abstração. Em termos empíricos, é óbvio que o subsistema político mantém complexas relações de mútua influência com os subsistemas econômico, social e cultural. Os referidos enunciados podem parecer simples

---

[65] Janowitz e Marvick (1955) enumeram quatro requisitos para que um sistema político possa ser considerado democrático: (1) as autoridades (*decision-makers*) são escolhidas por meio de um processo formalizado e competitivo de eleições; (2) o exercício do poder se dá dentro de um sistema de pressões competitivas; partidos políticos e grupos de interesse atuam continuamente no sentido de influenciar as políticas públicas (*policies*); (3) em certa medida, o poder é restringido pelo consentimento popular, que se corporifica num mecanismo institucional, tipicamente num parlamento; (4) o exercício do poder é também restringido por mecanismos institucionais (a Constituição, o império da lei) concebidos para proteger interesses individuais, de minorias e de agentes privados em geral.

nesse nível, mas revelam-se sumamente complexos quando considerados no plano histórico-empírico. O ponto a ressaltar é que os conceitos de Estado e democracia designam um subsistema — um conjunto de estruturas e práticas institucionais, que interage de várias formas com o sistema total da sociedade, mas que com ele não se confunde, nem empírica nem analiticamente.[66] Entre o desenvolvimento das instituições políticas democráticas e a democratização "substantiva" — ou seja, entre as lutas pela "liberdade" e as que visam à "igualdade" — há uma tensão inevitável. Sem dúvida, a democracia, quero dizer, o subsistema político-institucional a que denomino democracia, opera sob condições muito adversas em sociedades marcadas pela pobreza e por fortes desigualdades de renda e riqueza. De Lipset (1981) a Przeworski et al. (2000), numerosos pesquisadores insistiram nesse ponto, postulando que as democracias se mantêm extremamente instáveis em países situados num patamar inferior a, digamos, US$ 5 mil de renda anual *per capita*.

A metáfora *hardware* × *software* pode ser um complemento útil ao raciocínio que estamos tentando expor. Nossa tese é a de que a construção do sistema representativo se assemelha ao desenvolvimento de um *software*. É inconcebível sem um *hardware* apropriado, mas a recíproca é verdadeira: sem tal *software*, o *hardware* é apenas uma máquina inerte, incapaz de desempenhar as funções que dela esperamos. Assim, o Estado delimita as condições necessárias ao funcionamento do subsistema representativo, mas o desenvolvimento deste será, por sua vez, mais bem entendido se o virmos como uma parte integrante do Estado.

Para bem aquilatar o alcance do que se expôs, tomemos a ideia de "construção do Estado" em sentido amplo: não apenas como a fixação territorial e burocrática da soberania, mas como uma tessitura de organizações e institui-

---

[66] Por essa definição, sabemos que cerca de 100 países são hoje aceitavelmente democráticos, uns mais e outros menos. Tal como acontece em relação às universidades de todo o mundo, existem atualmente entidades idôneas que comparam as democracias. Trabalho complexo, sem dúvida, mas melhor que o mero palpite individual. Seus resultados permitem-nos afirmar que a democracia é "melhor" (tem boa "qualidade", encontra-se mais bem organizada) nos países A, B e C; é mediana em P, Q e R; e ruim, pouco se distinguindo de regimes ditatoriais, em X, Y e Z. A revista *The Economist*, por exemplo, faz periodicamente uma classificação dos regimes políticos, recorrendo obviamente a dezenas de critérios e ouvindo muitos especialistas, a fim de assegurar resultados tão objetivos quanto possível. Entre as 100 geralmente consideradas melhores, o Brasil costuma aparecer entre o 40º e o 50º lugar. Com base em indicadores políticos e judiciais de 179 países, o professor Hans-Joachim Lauth, diretor do DeMax, instituto de pesquisas sediado na Alemanha, afirmou, em 2019, que o mundo passava por um processo de "desdemocratização".

ções capaz de acomodar interesses, moderando-os e contendo-os nos limites de um jogo político legítimo. Isso significa que, já em si, o conceito de política implica alguma representação da diversidade social.[67] Entre o limite mínimo de complexidade — o simples Estado-soberania ou Estado-ossatura burocrática — e o limite máximo — o Estado democrático em sua plena configuração —, existem muitos graus a considerar. Nem mesmo o Estado-soberania, realidade primária que Whelan (1983) considera por definição não democrática, pode se estruturar exclusivamente com base na força. Entre a mera força e a democracia, a política se interpõe, pois dela depende, em última análise, a estabilização (sempre relativa) das relações de poder, sem a qual não há como dispensar o constante recurso à força. Não foi esta, afinal, a lição de Maquiavel?

Segue-se que o Estado é muito mais que a soberania — ossatura que em certos casos precede e delimita o processo político e a própria democracia. A realidade propriamente estatal, como escreveu Heller (1968), é uma "unidade de ação e decisão", uma capacidade contínua de assegurar a convergência de uma multiplicidade de indivíduos e organizações para que ajam *como se fossem* um ator dotado de certa unicidade. Objeto de frequente mistificação, essa unicidade não é um dado, não nasce naturalmente da "alma do povo" ou da vontade do *Führer*, nem é decorrência automática do mercado ou de uma hierarquia burocrática, por robustas que estas sejam. Eis o paradoxo: a "unidade de ação e decisão" a que Heller se referiu precisa ser continuamente recriada e compatibilizada com o jogo político por meio do qual a sociedade expressa sua diversidade.

Eis o paradoxo: no mundo moderno, a representação democrática da diversidade tende a se transformar numa condição *sine qua non* da própria manutenção do Estado como ator unitário. A autonomia e a coesão do poder público — sempre relativas — não residem na estrutura óssea em si, mas nos órgãos vitais que ela abriga e no fluxo sanguíneo que a percorre.

No que tange às democracias, bem mais exato que a ideia de pré-requisitos é dizer, como sugeri no capítulo 1, que: (1) a construção da máquina burocrática do Estado dá-se *pari passu* com a fundação do sistema representativo; (2) a democracia é essencialmente uma engrenagem voltada para o equacionamento dos conflitos sociais com o mínimo possível de violência; (3) sendo assim, *a*

[67] Enquanto burocracia e organização — lembrava Malan (1981:113) —, "parte do Estado é permeável ao controle social por distintas forças sociopolíticas. Enquanto pacto de dominação, o Estado requer contínuos esforços de atualização das múltiplas alianças que constituem sua base social".

perda de eficácia da máquina burocrática (executiva) do Estado — e mais ainda a perda de eficácia pelo conjunto das instituições nos três poderes — representa um risco para a democracia.

O que foi dito ajuda-nos a compreender a peculiar vulnerabilidade dos Estados totalitários. Nesses, a ascensão a cargos públicos se faz por cooptação, e a homogeneidade é imposta por meio de um incessante processo de intimidação — no limite, pelo terror —, levado a cabo simultaneamente pelo partido, pela polícia secreta e por uma variedade de aparatos ideológicos. A Alemanha nazista não durou o suficiente para sedimentar uma verdadeira estrutura de Estado, mas a URSS sim, e um único aspecto de seu colapso basta para ilustrar o argumento exposto. Nos últimos meses do sistema soviético, perplexo o mundo inteiro se perguntava por que Gorbatchev parecia incapaz de preservar a federação soviética — perplexidade a seguir endereçada a Boris Yeltsin. O problema, como frisou Malia (1994:485-489), é que, a rigor, não existia uma federação soviética, ou, retomando minha terminologia, a federação soviética era um *dominium regale*, mas não um *dominium politicum*. Não havia uma teia de relações verdadeiramente políticas capaz de unir as repúblicas, amalgamando-as e ao mesmo tempo expressando (representando) as divergências que existiam entre elas e entre todas elas e o poder central. Os mecanismos que as enlaçavam, como a tudo o mais no império soviético, eram o Partido Comunista e o aparelho repressivo, cuja desagregação haveria fatalmente de levar ao desmoronamento de todo aquele vasto edifício. A China atual não é uma federação; é uma máquina de governo marcadamente totalitária, que controla sua imensa população mediante mecanismos análogos aos da extinta União Soviética. O Comitê Central do Partido Comunista mantém tal máquina, e, por intermédio dela, toda a sociedade, sob férreo controle, embora o nível de regulação da economia seja incomparavelmente inferior ao da URSS. Por outro lado, a China atual tem atrás de si cinco milênios de história, sem um dia sequer de democracia ou diversidade associativa. Sua cultura política carece por completo das nuances ocidentais e mesmo individualistas que a Rússia czarista conheceu. A interrogação que se impõe, portanto, é se o dinamismo econômico e tecnológico da China autoriza alguma especulação sobre um futuro democrático. Sustentar uma resposta positiva requer um esforço heroico e uma dilatada perspectiva temporal.

Liberdade × igualdade?

Do que foi dito não cabe inferir que os *outcomes* substantivos (sociais, econômicos, culturais) careçam de importância. Entre o desenvolvimento das instituições políticas e a democratização "substantiva" da sociedade — ou seja, entre as lutas que objetivam a "liberdade" e as que visam a "igualdade" —, há uma tensão inevitável; e seria uma imensa ingenuidade ignorar que a construção da democracia é muito mais difícil em sociedades marcadas por fortes desigualdades de renda e riqueza. Assim, no que tange à base econômica, embora não me pareça que a formação da democracia dependa estritamente de condições *prévias*, tenho por evidente que ela requer um reforço mútuo entre a expansão da base material e a progressiva supressão das desigualdades que a consciência social venha a considerar ilegítimas, por um lado, e a progressiva fixação do subsistema representativo, pelo outro. Com base numa diversidade originária, preexistente ou instaurada após o colapso de alguma autocracia primitiva, a complexidade pouco a pouco se acentua com a mobilidade geográfica e social da população, configurando-se como uma *poliarquia* (lembro aqui o conceito de Robert Dahl, 1971), isto é, uma pluralidade competitiva de elites, organizações e outras pirâmides de poder social. Constitui grave equívoco supor que a paulatina configuração da democracia com base nos dois mencionados vetores seja linear ou isenta de retrocessos. Bem ao contrário, o que estamos tratando de delinear é uma prolongada construção histórica, que se efetiva por tentativa e erro. Suponhamos, numa visualização cartesiana, que o eixo vertical corresponda à constituição do subsistema representativo e o horizontal à progressiva desconcentração do poder social, ou, se preferem, ao aumento da mobilidade social. Por limitada que seja, a diversidade preexistente (ou instaurada após a quebra de uma ditadura primitiva) aos poucos se metamorfoseia num espaço eleitoral precariamente regulado, mas suficiente (ou não!) como uma plataforma a partir da qual o poder paulatinamente se pluralize e se torne *poliárquico*. Uma trajetória demasiado vertical (fortalecimento do subsistema representativo sem avanços no sentido de erodir a estratificação socioeconômica) pode elitizar em excesso o sistema e levar a uma democracia anêmica. Uma inclinação acelerada no sentido horizontal (a busca da igualdade) envolve o risco oposto: o de sobrecarregar a capacidade decisória com demandas dificilmente atendíveis, estimulando enfrentamentos radicais — pretorianos, populistas, "movimentistas" ou de qualquer outra natureza —, que fatalmente enfraquecerá o embrionário arcabouço da representação política. Partindo, como assinalei, de condições assaz adversas, o que se colima é a constituição de um poder arbitral, o reconhecimento mútuo de sua legitimidade pelos contendores na arena eleitoral e, o ponto mais difícil, a normalização da alternância no poder.[68]

Para não dizerem que não falei de flores, faço a seguir uma breve menção da hipótese otimista explícita ou implicitamente presente em grande parte da literatura sociológica e política. Nesse caso, tratar-se-ia de uma evolução sem maiores solavancos no sentido de uma sociedade relativamente igualitária e de uma democracia efetiva e estável. Partindo de uma situação em que a maioria vive em condições de extrema penúria e se verificam altos índices de concentração da renda e da riqueza, passaríamos por um período intermediário em que a diversificação política aumentaria *in tandem* com a melhoria do piso e o aumento da mobilidade social, até atingir um patamar no qual a alternância no poder se processa sem maiores abalos e a economia sustenta um número absoluto expressivo de pessoas com renda adequada, um piso de bem-estar aceitável e chances efetivas de mobilidade social ascendente. Da mobilidade geográfica e ocupacional em geral surgem subprodutos favoráveis à legitimidade das instituições, como o afrouxamento dos vínculos de deferência ou subordinação social, a afirmação de identidades individuais e mais espaço para a diversificação e a formação de identidades coletivas (uma "sociedade civil"). A progressão nesse sentido repercute na dimensão moral da cultura política, tornando as antigas práticas clientelistas e a coação eleitoral não apenas dispensáveis, mas claramente condenáveis aos olhos das camadas sociais "portadoras" da consciência moral da sociedade. Ao longo de tal trajetória, instaura-se, dessa forma, um círculo virtuoso, à medida que aumentam o número de cidadãos e o peso político de líderes propensos a valorizar o jogo democrático como um fim em si mesmo.

Quanto à experiência brasileira, não há dúvida de que a relativa complexidade política e eleitoral existente durante o período imperial deve ser incluída entre os elementos propulsores da evolução no sentido democrático que se iria dar com a proclamação da República, durante o regime constitucional de 1945-1964 e mesmo, com as devidas ressalvas, sob o regime militar de 1964-1985. A "construção do Estado" baseou-se na Constituição imperial de

---

[68] Desde o século 19, numerosos intelectuais e líderes políticos têm imaginado superar essa inevitável tensão por meio de uma confusa noção de "democracia social", conceito que me dispenso de retomar após meu extenso arrazoado sobre a construção histórica dos Estados e democracias.

1824 e na solução dada às crises da Regência — notadamente a antecipação da maioridade de dom Pedro II —, ambas evidenciando a familiaridade da elite dirigente com a filosofia política liberal-representativa. A era getulista, embora tenha relançado um patrimonialismo que parecia moribundo e pago um alto tributo à atmosfera fascista de que o país se impregnara, também contribuiu para a dilatação da arena política, mediante as reformas eleitorais de 1932-1934. O próprio regime militar, ao manter parcialmente os mecanismos eleitorais existentes, rendeu uma homenagem oblíqua à tradição liberal.

Entre as causas do colapso do regime de 1946, uma das mais importantes, como argumentei no capítulo 4, foi a condensação de vários tipos de antagonismo em torno de uma clivagem básica, a do getulismo × antigetulismo, reavivada e ideologizada pelo contexto da Guerra Fria, notadamente após a renúncia de Jânio Quadros. A luta pela redemocratização ganharia *momentum* em meados dos anos 1970, sob a forma de uma abertura pela via eleitoral, processo que se estendeu por mais 11 anos, se contado a partir da eleição de 1974. A etapa final da transição teve de ser cumprida num ambiente de forte instabilidade macroeconômica, durante o governo Figueiredo, o último general presidente, e durante toda a década de 1980. Ainda assim, em linhas gerais, a expansão do eleitorado, o desenvolvimento dos meios de comunicação, a emergência da "sociedade civil" e a consolidação da Justiça Eleitoral como órgão de gerenciamento e arbitragem do processo eleitoral compensaram em boa medida os *handicaps* históricos do país.

Extensão do ideal democrático a instâncias privadas e ao governo local

O que dizer, porém, da questão inversa, isto é, da extensão do modelo democrático à vida interna de organizações e instituições tradicionalmente entendidas como "privadas"? Esta candente questão contemporânea remonta aos debates do segundo pós-guerra sobre a ascensão do nazismo na Alemanha. Numerosas análises sociológicas, obras literárias e produções cinematográficas responsabilizaram a "incongruência" entre a democracia na esfera macropolítica e o autoritarismo nas relações de trabalho, na educação e na família como uma das causas da fragilidade da democracia alemã no período entreguerras. No último quarto do século 20, inquirições dessa natureza ressurgiram por toda parte, graças principalmente à constituição de uma doutrina dos "direitos humanos", entendida como um conjunto de preceitos implementáveis e de validade universal. No Brasil, de modo equivalente, o retorno ao regime civil, em 1985, intensificou o debate público sobre a alegada sobrevivência de uma cultura autoritária disseminada entre variados níveis da estrutura social.

Entretanto, passar do nível macro ao micro não é uma operação tão simples como possa parecer. Muitos autores procedem com inaceitável simplismo, como se entre aqueles dois níveis houvesse um rigoroso isomorfismo, vale dizer, uma mesma configuração de problemas, processos e valores. Pode ser que a aplicação de modelos macro de controle democrático ao âmbito interno dos sindicatos e das empresas, e ao de entidades "não políticas" como a igreja, a universidade ou a família, seja hoje mais plausível que há 50 ou mesmo há 30 anos, mas por certo não o é a ponto de integrar o próprio núcleo do conceito de democracia. Não sobrariam democracias no mundo se tomássemos a realização prática e completa desse ideal como requisito *sine qua non* do sistema político democrático no nível macro. É certo que a adesão a movimentos de combate à violência e ao verticalismo da autoridade na esfera da família vem crescendo visivelmente — uma ótima notícia. Essa, porém, é uma campanha recente e fadada a alcançar resultados desnivelados em função dos diferentes contextos sociais, inclusive no Primeiro Mundo. Outro exemplo: a generalização de práticas "participativas" em grandes empresas, fenômeno associado a mudanças na tecnologia e na organização dos processos produtivos, é um fenômeno recente, e não possui o caráter imperativo dos procedimentos democráticos macrossociais. Em relação aos sindicatos, estudos realizados em diversos países revelam práticas internas que vão dos mais louváveis experimentos participativos a situações de puro gangsterismo (Rodrigues, 1999). O nunca assaz louvado *self-government* anglo-saxão está também a exigir uma análise mais sóbria. Nos anos 1950, Norton Long (1957) e Floyd Hunter (1953), com argúcia e grande antecedência em relação ao *mainstream* da ciência política, acertadamente argumentaram que algumas das grandes cidades dos Estados Unidos e um grande número das pequenas eram governadas de maneira francamente autoritária, em evidente discrepância com os valores consagrados pela Constituição Federal. Também no caso de relações interétnicas, é importante ter em conta a perspectiva temporal. Os EUA, tidos como modelo de democracia para o resto do mundo desde o século 19, não o seriam se a plena garantia dos direitos civis e da igualdade jurídica e política entre brancos e negros fosse tomada como um requisito *sine qua non* da democracia. Os avanços logrados pela abolição da escravatura demoraram muito a ser observados, e nunca é demais lembrar que foi só em 1954, no episódio de Little Rock, que a segregação racial no transporte escolar começou a ser interditada, graças à intervenção da Suprema Corte. Incidentes inacreditáveis de violência policial contra negros continuam a acontecer com perturbadora regularidade. Em conexão com o racismo, o estudo *An American dilemma*, de Gunnar Myrdal, permanece como uma referência obrigatória.

Democracia "consociativa" ou majoritária?

Como decorrência de opções constitucionais ou de circunstâncias especiais de evolução histórica, os formatos institucionais das democracias representativas diferem bastante entre si. Uma diferença crucial, diversas vezes mencionada neste livro, é a que se observa entre os formatos consociativo (ou por consenso) e o majoritário (também conhecido como modelo Westminster). O modelo consociativo, como já se notou, expressa um ideal de democracia no qual o poder de veto das minorias é mais importante que a formação de maiorias aptas a assumir plenamente as responsabilidades de governo. Hostil à tradição anglo-saxã do governo de maioria, o modelo consociativo norteia-se pelo princípio da busca do consenso mediante tramas institucionais complexas, mais voltadas para a dispersão e a diluição que para a concentração do poder político. É evidente que tais alternativas envolvem um *trade-off*: levadas a extremos, ambas são com certeza inviáveis e indesejáveis.

Principal advogado do modelo consociativo na ciência política contemporânea, Lijphart (1999:33) afirma:

> Em sociedades profundamente divididas, como a Irlanda do Norte, o governo de maioria favorece mais a ditadura e a guerra civil que a democracia. O que sociedades desse tipo precisam é de um regime democrático que priorize o consenso, e não a contestação, que inclua em vez de excluir, e que procure maximizar o tamanho da maioria governante em vez de se satisfazer com a maioria simples. O modelo consensual é apropriado mesmo para países menos divididos, mas ainda heterogêneos, e é uma alternativa razoável para o modelo Westminster [inglês, majoritário] mesmo em países bastante homogêneos.

Mas será o Brasil uma sociedade "profundamente dividida" a ponto de necessitar do complexo gradiente de obstáculos que distingue as democracias consociativas ou consensuais? Um primeiro ponto a considerar é que tais democracias pretendem expressar e proteger um pluralismo social e cultural subjacente, antigo, e não meras facções ou agrupamentos político-eleitorais. Existem sociedades mais pluralistas que a brasileira, em termos étnicos, religiosos ou linguísticos, cuja estrutura política é menos consociativa que a nossa. Não se trata, por conseguinte, de uma correlação ponto por ponto. A um dado índice de pluralismo social não corresponde necessariamente determinado nível de pluralismo político. Isto significa que uma reflexão séria sobre a disjuntiva maioria × consenso requer, como um fundamento imprescindível, uma inquirição prévia sobre o pluralismo de que se trata em cada caso. No Brasil, o conflito político é praticamente unidimensional, centrado em desigualdades derivadas da distribuição da riqueza, da renda e da escolaridade entre as classes sociais. No máximo, caberia acrescentar as regiões, no pressuposto de que as clivagens inter-regionais não se reduzem às de classe. No que concerne à remuneração, há importantes diferenciais em função da cor e entre homens e mulheres, mas poucos analistas incluiriam esses dois fatores entre os principais determinantes do comportamento político individual ou da organização dos partidos. De fato, no Brasil, a desigualdade de renda e riqueza é dramática, mas diferenças entre etnias, religiões e grupos linguísticos têm pouco ou nada a ver com alinhamentos políticos; por esses critérios, o Brasil é muito menos heterogêneo que a Índia, a África do Sul, e mesmo os EUA. A extensão territorial e a tradição federativa sem dúvida requerem certa complexidade institucional, mas daí a considerar que o país necessita de engrenagens institucionais marcadamente consociativas vai uma grande distância.

A adoção de mecanismos consociativos têm como objetivo reforçar o pluralismo, protegendo as minorias contra maiorias compactas e potencialmente opressoras. Assim, a afirmação de que a estrutura política brasileira mantém estreito parentesco com o modelo consociativo de democracia pode soar insólita, merecendo, portanto, ser explicada. Decerto não é essa a imagem que vem à mente quando evocamos o conjunto da história política brasileira: o longo domínio exercido por oligarquias e, no século 20, os 29 anos vividos sob regimes autoritários (oito no Estado Novo e 21 no regime militar pós-1964). Tampouco é de "consenso" a imagem sugerida pela hipertrofia do Executivo, tradicionalmente detentor de amplíssima iniciativa legislativa, na qual se incluem os antigos decretos-leis e a atual prerrogativa de editar "medidas provisórias" — instrumento de teor democrático mais que duvidoso. De fato, a hipertrofia "executivista" e autoritária dificultou durante muito tempo o reconhecimento da característica oposta, mas não menos básica, de nossa tradição institucional: a de que a espinha dorsal de nosso subsistema representativo (eleitoral, partidário e federativo) orienta-se muito mais no sentido do bloqueio do que no da tomada e implementação de decisões. A imagem de concentração e verticalismo, se não de truculência e arbítrio, a que se chega pela observação do ápice executivo contrasta vivamente com a que se obtém pela análise do sistema eleitoral fundado numa versão singularmente permissiva e individualista da representação proporcional; do sistema partidário, que é plural, fragmentado até as raias do absurdo e escassamente dotado de controles democráticos formais no interior de cada agremiação; do funcionamento interno das casas legislativas, que prevê representação proporcional dos partidos nas comissões e na Mesa Diretora, entre outros contrapesos; da estrutura federativa, com seus três níveis igualmente autônomos; da organização judiciária, descentralizada, e mesmo de arenas menos visíveis, como o Confaz — conselho formado pelos secretários estaduais de finanças —, que decide por unanimidade. Examinados esses mecanismos em sua conformação individual e em suas inter-relações, salta aos olhos que, em sua vertente representativa, o sistema político brasileiro pende muito mais para o lado consociativo que para o majoritário.[69]

Como indiquei no capítulo 4, não se trata de acaso: o consociativismo brasileiro medrou no mesmo chão do qual brotou o hiperpresidencialismo. Nasceu como um sistema de freios, um arcabouço que forçava a presidência plebiscitária a acomodar-se a uma preexistente diversidade oligárquica. No último quarto do século 20, o plebiscitarismo parece ter sido em parte atenuado, mas o padrão consociativo de representação eleitoral, partidária, federativa e parlamentar incrustou-se ainda mais nas leis e na cultura política. Com o agravante de que as "minorias" cujo fortalecimento as engrenagens de consenso facilitam não são posições minoritárias que em tese devessem receber especial atenção e tratamento diferenciados. São minorias tão somente no sentido político, não no étnico, racial ou religioso. Ou seja, os beneficiários dos subsídios de poder que tais engrenagens asseguram e petrificam são agrupamentos políticos convencionais. Claros exemplos disso são a super-representação de pequenos Estados dominados por antigas oligarquias na Câmara e o virtual poder de veto que pequenos partidos têm exercido sobre propostas de refor-

---

[69] Sobre as instituições judiciárias, ver Sadek (2000), Arantes (1997), Castelar (2000) e Werneck Vianna (2002).

ma voltadas para uma melhor ordenação da estrutura partidária. Eis aí, em grandes linhas, a problemática combinação institucional brasileira: de um lado, um presidencialismo permeado por expectativas e símbolos populistas e plebiscitários, no qual o Executivo é visto e frequentemente se vê como mais legítimo e até como eticamente superior ao Legislativo e ao Judiciário; de outro, o arcabouço representativo, que, entre nós, leva a limites incabíveis os objetivos consociativos de facilitar o acesso e garantir pisos de representação a pequenos grupos ideológicos, corporativos e regionais.

Na discussão apresentada, limitei-me ao ângulo político-institucional da antinomia entre os princípios consociativo e majoritário. Mas há uma questão de fundo, mais propriamente filosófica, à qual uma referência se impõe. No terreno dos princípios, vale dizer, *a priori* e em caráter geral, por que atribuir a minorias uma legitimidade ou qualidade ética superior à das maiorias? Esta, como bem observou Cintra (1993:119), é uma questão crítica nesse debate. Em vez de pressupor que as minorias encarnam valores necessariamente mais importantes que os encarnados pelas maiorias, o que nos cumpre indagar é que peso relativo devem ter, em cada caso, as diferenças e comunalidades, ou seja, os fatores que separam as pessoas, como a etnia ou a religião, relativamente aos fatores que as unem, que as tornam semelhantes, como o pertencimento a um mesmo país e, no limite, à própria condição humana.

"Crise" da representação: uma poliarquia anêmica?

Como assinalei, a tese da "crise" da representação vem de longe e tem origem em diferentes fontes intelectuais e ideológicas. A fonte mais conhecida é, sem dúvida, a retórica antiliberal de direita e de esquerda do período entre as duas guerras mundiais. Sem ir tão longe, lembro que mesmo nos Estados Unidos, nos anos 1950, houve uma importante polêmica sobre o funcionamento do sistema democrático-representativo. O cientista político E. E. Schattschneider e a American Political Science Association (APSA) tentaram sensibilizar o país para um choque reformista que aumentasse dramaticamente os índices de participação e tornasse os partidos mais sensíveis aos interesses do cidadão comum e menos porosos à influência dos grupos de interesse econômico.

Comum nos debates clássicos sobre a formação colonial brasileira, discutida nos três primeiros capítulos deste livro, essa questão ressurgiu com força no período pós-transição (anos 1980-1990). Ressurgiu com as indefectíveis teses sobre a herança maligna da colonização portuguesa, desaguando na previsível interpretação de que o retorno ao regime civil após 21 anos de governos militares teria resultado numa democracia formalmente adequada, mas anêmica.

Numa primeira aproximação crítica, penso que a validade de tais avaliações depende da extensão temporal que se adote como referência. No Brasil, desde 1988 e principalmente desde os escândalos de corrupção da era petista, o Legislativo vem sendo ensanduichado pelo executivismo e pelo ativismo judicial. O executivismo nutre-se de uma desarrazoada iniciativa de legislação, que passou a incluir a figura das medidas provisórias. A magistratura, por sua vez, "judicializa" crescentemente a política, apropriando-se de espaços na divisão do trabalho institucional por meio de posicionamentos não raro duvidosos do STF e da ampla autonomia de que hoje goza o Ministério Público. Todas essas tendências remontam à Constituição de 1988. Há um século, no mundo latino, o clero católico tinha um peso enorme na vida social; quer o apoiassem ou combatessem, os partidos políticos eram pautados por ele. É fato que os partidos e legislativos continuam a conviver com pressões dessa ordem, mas as tendências são contraditórias: alguns competidores organizacionais se fortaleceram, outros se debilitaram. São decorrências do acentuado pluralismo da sociedade moderna. Pode-se aceitar, como sugere a hipótese da crise da representação, que os partidos parlamentares tenham se debilitado na função de falar pelas "partes" — ou seja, de encarnar identidades coletivas parciais dentro da nação —, mas parece precipitado afirmar que eles tenham irreversivelmente perdido toda a relevância como arenas de negociação e agregação de interesses e como fiscais da política pública.

A perspectiva histórica é igualmente importante no tocante à participação. Nesse particular, a evolução dos regimes democráticos durante o século 20 caracterizou-se por duas tendências marcantes e dificilmente imagináveis a partir da limitada experiência prática e dos debates teóricos do século 19. De um lado, o universo da participação dilatou-se de forma impressionante. A principal evidência disso é a expansão do sufrágio, ou seja, da parcela da população adulta habilitada a votar; expansão, portanto, da base do processo *eleitoral*, mecanismo pelo qual o grande conjunto anônimo constituído pelos cidadãos autoriza um pequeno subconjunto a tomar decisões imperativas em nome de todos. Portanto, não se trata de diminuição, mas do oposto: de alargamento e fortalecimento da base democrática da sociedade. Do outro lado, um fortalecimento não menos marcante da *accountability*, vale dizer, da *expectativa* de que os titulares de funções públicas se mantenham acessíveis a pressões e reivindicações, independentemente do Estado ou região de onde procedam. É evidente que essa maior acessibilidade é uma parte intrínseca do feixe de requisitos sobre os quais se assenta atualmente a legitimidade (distinta da simples legalidade) da representação política. Nesse sentido, impõe-se aqui registrar o descabimento do discurso a que recorrem determinados clérigos e intelectuais com a finalidade de legitimar a chamada "ação direta", vale dizer, a agressividade de certos movimentos reivindicatórios (e por vezes dos interesses por ela afetados), notadamente na questão agrária. Tal agressividade é alimentada pela ineficácia dos controles estatais, por um lado, e pela glamorização de tais conflitos e da legitimidade supostamente superior que se tem ultimamente atribuído a tais movimentos. A incapacidade dos partidos de atuar construtivamente em relação a esse aspecto da vida pública é notória.

A afirmação de que a democracia vem se tornando *mais participativa* é correta e constitui ótima notícia. Mais participação é sempre bom. Que dizer, porém, dos índices efetivos de participação? Estes variam, como sabemos, de um país a outro e ao longo do tempo. Numa perspectiva de várias décadas, é impossível afirmar com segurança se aumentou ou diminuiu a participação efetiva, ou seja, o número e a importância dos atos de participação nos quais os cidadãos de fato tomam parte nos diferentes níveis da pirâmide política. Mesmo nas democracias avançadas, a participação não aumenta de maneira contínua; como bem observou Hirschmann (1982), momentos de sístole e diástole podem se suceder. Quer se manifeste por meio de associações estabelecidas ou de movimentos de massa, a participação tende a aumentar em situações de crise; situações traumáticas — como a guerra no Vietnã ou como a desatinada violência policial contra negros nos Estados Unidos no período recente — podem produzir um aumento generalizado, seguido, porém, por um refluxo ou relaxamento, com um pronunciado retorno à esfera privada. O "neoconservadorismo", ou a "nova apatia" que se configurou nos Estados Unidos ao término da guerra no Vietnã é um bom exemplo de tal fenômeno. Ao contrário, portanto, do que sentenciava a logorreia fascista da primeira metade do século 20, o princípio representativo como tal não estava fadado a declínio, menos ainda a uma crise definitiva.

A internet e a antiga utopia da democracia direta

Em todo o mundo, a qualidade, muitas vezes questionável, da democracia tem gerado desencanto e motivado um amplo leque de reações contra os legislativos e partidos. Tais reações não raro se abeberam em utopias e fontes ideológicas antidemocráticas, mas é inegável que refletem problemas reais e são em geral reforçadas pelo ceticismo generalizado quanto à viabilidade de reformas políticas sérias.

No Brasil, esse debate vem se desenvolvendo em duas perspectivas principais não excludentes. A primeira toma como ponto de partida o argumento de que as instituições representativas já se esvaziaram ou talvez nunca tenham tido o valor que em geral se lhes atribui. Foi essa a ótica que levou os constituintes de 1987-1988 a estipular (art. 1º, parágrafo único) que "todo o poder emana do povo, que o exerce por meio de representantes *ou diretamente, nos termos desta Constituição*" (grifo meu). Tendo abrigado com tamanho destaque o princípio da democracia direta, a Constituição acolheu as figuras do plebiscito, do referendo e da iniciativa popular de legislação como instrumentos para seu exercício. Conquanto reconheça a generosidade de tal preceito, minha avaliação é a de que seus resultados práticos desde a promulgação da Constituição de 1988 foram singelos. A segunda vertente, mais radical, afirma que as instituições representativas tradicionais estão historicamente esgotadas, feridas de morte, sendo seu espaço progressivamente arrebatado por competidores organizacionais como as ONGs e os movimentos sociais. O ponto de chegada das duas perspectivas é o mesmo: resultados práticos modestos e certa convicção de que nada mais há a fazer pela via da reforma política.

Que dizer, porém, dos impactos da revolução tecnológica na organização política dos povos?

Será plausível supor que a democracia representativa venha a se dissolver no cipoal interativo que a internet semeou pelos quatro cantos do planeta? Essa é a excruciante interrogação que se tem amiúde suscitado em conexão com o avassalador avanço dos meios eletrônicos na vida cotidiana. Em 1977 — mais de 20 anos antes, portanto, da difusão mundial dos aparelhos eletrônicos de uso manual —, o filósofo canadense C. B. Macpherson, de inclinação marxista, descrente da democracia liberal, fez uma instigante incursão no terreno da "democracia direta". Indagou, inicialmente, se o mundo moderno já havia se livrado das dificuldades antevistas no século 18 por Rousseau: como conhecer, rápida e simultaneamente, as preferências de milhões de cidadãos?

Inexistindo tal possibilidade, a aspiração democrática jamais poderia superar a "lei de ferro" dos partidos, com sua inclinação ao que tudo indica imutável ao mando oligárquico e à sonegação de informações à sociedade. Mas essa nem seria a dificuldade principal. Mesmo se as questões técnicas viessem a ser resolvidas, quem estabeleceria a pauta das discussões? Quem delimitaria os objetos a serem decididos, a ordem de prioridades e os procedimentos a serem seguidos? Também aqui, o prognóstico não poderia ser favorável a uma futura democracia direta, pois nada sugere que tais questões possam um dia ser resolvidas de forma automática.

Hoje sabemos que o problema da transmissão de informações está praticamente solucionado. A troca de informações e opiniões entre os cidadãos e entre eles e as autoridades é uma realidade ao alcance da mão. Tal intercâmbio pode ser posto em prática de forma instantânea e em escala planetária. Graças à facilidade de acesso aos meios eletrônicos e ao caráter interativo destes, não descabe imaginar que o arcabouço político das democracias passe por transformações profundas num horizonte de duas ou três décadas. Subestimar o impacto da revolução tecnológica na vida cotidiana e nas instituições políticas seria por certo um enorme equívoco. Contudo, quem acompanha a participação de milhares de pessoas por meio das chamadas redes sociais já se depara com uma dúvida importante. O clima dos debates pouco ou nada lembra a amena interação sonhada pelos iluministas e pelos anarquistas nos séculos 18 e 19. Longe de um processo amistoso e esclarecido de formação de consensos, o que se percebe é uma incompreensível virulência, seja qual for a questão em pauta. Em vez de trocas de ideias em termos racionais, com os espíritos desarmados, o que se vê é precisamente o oposto: protegidos pela distância virtual, que não deixa de ser uma forma de anonimato, os participantes digladiam-se e recorrem a padrões de linguagem a que dificilmente recorreriam na interação pessoal direta. Dessa forma, muito pouco ou nada permite supor que o acesso intensivo e a custo zero a tais meios possa reduzir na mesma proporção as dificuldades inerentes aos processos de articulação das opiniões e à tomada e implementação de decisões. O conhecimento instantâneo delas pelos seus próprios portadores (cidadãos) ou pelas instâncias decisórias não necessariamente significa que as preferências tenham se tornado internamente mais coerentes ou racionais; significa menos ainda o estabelecimento entre elas de uma convergência tal que prescinda de decisões imperativas. Tampouco se poderá prescindir de negociações entre as partes para chegar a acordos ou decisões pelo voto. Se o conhecimento das preferências permitido pelos meios técnicos modernos aumenta em progressão geométrica, a convergência das preferências individuais e sociais em relação a objetivos pode aumentar somente em progressão aritmética, ou nem isso. A menos que as realidades da vida social se amoldem às velhas utopias de uma sociedade capaz de acomodar automaticamente suas divergências valorativas ou programáticas, decisões imperativas continuarão a ser necessárias, e o normal será ainda a inexistência de consenso quanto ao que deva ou não ser objeto de decisão, bem como quanto à ordem de prioridade e ao conteúdo de tais decisões. Dito de outro modo, enquanto a realidade for essa, haverá necessidade da política, e quem diz política diz "parlamentação", negociação, busca de acordo ou entendimento. Excluída a alternativa autoritária, o ciclo começará com a identificação pelos partidos de potenciais candidatos, prosseguirá com o cotejo de plataformas alternativas e culminará na atribuição de responsabilidade aos eleitos para a execução dos programas de governo. Ou seja, continuaremos no universo da democracia representativa.

Reconheçamos, no entanto, que o arrazoado acima diz respeito somente à formação de atitudes ou plataformas próximas ao momento da tomada de decisões. Se desse ponto recuarmos ao momento anterior da mobilização e da participação, o quadro é bem outro. Pensemos na "Primavera Árabe", que reduziu a pó a férrea tirania antes exercida por Khadafi sobre o povo da Líbia. Ou nas manifestações havidas na Bielorrússia em agosto de 2020. Pleiteando seu sétimo mandato, o presidente Alexander Lukashenko com certeza imaginou que a diáfana legalidade que até então lhe vinha bastando poderia ser obtida com a mesma facilidade. Não lhe ocorreu que, atualmente, um grande protesto pode ser convocado em meia hora e a custo zero. A repressão ocorreu, como ocorrerá sob qualquer tirania, mas mesmo a máquina totalitária da China constatou, em Hong Kong, que os súditos serão muito menos dóceis nesse mundo em que a transmissão instantânea de informações se tornou realidade.

Cultura política e universo televisivo

Nem todos os problemas com que a democracia se depara atualmente têm causas especificamente políticas. Alguns decorrem de mudanças mais amplas, *tecnológicas, sociais e culturais.* Entre esses, creio ser oportuno inserir aqui uma referência à ubiquidade do universo televisivo.

Realmente, os efeitos da televisão têm sido discutidos sob diferentes ângulos: o advento do Estado-espetáculo, a transformação dos embates eleitorais em encenações edulcoradas, a influência possivelmente nefasta da mídia pautando o debate público e o declínio dos políticos na avaliação do público, entre outros. Num plano mais abrangente, é inegável que o universo televisivo absorve a esfera pública, transportando-a para um mundo à parte, vicário, regido por regras próprias. A esfera pública dos compêndios de filosofia deveria ser uma *ágora*, um *marketplace* real e autônomo, caracterizado pelo embate direto de ideias entre os protagonistas do jogo político.[70] Quase um século atrás, na "Oração aos moços" — talvez com algum exagero —, Rui Barbosa defendia a aspereza no debate público, o açoitamento verbal, como um componente inevitável e no geral benéfico a uma ordem verdadeiramente republicana. Na época atual, o açoite é regulamentado não apenas pela Justiça, mas também pela indisposição do telespectador, que reage negativamente a embates agressivos que a TV eventualmente traga à sua sala de estar. É aí que os marqueteiros entram em cena; recebendo pesquisas em tempo real, eles logo aparam o que lhes parece (taticamente) excessivo. A ordem é dizer só o que o eleitor quer ouvir.[71] Historicamente, tais restrições foram provavelmente positivas, elevando o padrão de conduta verbal entre os personagens da vida pública, mas hoje são ambíguas, para dizer o mínimo. Acentuam a dificuldade dos partidos como encarnações das "partes" da nação, reforçando o contraste entre, de um lado, os políticos, forçados a adotar discursos anódinos e, do outro, uma parte da mídia, propensa a substituir os políticos na definição das prioridades sociais e a vocalizar de forma desmedida sentimentos de indignação difusamente disseminados na sociedade. A versão otimista é a de que a TV parece ser um poderoso dissolvente de certas antigas mistificações populistas e bravatas caudilhescas, ao contrário do rádio, que as alimentava.

---

[70] Direto, mas comedido. A história dos parlamentos evidencia uma progressiva institucionalização do comedimento, para a qual a elaborada complexidade dos procedimentos parlamentares contribuiu decisivamente. No Brasil atual, as disfunções de tal engrenagem foram levadas ao paroxismo pela judicialização da política e pelo horário gratuito para as campanhas eleitorais, que sujeitam toda a atividade política à mediação televisiva e impedem o debate franco das alternativas.

[71] Uma ressalva importante: nos Estados Unidos, em agosto de 2020, a filmagem da desatinada repressão policial contra negros — como no caso do policial que assassinou o manifestante George Floyd pisando-lhe o pescoço durante oito minutos — mudou a atitude de uma parcela importante da sociedade, que deixou de apoiar o racismo e a "supremacia branca". A disponibilidade de tais imagens em vídeo provavelmente terá um efeito político crescente. Ver Serwer (2020).

O rádio prestava-se facilmente à manipulação, engendrando sentimentos de identificação do "povo" com o "líder". Com a imagem de TV, dá-se o oposto; a mensagem recebida no ambiente familiar é multidimensional: a voz chega junto com gestos e expressões faciais, contribuindo para uma percepção mais complexa e realista.[72]

A globalização e o (suposto?) declínio do Estado nacional

Uma cautela preliminar importante é evitarmos uma associação estreita entre o termo globalização e a extensão territorial das unidades políticas. A Antiguidade conheceu muitos impérios gigantescos, e não custa lembrar que o Império Romano recobriu praticamente todo o mundo conhecido à época, estendendo-se de uma ponta a outra do Mediterrâneo, ocupando suas duas margens, e abrangendo até a França e parte da Inglaterra. No sentido contemporâneo, mais estrito, o termo faz referência à reorganização das estruturas produtivas e ao aumento dos fluxos comerciais e financeiros, configurando uma situação de crescente interdependência mundial, sob o signo da aceleração tecnológica, mas o ponto-chave é a interdependência. A descoberta da pólvora tornou inúteis os castelos feudais fortificados, forçando o avanço no sentido do Estado territorial, caracterizado por fronteiras distantes de seu cerne político e militar, mas nos anos 1950 a tecnologia militar já outra vez reduzia a importância do Estado territorial, uma vez que a carapaça protetora imaginada nos albores do mundo moderno pouco significava com o advento dos mísseis balísticos intercontinentais (ICBMs). A paupérrima Coreia do Norte provavelmente já é capaz de atingir o território norte-americano com um foguete portando uma ogiva nuclear. Mais contundente ainda do que as tecnologias militares, os vírus e bactérias nunca se impressionaram com fronteiras fortificadas, como a Europa aprendeu com a Peste Negra no século 14 e o mundo inteiro no século 21, com a difusão da Covid-19 a partir da China.

---

[72] Uma análise mais completa deveria também abordar as implicações políticas da concentração existente no controle de empresas de comunicação, da vulnerabilidade financeira de algumas delas e do chamado "coronelismo eletrônico", licenças de rádio e TV concedidas a políticos em troca de apoio ao governo.

O que importa assinalar é, portanto, a múltipla interdependência que se estabeleceu na segunda metade do século 20, determinada em parte pela globalização econômica e tecnológica, em parte por fatores concomitantes, mas não diretamente causada por ela. Alguns desses processos são benignos e um claro exemplo é a expansão do universo geográfico da democracia representativa, resultante do colapso de regimes autoritários ou do advento de instituições democráticas em países que antes não as conheciam. Outros são malignos: a expansão exponencial do crime organizado, do tráfico de drogas e até de órgãos humanos, e do terrorismo.[73] A esses fatores é obrigatório acrescentar a proliferação de armas nucleares e não nucleares e a precária cooperação internacional ante agressões graves ao meio ambiente e ao consumo acelerado de recursos não renováveis. E há também aspectos de difícil avaliação no longo prazo, mas que parecem sumamente problemáticos no curto prazo: a intensificação de certos fluxos migratórios internacionais; a reafirmação de identidades nacionais, étnicas ou religiosas, que não raro assumem feições irredentistas, e o que talvez seja o maior dos enigmas contemporâneos — o caráter global e instantâneo do sistema mundial de comunicações. Ligado à globalização, ou ao menos concomitante a ela, o avanço tecnológico suscita a magna questão do futuro do Estado nacional. Estaremos realmente assistindo a uma séria debilitação ou à iminente implosão dos Estados nacionais, pilares políticos da ordem mundial que vigeu durante os quatro últimos séculos, remontando à paz de Westphalia? Em caso positivo, que futuro terá a democracia, se sua história é inseparável da demarcação dos territórios estatais?

Do que acima se expôs, é possível extrair um elemento de especial interesse para a América Latina. No último quarto de século, a interdependência devida ao processo de globalização econômica reforçou as exigências domésticas no tocante ao controle da inflação e à reforma do setor público. Nesse particular, o efeito da globalização será sem dúvida positivo, apressando a abertura de economias antes avessas ao intercâmbio internacional. A resistência à abertura externa e ao ajustamento das contas públicas sempre manteve estreito parentesco com a exacerbação do executivismo, ou seja, com o complexo fenômeno do populismo e do "decretismo", pragas endêmicas no Brasil e na

[73] Como não podia deixar de ser, a literatura sobre o terrorismo em geral, e sobre o fundamentalismo islâmico em particular, cresceu rapidamente desde 11 de setembro. Para uma visão geral dos acontecimentos desde a Segunda Guerra Mundial, ver Wilkinson (1979), Charfi (1998) e Filali-Ansari (1999). Especificamente sobre o atentado da Al-Qaeda contra as Torres Gêmeas, ver Wright (2006).

América Latina. O populismo autoritário deve-se em parte ao próprio presidencialismo e, no caso brasileiro, à problemática combinação desse sistema de governo com instituições pouco propícias à governabilidade; em parte também ao imperativo de sustar processos hiperinflacionários (o governo Collor é um bom exemplo), e também a certo voluntarismo, quando certos governos, sem uma base adequada de consenso, quiseram acelerar grandes projetos (Juscelino Kubitschek e a construção de Brasília) ou impulsionar reformas que fatalmente aprofundariam divisões na sociedade e entre as forças políticas (João Goulart e as "reformas de base").[74]

Assim, embora possa produzir efeitos maléficos no curto prazo, a globalização, ao estreitar o leque de alternativas, tenderá a também produzir efeitos benéficos, com a condição de que os Estados nacionais conservem sua função demarcadora dos espaços políticos nacionais. Um efeito benéfico provável é uma convergência maior em torno da democracia, tendo em vista a inviabilidade do convívio e de intercâmbios econômicos estreitos entre democracias e ditaduras. Entre países interligados por intensos fluxos comerciais, financeiros e de investimentos, e eventualmente até de serviços, com crescente mobilidade do fator trabalho, o estreitamento de relações obviamente requer pontes políticas mais sólidas. Essa observação merece ser reforçada no tocante à interdependência financeira, dada a transmissão em tempo real de operações que, na primeira metade do século 20, levavam dias ou até semanas para se tornarem conhecidas. Contra esse pano de fundo, parece claro que o crescimento econômico da América Latina exigirá uma firme redução das incertezas internacionais. Aqui estamos pisando em terreno movediço, pois as convergências mais plausíveis deveriam se dar em torno de modelos democráticos com pluralismo partidário moderado e instituições judiciais de melhor qualidade, desfecho que, pelo menos no caso brasileiro, não parece estar à vista. Sobre o populismo, de modo geral, não descabe afirmar que é bem o oposto o que se vem observando desde os anos 1990 na América Latina: a ascensão ao poder de Hugo Chávez e Maduro na Venezuela, de Rafael Correa no Equador, de Evo Morales na Bolívia, de Héctor e Cristina Kirchner na Argentina... No caso brasileiro, Lula e Dilma Rousseff mantiveram-se a uma prudente distância do populismo "bolivariano", evitando seus delírios nos

[74] Não por acaso, foi em suas reflexões sobre a América Latina que Albert Hirschman (1982:238-240) evocou o afã de "*vouloir conclure*", expressão de Gustave Flaubert, como um traço característico dos processos de *policy-making* na região.

campos ideológico e político, mas enquadraram-se perfeitamente no figurino clássico do populismo econômico na medida em que cederam, por motivos claramente eleitorais, à tentação de políticas não sustentáveis de crescimento e distribuição de renda.

Do ufanismo à decadência (à guisa de conclusão)

Ao contrário da Argentina e de Portugal, o Brasil nunca viu seu passado como um longo período de *decadência*. Não tendo atrás de si nada que se assemelhe a uma "idade de ouro", nunca experimentou sentimentos de declínio comparáveis aos vividos por aqueles países.

Os ciclos econômicos da cana-de-açúcar, do ouro e do café não levaram ao esperado enriquecimento das respectivas regiões, mas o declínio foi compensado, em cada caso, pelo surgimento de atividades importantes noutros setores ou noutras partes do país. O primeiro grande baque econômico deveu-se à crise de 1929. Compreende-se, pois, que só agora, desde as três últimas décadas do século 20, com os trancos brutais causados pelo governo Dilma e pela pandemia da Covid-19, começamos a refletir seriamente sobre a pobreza e as desigualdades, o estado calamitoso da educação, nossas catastróficas condições sanitárias, o crime organizado e, naturalmente, o azedume generalizado da sociedade em relação à política. Inescapável, portanto, é indagar se esse terrível conjunto de tragédias irá liquidar nosso velho otimismo futurista de "país novo".

Até aqui, tratei apenas do nosso cenário doméstico, mas não nos esqueçamos de que sinais da mesma ordem estão se delineando em numerosos países. A Venezuela continua afundada no pântano do chavo-madurismo. Na maior e mais exemplar democracia, a eleição de 2016 levou à Casa Branca ninguém menos que o sr. Donald Trump, um claro adepto do enfrentamento como forma de ação política, e cuja desídia no combate à pandemia certamente responde por muitos milhares de óbitos. Na Hungria, o primeiro-ministro Viktor Orbán só não impõe uma ditadura escancarada porque não tem força para tanto. Na Turquia, na contramão da mais elementar prudência, o sr. Recep Erdogan insufla clivagens religiosas, regredindo nos importantes avanços históricos que seu país outrora ostentou no sentido de um Estado laico. Na Índia, o primeiro-ministro Narenda Modi promove violências sem conta contra a minoria muçulmana, para só ficarmos nesses exemplos. E a

China, como ninguém ignora, além de manter intacta sua máquina totalitária de governo, recorre continuamente à chantagem comercial quando se sente incomodada no mais mínimo grau pela liberdade de expressão do Ocidente.

Durante a primeira metade do século 20, até os anos 1970, conseguimos sustentar um ritmo acelerado de industrialização. Essa foi a época em que o desenvolvimentismo se firmou como mística mundial, impulsionado pelo New Deal e pela prosperidade americana no segundo pós-guerra, pela reconstrução da Europa, pelo "milagre japonês" — e até pelos arroubos retóricos de Kruschev a respeito dos avanços da URSS. No Brasil, em 1958, a vitória das chuteiras nacionais na Suécia, a suavização da velha música dor de cotovelo e o sorriso de JK contribuíram poderosamente para melhorar nossa autoestima. A realidade, porém, é que essa identidade otimista se formou sem que tivéssemos superado as condições ainda agudas de pobreza. Até os anos 1950, pelo menos, víamos o país por uma ótica dual. Agricultura era arcaísmo; indústria era modernidade. Interior era atraso, clientelismo, corrupção; cidade grande era esperança de civilidade e progresso. Silêncio era tristeza; barulho era alegria, e só agora nos damos conta de que a aconchegante tranquilidade dos pequenos municípios praticamente desapareceu, substituída pelo ruído infernal de potentíssimos aparelhos de som.

Sinais de preocupação não faltam. Na política e nas instituições, cabem fundadas dúvidas sobre se o Congresso aprovará uma reforma política à altura das transformações de que o país necessita. Dificilmente conseguiremos reorientar nosso desnorteado Supremo Tribunal Federal, coibindo as ações e omissões que ele amiúde comete com o objetivo de cercear o combate à corrupção. É duro constatar que temos na presidência um homem tosco, para dizer o mínimo: o sr. Jair Bolsonaro. E que as Forças Armadas, cristalinamente definidas na Constituição como "instituições nacionais", se deixem cooptar pelo Executivo aos magotes, sem atentar para a extensão em que tal conduta pode comprometer sua identidade histórica. Concluindo, cabe mais uma vez ressaltar que nossos anseios de modernização política e democracia esbarraram em numerosos obstáculos. Isso não deve ser esquecido, pois, gostemos ou não, retrocessos podem acontecer na história de qualquer país, não raro com consequências duradouras e elevado custo em vidas humanas.

Referências

ABREU, Alzira (Coord.). *Dicionário histórico-biográfico brasileiro pós-1930*. 2. ed. rev. e atual. Rio de Janeiro: FGV Ed., 2001.

ABREU, Marcelo de Paiva; CARNEIRO, Dionísio Dias. 1944-94: cinquenta anos de política econômica no Brasil. In: LAMOUNIER; B.; ABREU, M. P.; CARNEIRO, D. D. *50 anos de Brasil, 50 anos de Fundação Getulio Vargas*. Rio de Janeiro: FGV Ed., 1994.

ALBUQUERQUE, Manoel Maurício de. *Pequena história da formação social brasileira*. Rio de Janeiro: Graal, 1981.

ALLUM, P. A. *Italy*: republic without government? Nova York: W. W. Norton, 1973.

ARANTES, Rogério Bastos. *Judiciário e política no Brasil*. São Paulo: Sumaré. 1997.

ARINOS [de Melo Franco] Afonso. *O índio brasileiro e a Revolução Francesa*. Rio de Janeiro: José Olympio, 1937.

______. *História e teoria do partido político no direito constitucional brasileiro*. São Paulo: Alfa-Ômega, 1974.

ASSIS BRASIL, J. F. *Democracia representativa*: do voto e do modo de votar. 4. ed. Rio de Janeiro: Imprensa Nacional, 1931.

AVELLAR, Hélio de Alcântara. *História econômica e administrativa do Brasil*. 2. ed. Rio de Janeiro: Ministério da Educação e da Cultura, 1976.

AVELAR, Lúcia; CINTRA, Antônio Octávio. *Sistema político brasileiro*: uma introdução. 3. ed. Rio de Janeiro: Fundação Konrad Adenauer, 2015.

AVINERI, Schlomo. *Karl Marx on colonialism and modernization*. Nova York: Doubleday, 1969.

AZEVEDO AMARAL, Antonio José de. *O Estado autoritário e a realidade nacional*. Rio de Janeiro: José Olympio, 1938.

BACHA, Edmar; SCHWARTZMAN, Simon (Org.). *Brasil*: a nova agenda social. Rio de Janeiro: GEN, 2011.

BACKES, Ana Luíza. *Fundamentos da ordem republicana*: repensando o pacto de Campos Salles. Tese (doutorado em ciência política) — UFRGS, Porto Alegre, 2004.

BELISÁRIO [Soares de Souza], Francisco. *O sistema eleitoral do Império*. Brasília: Ed. UnB, 1979 [1872].

BELLO, José Maria. *História da República, 1889-1954*. 8. ed. São Paulo: Ed. Nacional, 1983.

BENDIX, Reinhard. *Max Weber*: an intellectual portrait. Nova York: Doubleday, 1962.

BENEVIDES, Maria Victoria de Mesquita. *O governo Kubitschek*: desenvolvimento econômico e estabilidade política. Rio de Janeiro: Paz e Terra, 1976.

BOBBIO, Norberto. *Sociedade e Estado na filosofia política moderna*. São Paulo: Brasiliense, 1986.

BRANDI, Paulo. *Getúlio Vargas*: da vida para a história. 2. ed. Rio de Janeiro: Zahar, 1985.

BUARQUE DE HOLANDA, Sérgio. *O Brasil monárquico*. São Paulo: Difel, 1964. (História geral da civilização brasileira, t. II, v. 2).

______. *Raízes do Brasil*. 6. ed. Rio de Janeiro: José Olympio, 1971.

______. *O Brasil monárquico*. São Paulo: Difel, 1982. (História geral da civilização brasileira, t. II, v. 1).

BUENO DE AZEVEDO, Clóvis. *A estrela partida ao meio*: ambiguidades do pensamento petista. São Paulo: Entrelinhas, 1995.

BURKE, Edmund. *Reflections on the revolution in France*. Nova York: Doubleday, 1961.

BURTON, Michael G.; HIGLEY, John. Elite settlements. *American Sociological Review*, v. 52, n. 3, 1987.

BUTLER, David; RANNEY, Austin. *Referendums*. Washington, DC: American Enterprise Institute, 1978.

CAMARGO, Aspásia. Carisma e personalidade política: Vargas, da conciliação ao maquiavelismo. In: D'ARAÚJO, M. C. (Org.). *As instituições brasileiras da era Vargas*. Rio de Janeiro: FGV Ed., 1999.

CAMPELLO DE SOUZA, Maria do Carmo. O processo político-partidário na Primeira República. In: MOTA, C. G. (Org.), *Brasil em perspectiva*. 3. ed. São Paulo: Difel, 1971.

______. *Estado e partidos políticos no Brasil, 1930-1964*. São Paulo: Alfa-Ômega, 1976.

CAMPOS COELHO, Edmundo. *Em busca da identidade*: o Exército e a política na sociedade brasileira. Rio de Janeiro: Forense, 1976.

CARDOSO, Adalberto M. Direito do trabalho e relações de classe no Brasil contemporâneo. In: WERNECK VIANNA, L. (Org.). *A democracia e os três poderes no Brasil*. Belo Horizonte: Ed. UFMG, 2002.

CARDOSO, Fernando Henrique. *O modelo político brasileiro e outros ensaios*. São Paulo: Difel, 1972.

______. O papel dos empresários no processo de transição: o caso brasileiro. *Dados*, Rio de Janeiro, v. 26, n. 1, 1983.

______. Sinais de esperança e recuperação. *O Estado de S. Paulo*, 3 jan. 2016.

CARNEIRO DA CUNHA, Pedro Otávio. A fundação de um império liberal. In: BUARQUE DE HOLANDA, S. *O Brasil monárquico*. São Paulo: Difel, 1982. (História geral da civilização brasileira, t. II, v. 1).

CARSTAIRS, Andrew McLaren. *A short history of electoral systems in Europe*. Londres: George Allen & Unwin, 1980.

CARVALHO, José Murilo de. *A construção da ordem*. Rio de Janeiro: Campus, 1980.

______. *Teatro de sombras*: a política imperial. São Paulo: Vértice, 1988.

CASALECCHI, José Ênio. *O Partido Republicano Paulista, 1889-1926*. São Paulo: Brasiliense, 1987.

CASTELAR, Armando (Org.). *Judiciário e economia no Brasil*. São Paulo: Sumaré, 2000.

CHACON, Vamireh. Introdução. In: FIGUEIRA DE MELO, Jerônimo Martiniano. *Crônica da Rebelião Praieira, 1848 e 1849*. Brasília: Senado Federal, 1978 [1850].

CHADE, Jamil. Ditadura: Aeronáutica monitorava 25 mil pessoas em 1972 e sugeriu repressão. *Blog no site do UOL*, 12 set. 2020.

CHAGAS, Helena. Relações Executivo-Legislativo. In: LAMOUNIER, B.; FIGUEIREDO, R. (Org.). *A era FHC*: um balanço. São Paulo: Cultura, 2002.

CHARFI, Mohamed. *Islam et liberté*: le malentendu historique. Paris: Albin Michel, 1998.

CINTRA, Antônio Octávio. A função política no Brasil colonial. *Revista Brasileira de Estudos Políticos*, Belo Horizonte, n. 8, 1965.

______. Ideias para a engenharia institucional da consolidação democrática. In: LAMOUNIER, B.; NOHLEN, D. (Org.). *Presidencialismo ou parlamen-*

tarismo: perspectivas sobre a reorganização institucional brasileira. São Paulo: Loyola, 1993.

______; LACOMBE, Marcelo. *A Câmara dos Deputados na Nova República*: a visão da ciência política. In: AVELAR, L.; CINTRA, A. O. *Sistema político brasileiro*: uma introdução. 3. ed. Rio de Janeiro: Fundação Konrad Adenauer, 2015.

COMISSÃO PROVISÓRIA DE ESTUDOS CONSTITUCIONAIS. Relatório final. *Diário Oficial da União*, Brasília, DF, 26 set. 1986.

CONQUEST, Robert. *Harvest of sorrow*: Soviet collectivization and the terror-famine. Nova York: Oxford University Press, 1986.

CONVERSE, Phillip. The nature of belief systems in mass publics. In: APTER, D. (Ed.). *Ideology and discontent*. Chicago: Free Press, 1964.

______; DUPEUX, Georges. The politicization of the electorate in France and the United States. *Public Opinion Quarterly*, v. 26, n. 1, p. 23-45, 1962.

COSTA COUTO, Ronaldo. *Brasil, 1964-1985*: história indiscreta da ditadura e da abertura. Rio de Janeiro: Record, 1998.

CRICK, Bernard. *In defense of politics*. Londres: Pelican Books, 1964.

CRUZ, Sebastião V.; MARTINS, Carlos Estevam. De Castello a Figueiredo: uma incursão na pré-história da abertura. In: TAVARES DE ALMEIDA, M. H.; SORJ, B. (Org.). *Sociedade e política no Brasil pós-64*. São Paulo: Brasiliense, 1983.

CUNHA, Euclides da. Da Independência à República: esboço de história política. In: ______. *À margem da história*. Porto: Lello, 1967. (Ed. original: Porto: Lello, 1904).

DAHL, Robert. *Polyarchy*: participation and opposition. New Haven: Yale University Press, 1971.

D'ARAÚJO, Maria Celina (Org.). *As instituições brasileiras da era Vargas*. Rio de Janeiro: FGV Ed., 1999.

______; CASTRO, Celso (Org.). *Ernesto Geisel*. Rio de Janeiro: FGV Ed., 1997.

______; ______ (Org.). *João Paulo dos Reis Velloso*: memórias do desenvolvimento. Rio de Janeiro: FGV Ed., 2004.

DARWALL, Stephan. Equal representation. In: PENNOCK, J. R.; CHAPMAN, J. W. *Liberal democracy*. Nova York: New York University Press, 1983.

DIAMOND, Larry; PLATTNER, Marc F. (Ed.). *The global resurgence of democracy*. Baltimore: The Johns Hopkins University Press, 1993.

DIAMOND, Larry et al. (Ed.). *Comparing experiences with democracy*. Boulder: Lynne Riener, 1995. (Reeditado em 1999 com o título *Democracy in developing countries*: Latin America).

DIKÖTTER, Frank. *Mao's great famine*: the history of China's most devastating catastrophe, 1958-1962. Nova York: Walker, 2010.

DUARTE, Celina. Imprensa e redemocratização no Brasil. *Dados*, Rio de Janeiro, v. 26, n. 2, 1983.

DUARTE, Nestor. *A ordem privada e a organização política nacional*. 2. ed. São Paulo: Ed. Nacional, 1966 [1939].

DUNSHEE DE ABRANCHES, C. A. *Como se faziam presidentes*. Rio de Janeiro: José Olympio, 1973.

DUVERGER, Maurice. *O regime semipresidencialista*. São Paulo: Sumaré, 1993.

EISENSTADT, S. N. *The political system of empires*. Nova York: Free Press, 1963.

ENGELS, Friedrich. New institutions: progress in Switzerland. In: MARX, Karl; ENGELS, Friedrich. *The Revolution of 1848-49*: articles from the Neue Rheinische Zeitung. Nova York: International Publishers, 1972.

FALCÃO, Joaquim (Org.). *Mensalão*: diário de um julgamento. Rio de Janeiro: Elsevier, 2013.

FAORO, Raymundo. *Os donos do poder*. 7. ed. Porto Alegre: Globo, 1987.

FAUSTO, Boris (Org.). *O Brasil republicano, 1889-1930*. São Paulo: Difel, 1977. (História geral da civilização brasileira, t. III, v. 2).

______ (Org.). *O Brasil republicano, 1930-1964. O Brasil republicano, 1889-1930*. São Paulo: Difel, 1981. (História geral da civilização brasileira, t. III, v. 3).

______. O passado é uma barreira? In: REIS VELLOSO, J. P. (Org.). *Brasil 500 anos*: futuro, presente, passado. Rio de Janeiro: José Olympio, 2000.

FERNANDES, Florestan. *Que tipo de República?* São Paulo: Brasiliense, 1986.

FICHTNER, José Antônio; GAMA FILHO, Fabiano. Código Eleitoral. In: ABREU, Alzira (Coord.). *Dicionário histórico-biográfico brasileiro pós-1930*. 2. ed. rev. e atual. Rio de Janeiro: FGV Ed., 2001. p. 1397-1399.

FIGUEIRA DE MELO, Jerônimo Martiniano. *Crônica da Rebelião Praieira, 1848 e 1849*. Brasília: Senado Federal, 1978 [1850].

FILALI-ANSARI, Abdon. Muslins and democracy. *Journal of Democracy*, v. 10, n. 3, 1999.

FORJAZ, Maria Cecília S. Tenentismo. In: ABREU, Alzira (Coord.). *Dicionário histórico-biográfico brasileiro pós-1930*. 2. ed. rev. e atual. Rio de Janeiro: FGV Ed., 2001. p. 5734-5740.

FUKUYAMA, Francis. The imperative of State-building. *Journal of Democracy*, Washington, DC, v. 15, n. 2, 2004.

FURTADO, Celso. *Formação econômica do Brasil*. 3. ed. São Paulo: Fundo de Cultura, 1963.

______. Obstáculos políticos ao desenvolvimento econômico no Brasil. *Revista Civilização Brasileira*, Rio de Janeiro, n. 1, 1965.

GASPARI, Elio. *A ditadura envergonhada*. São Paulo: Companhia das Letras, 2002a.

______. *A ditadura escancarada*. São Paulo: Companhia das Letras, 2002b.

______. *A ditadura derrotada*. São Paulo: Companhia das Letras, 2003.

______. *A ditadura encurralada*. São Paulo: Companhia das Letras, 2004.

GERTH, H. H.; MILLS, W. *From Max Weber*: essays in sociology. Nova York: Oxford University Press, 1946.

GIAMBIAGI, Fábio et al. (Org.). *Economia brasileira contemporânea, 1945-2004*. Rio de Janeiro: Elsevier, 2005.

GRAMSCI, Antonio. *Maquiavel, a política e o Estado*. Rio de Janeiro: Civilização Brasileira, 1968.

GREGOR, A. James. *The ideology of fascism*. Nova York: The Free Press, 1969.

GUERREIRO RAMOS, Alberto. A dinâmica da sociedade política brasileira. *Revista Brasileira de Estudos Políticos*, n. 1, 1956.

______. *A crise do poder no Brasil*. Rio de Janeiro: Zahar, 1961.

HEGEL, G. F. W. The English reform bill. In: PELCZYNSKI, Z. A (Ed.). *Hegel's political writings*. Oxford (RU): Oxford University Press, 1969.

HELLER, Hermann. *Teoria do Estado*. São Paulo: Mestre Jou, 1968.

HINTZE, Otto. Las condiciones historico-universales de la Constitución representativa. In: ______. *História de las formas políticas*. Madri: Ed. Revista de Occidente, 1967 [1931].

HIRSCHMANN, Albert O. *Shifting involvements*: private interest and public action. Princeton, NJ: Princeton University Press, 1982.

HOBBES, Thomas. *Leviathan*. 9. ed. Londres: Collier, 1972 [1651].

HOFSTADTER, Richard. *The idea of a party system*: the rise of legitimate opposition in the United States, 1780-1840. Berkeley: University of California Press, 1969.

HUNTER, Floyd. *Community power structure*: a study of decision makers. Chapel Hill: University of North Carolina Press, 1953.

HUNTINGTON, Samuel P. *Political order in changing societies*. New Haven: Yale University Press, 1968.

IGLÉSIAS, Francisco. "Minas Gerais". In: BUARQUE DE HOLANDA, Sérgio. *O Brasil monárquico*. São Paulo: Difel, 1964.

JANOWITZ, Morris; MARVICK, Dwaine. Competitive pressure and democratic consent. *Public Opinion Quarterly*, v. 19, n. 4, p. 381-400, 1955.

KECK, Margareth E. *The Workers' Party and democratization in Brazil*. New Haven: Yale University Press, 1992.

KINZO, Maria D'Alva G. *Representação política e sistema eleitoral no Brasil*. São Paulo: Símbolo, 1981.

______. *Oposição e autoritarismo*: gênese e trajetória do PMDB, 1966-1979. São Paulo: Idesp, 1988.

KUGELMAS, Eduardo. Sobre o modo petista de governar. In: SALLUM JR., B. (Org.). *Brasil e Argentina hoje*: política e economia. São Paulo: Edusc, 2004.

LAAKSO, Markku; TAAGEPERA, Rein. Effective number of parties: a measurement with application to West Europe. *Comparative Political Studies*, Washington, DC, v. 12, n. 1, 1979.

LAFER, Celso. *The planning process and the political system in Brazil*: a study of Kubitschek's Target Plan. Tese (doutorado) — Cornell University, Ithaca, NY, 1970.

LAMOUNIER, Bolívar. Formação de um pensamento autoritário durante a Primeira República: uma interpretação. In: FAUSTO, B. (Org.). *O Brasil republicano, 1889-1930*. São Paulo: Difel, 1977. (História geral da civilização brasileira, t. III, v. 2).

______ (Org.). *Voto de desconfiança*: eleições e mudança política no Brasil, 1970-1979. Petrópolis: Vozes, 1980.

______. Representação política: a importância de certos formalismos. In: ______; WEFFORT, F.; BENEVIDES, M. V. *Direito, cidadania e participação*. São Paulo: T. A. Queiroz, 1981.

______. Opening through elections: will the Brazilian case become a paradigm? *Government and Opposition*, v. 19, n. 2, 1984.

______. *Partidos e utopias*: o Brasil no limiar dos anos 90. São Paulo: Loyola, 1989a.

______. Authoritarian Brazil revisited. In: STEPAN, A. *Democratizing Brazil*. Londres: Oxford University Press, 1989b.

______ (Org.). *De Geisel a Collor*: o balanço da transição. São Paulo: Sumaré, 1990.

______ (Org.). *A opção parlamentarista*. São Paulo: Sumaré, 1991a.

______. *Depois da transição*: democracia e eleições no governo Collor. São Paulo: Loyola, 1991b.

______. Estrutura institucional e governabilidade na década de 90. In: REIS VELLOSO, J. P. (Org.). *O Brasil e as reformas políticas*. Rio de Janeiro: José Olympio, 1992.

______. Brazil: towards parliamentarism? In: LINZ, J.; VALENZUELA, A. *The failure of presidential democracy*. Baltimore: The Johns Hopkins University Press, 1994.

______. Brazil: inequality against democracy. In: DIAMOND, Larry et al. (Ed.). *Comparing experiences with democracy*. Boulder: Lynne Riener, 1995.

______. Brazil: the hyperactive paralysis syndrome. In: DOMÍNGUEZ, J.; LOWENTHAL, A. (Ed.). *Constructing democratic governance*: Latin America and the Caribbean in the 1990s. Baltimore: The Johns Hopkins University Press, 1996a.

______. *A democracia brasileira no limiar do século 21*. São Paulo: Fundação Konrad Adenauer, 1996b.

______. *Rui Barbosa e a construção institucional da democracia brasileira*. Rio de Janeiro: Nova Fronteira, 1999.

______. Brazil: an assessment of the Cardoso administration. In: DOMINGUEZ, J.; SCHIFTER, M. (Ed.). *Constructing democratic governance in Latin America*. Baltimore: The Johns Hopkins University Press, 2003.

______. *Conversa em família*: moinho, esmola, moeda, limão. São Paulo: Augurium, 2004.

______. O que é que se constrói quando se constrói a democracia. In: AVELAR, Lúcia; CINTRA, Antonio Octávio (Org.). *Sistema político brasileiro*: uma introdução. 3. ed. São Paulo: Ed. Unesp, 2014.

______; BACHA, Edmar. Democracy and economic reform in Brazil. In: NELSON, J. (Ed.). *Precarious balance*: democracy and economic reforms in Eastern Europe and Latin America. Washington, DC: International Center for Economic Growth and Overseas Development Council, 1994.

______; CARDOSO, Fernando Henrique. *Os partidos e as eleições no Brasil*. Rio de Janeiro: Paz e Terra, 1975.

______; FARIA, José Eduardo (Org.). *Rumo à transição*: um debate. São Paulo: Idesp, 1981.

______; FIGUEIREDO, Rubens (Org.). *A era FHC*: um balanço. São Paulo: Cultura, 2002.

______; MENEGUELLO, Rachel. *Partidos políticos e consolidação democrática no Brasil*. São Paulo: Brasiliense, 1986.

______; MOURA, Alkimar R. Economic policy and political opening in Brazil. In: HARTLYN, J.; MORLEY, S. (Ed.). *Latin American political economy*: financial crisis and political change. Boulder: Westview, 1986.

______; NOHLEN, Dieter (Org.). *Presidencialismo ou parlamentarismo*: perspectivas sobre a reorganização institucional brasileira. São Paulo: Loyola, 1993.

LANE, Robert. *Political life*. Nova York: Free Press, 1959.

LAUTH, Hans-Joachim. Mundo passa por onda de "desmocratização". *Brasil 247*, 13 set. 2020. Disponível em: <www.brasil247.com/mundo/mundo-passa-por-onda-de-desmocratizacao-aponta-estudo-alemao>. Acesso em: abr. 2021.

LEWIS, Bernard. Islam and liberal democracy. *Atlantic Monthly*, 271, Boston, fev. 1993.

LIJPHART, Arend. *Democracies*: patterns of majoritarian and consensus government in twenty-one countries. New Haven: Yale University Press, 1984.

______. Presidencialismo e democracia majoritária. In: LAMOUNIER, B. (Org.). *A opção parlamentarista*. São Paulo: Sumaré, 1991.

______. *Patterns of democracy*: government forms and performance in thirty-six countries. New Haven: Yale University Press, 1999.

LINZ, Juan. An authoritarian regime: Spain. In: ALLARDT, E.; LITTUNEN, Y. *Cleavages, ideologies and party systems*. Helsinque: Westermark Society, 1964.

______. The future of an authoritarian situation or the institutionalization of an authoritarian regime: the case of Brazil. In: STEPAN, A. (Ed.). *Authoritarian Brazil*: origins, policies, future. New Haven: Yale University Press, 1973.

______. Presidencialismo ou parlamentarismo: faz alguma diferença? In: LAMOUNIER, B. (Org.). *A opção parlamentarista*. São Paulo: Sumaré, 1991.

______; STEPAN, Alfred. *The breakdown of democratic regimes*. Baltimore: The Johns Hopkins University Press, 1978.

______; VALENZUELA, Arturo (Ed.). *The failure of presidential democracy*. Baltimore: The Johns Hopkins University Press, 1994.

LINS E SILVA, Carlos Eduardo. Política e comércio exterior. In: LAMOUNIER, B.; FIGUEIREDO, R. (Org.). *A era FHC*: um balanço. São Paulo: Cultura, 2002.

LIPSET, Seymour M. *Political man*: the social bases of politics. ed. rev. e ampl. Nova York: Doubleday, 1981.

LISBOA, João Francisco. *Crônica política do Império*. Rio de Janeiro: Francisco Alves, 1984.

LONG, Norton. Aristotle and the study of local government. *Social Research*, v. 24, p. 287-310, 1957.

LOWI, Theodore. American business, public policy: case studies and political theory. *World Politics*, XIV, jul. 1964.

MADISON, James; JAY, John; HAMILTON, Alexander. *O federalista*. Brasília: Ed. UnB, 1984.

MALAN, Pedro S. Desenvolvimento econômico e democracia: a problemática mediação do Estado. In: LAMOUNIER, B.; WEFFORT, F.; BENEVIDES, M. V. *Direito, cidadania e participação*. São Paulo: T. A. Queiroz, 1981.

MALIA, Martin. *The Soviet tragedy*: a history of socialism in Russia, 1917-1991. Nova York: Free Press, 1994.

MANSFIELD JR., Harvey. Party government and the settlement of 1688. *American Political Science Review*, v. 58, n. 4, 1964.

MARTONE, Celso. Intervenção oral transcrita. In: LAMOUNIER, B.; FARIA, J. E. (Org.). *Rumo à transição*: um debate. São Paulo: Idesp, 1981.

MARX, Karl; ENGELS, Friedrich. *Letters to Americans, 1848-1895*. Nova York: International Publishers, 1953.

MENDONÇA DE BARROS, Luís Carlos et al. Dívida e dependência: entrevista com Fernando Henrique. *Primeira Leitura*, n. 29, jul. 2004.

MENEGUELLO, Rachel. *PT*: a formação de um partido, 1979-1992. Rio de Janeiro: Paz e Terra, 1989.

MERCADANTE, Paulo. *Militares e civis*: a ética e o compromisso. Rio de Janeiro: Zahar, 1978.

MERQUIOR, José Guilherme. Patterns of State-building in Brazil and Argentina. In: HALL, J. A. (Ed.). *States in History*. Londres: Blackwell, 1986.

MOMMSEN, Theodor. *Max Weber and German politics, 1890-1920*. Chicago: University of Chicago Press, 1984.

MOREIRA FRANCO, Celina; OLIVEIRA, Lúcia L.; HIME, Maria A. O contexto político da Revolução de 1930. *Dados*, Rio de Janeiro, n. 7, 1970.

MOURA, Alkimar R. Rumo à entropia: a política econômica de Geisel a Collor. In: LAMOUNIER, B. (Org.). *De Geisel a Collor*: o balanço da transição. São Paulo: Sumaré, 1990.

NABUCO, Joaquim. *Um estadista do Império*: Nabuco de Araújo. São Paulo: Nacional, 1936.

NAÍM, Moisés. *Ilícito*: o ataque da pirataria, da lavagem de dinheiro e do tráfico à economia global. Rio de Janeiro: Zahar, 2006.

NEVES, Tancredo. *O regime parlamentar e a realidade brasileira*. Belo Horizonte: Ed. RBEP, 1962.

NICOLAU, Jairo M. A questão da proporcionalidade da representação política e seus determinantes. In: LIMA JR., O. B. *Sistema eleitoral brasileiro*: teoria e prática. Rio de Janeiro: Iuperj, 1991.

______. *Dados eleitorais do Brasil, 1982-1996.* Rio de Janeiro: Iuperj, 1998.

______. *História do voto no Brasil.* Rio de Janeiro: Zahar, 2002.

NOGUEIRA, André Magalhães. Assembleia Nacional Constituinte de 1987-1988. In: ABREU, Alzira (Coord.). *Dicionário histórico-biográfico brasileiro pós-1930.* 2. ed. rev. e atual. Rio de Janeiro: FGV Ed., 2001. p. 382-388.

NOHLEN, Dieter. *Sistemas electorales del mundo.* Madri: Centro de Estudios Constitucionales, 1981.

______; FERNÁNDEZ, Mario Baeza. *El presidencialismo renovado*: instituciones y cambio político en América Latina. Caracas: Nueva Sociedad, 1998.

NOVAIS, Fernando A. *Portugal e Brasil na crise do antigo sistema colonial*: 1777-1808. 2. ed. São Paulo: Hucitec, 1983.

NUNES LEAL, Victor. *Coronelismo, enxada e voto.* 5. ed. São Paulo: Alfa-Ômega, 1986 [1948].

OLIVEIRA TORRES, João Camilo de. *A democracia coroada.* Rio de Janeiro: José Olympio, 1957.

OLIVEIRA VIANNA, Francisco José de. *Instituições políticas brasileiras.* Rio de Janeiro: José Olympio, 1951.

OLSON JR., Mancur. *The theory of collective action.* Nova York: Schoken Books, 1968.

O'MALLEY, Joseph (Ed.). *Karl Marx*: critique of Hegel's 'Philosophy of right'. Cambridge: Cambridge University Press, 1970.

______. *The Revolution of 1848-1849* (Articles from the Neue Rheinische Zeitung). Nova York: International Publishers, 1972.

PANG, Eul-Soo. *In pursuit of honor and power*: noblemen of the Southern Cross in nineteenth-century Brazil. Tuscaloosa: University of Alabama Press, 1988.

PARSONS, Talcott (Ed.). *Max Weber*: the theory of social and economic organization. Nova York: Free Press, 1964 [1947].

PELCZYNSKI, Z. A. (Ed.) *Hegel's political writings.* Oxford: Oxford University Press, 1969.

PEREIRA, Merval. *Mensalão*: o dia a dia do mais importante julgamento da história política do Brasil. Rio de Janeiro: Record, 2013.

PEREIRA DE QUEIROZ, Maria Isaura. *O mandonismo local na vida política brasileira e outros ensaios.* São Paulo: Alfa-Ômega, 1976.

PIMENTA BUENO, José Antônio. *Direito público brasileiro e análise da Constituição do Império.* Brasília: Ed. UnB, 1978.

PITKIN, Hanna F. Hobbes' concept of representation. *American Political Science Review*, v. LVIII, n. 4, 1964.

______. *The concept of representation*. Berkeley: University of California Press, 1967.

PRADO JR., Caio. *Evolução política do Brasil*. 3. ed. São Paulo: Brasiliense, 1961.

PRADO KELLY, José Eduardo. *Estudos de ciência política*. São Paulo: Saraiva, 1966. 4 v.

PRZEWORSKI, Adam et al. Economic and institutional conditions of the durability of democracy, 1950-1990. In: INTERNATIONAL CONFERENCE ON CONSOLIDATING THIRD WAVE DEMOCRACIES: trends and challenges, 27-30 ago. 1995, Taipei, Taiwan. *Proceedings*... Taipei: Institute for National Policy Research and International Forum for Democratic Studies, 1995.

______. *Democracy and development*: political institutions and well-being in the world, 1950-1990. Cambridge, MA: Cambridge University Press, 2000.

REALE, Miguel. *Sistemas de governo*. São Paulo: Fiesp (Conselho de Orientação Política e Social), 1989.

REIS, Fábio Wanderley (Org.). *Os partidos e o regime*: a lógica do processo eleitoral brasileiro. São Paulo: Símbolo, 1978.

ROCHA CABRAL, João C. da. *Código eleitoral*: anotações. Rio de Janeiro: Freitas Bastos, 1932.

ROCHA LIMA, Valentina da. *Getúlio*: uma história oral. Rio de Janeiro: Record, 1986.

RODRIGUES, José Honório; RODRIGUES, Leda Boechat. *O Parlamento e a evolução nacional (PEN)*. Brasília: Senado Federal, 1972. 4 v. (Seleção e organização de textos parlamentares do período 1826-1840).

RODRIGUES, Leôncio Martins. *Trabalhadores, sindicatos e industrialização*. São Paulo: Brasiliense, 1974.

______. *Partidos e sindicatos*: escritos de sociologia política. São Paulo: Ática, 1990.

______. *Destino do sindicalismo*. São Paulo: Edusp, 1999.

______. *Partidos, ideologia e composição social*. São Paulo: Edusp, 2002.

______. *Pobres e ricos na luta pelo poder*: novas elites na política brasileira. Rio de Janeiro: Topbooks, 2004.

ROMERO, Sílvio. *Parlamentarismo e presidencialismo*. Brasília: Senado Federal, 1978 [1893].

ROSENN, Keith S.; DOWNES, Richard. *Corrupção e reforma política no Brasil*: o impacto do *impeachment* de Collor. Rio de Janeiro: FGV Ed., 1999.

ROURE, Agenor de. A mulher e o voto em 1891. In: COSTA PORTO, W. (Org.). *A cidadania no Brasil*: o voto. Brasília: Ministério do Interior, 1988.

RUSK, Jerrold G.; STUCKER, John J. The effect of the southern system of election laws on voting participation. In: SILBEY, J. H. et al. *The history of American electoral behavior*. Princeton, NJ: Princeton University Press, 1978.

RUSTOW, D. Transitions to democracy: toward a dynamic model. *Comparative Politics*, Nova York, v. 2, n. 3, p. 337-364, 1970.

SADEK, Maria Tereza (Org.). *O Judiciário em debate*. São Paulo: Idesp/Sumaré, 1995a.

______. *A Justiça eleitoral e a consolidação da democracia no Brasil*. São Paulo: Konrad-Adenauer-Stiftung, 1995b.

______. *O sistema de justiça*. São Paulo: Idesp/Sumaré, 1999.

______ (Org.). *Justiça e cidadania no Brasil*. São Paulo: Sumaré, 2000.

SALOMONE, A. William. *Italy in the giolittian era*: Italian democracy in the making, 1900-1914. Filadélfia: University of Pennsylvania Press, 1960.

SANTOS, Wanderley Guilherme dos. *Sessenta e quatro*: anatomia da crise. São Paulo: Vértice, 1986.

SARDENBERG, Carlos Alberto. *Aventura e agonia*: nos bastidores do Cruzado. São Paulo: Companhia das Letras, 1987.

SARTORI, Giovanni. *A teoria da representação no Estado representativo moderno*. Belo Horizonte: Ed. RBEP, 1962.

SCHAMA, Simon. *Citizens*: a chronicle of the French Revolution. Nova York: Vintage Books, 1989.

SCHATTSCHNEIDER, E. E. *The semi-sovereign people*. Nova York: Holt, Rinehart & Winston, 1960.

SCHMITTER, P. *Interest conflict and political change in Brazil*. Stanford, CA: Stanford University Press, 1971.

______. Still the century of corporatism? *Review of Politics*, n. 36, 1974.

SCHWARTZMAN, Simon. *Bases do autoritarismo brasileiro*. Campinas: Ed. Unicamp, 2015.

SENNA, José Júlio. *Os parceiros do rei:* herança cultural e desenvolvimento econômico no Brasil. 2. ed. Rio de Janeiro: Topbooks, 1995.

SERWER, Adam. The new reconstruction. *The Atlantic*, out. 2020.

SKIDMORE, Thomas. *Politics in Brazil, 1930-1964*: an experiment in democracy. Londres: Oxford University Press, 1967.

SOARES, Márcia Miranda; LOURENÇO, Luiz Cláudio. A representação política dos estados na Federação brasileira. *Revista Brasileira de Ciências Sociais*, v. 19, n. 56, out. 2004.

SOUZA, Amaury de. Dilemas da reforma das relações de trabalho. In: LAMOUNIER, B. (Org.). *Brasil e África do Sul*: uma comparação. São Paulo: Sumaré, 1996.

______. *A agenda internacional do Brasil*: a política externa brasileira de FHC a Lula. Rio de Janeiro: Campus, 1998.

______. O *impeachment* de Collor e a reforma institucional no Brasil. In: ROSENNN, Keith S.; DOWNES, Richard. *Corrupção e reforma política no Brasil*: o impacto do *impeachment* de Collor. Rio de Janeiro: FGV Ed., 1999.

______. *Political reform in Brazil*: promises and pitfalls. Documento elaborado para o Center of International and Strategic Studies, Washington, DC, 2003.

______; LAMOUNIER, B. Governo e sindicatos no Brasil: a perspectiva dos anos 80. *Dados*, Rio de Janeiro, v. 24, n. 2, 1981.

______; ______ (Org.). *As elites brasileiras e a modernização do setor público*: um debate. São Paulo: Sumaré, 1992.

STEPAN, Alfred. *Authoritarian Brazil*: policies, output, future. New Haven: Yale University Press, 1973.

______. Political leadership and regime breakdown: Brazil. In: LINZ, J.; STEPAN, A. *The breakdown of democratic regimes*. Baltimore: The Johns Hopkins University Press, 1978.

______ (Ed.). *Democratizing Brazil*. Londres: Oxford University Press, 1989.

______. Federalism and democracy: beyond the US model. *Journal of Democracy*, v. 10, n. 4, 1999.

______; SKACH, Cindy. Quadros metainstitucionais e consolidação democrática. In: LAMOUNIER, B.; NOHLEN, D. (Org.). *Presidencialismo ou parlamentarismo*: perspectivas sobre a reorganização institucional brasileira. São Paulo: Loyola, 1993.

TAVARES DE ALMEIDA, Maria Hermínia. O sindicalismo brasileiro entre a conservação e a mudança. In: ______; SORJ, B. (Org.). *Sociedade e política no Brasil pós-64*. São Paulo: Brasiliense, 1983.

TAVARES DE LYRA, Augusto. *Instituições políticas do Império*. Brasília: Ed. UnB, 1979.

TOCQUEVILLE, Alexis de. *Democracy in America*. Nova York: Vintage Books, 1954.

______. *The Old Regime and the French Revolution*. Nova York: Anchor, 1983.

TRINDADE, Hélgio. *Integralismo*: o fascismo brasileiro dos anos 30. São Paulo: Difel, 1974.

URICOECHEA, Fernando. *O minotauro imperial*. São Paulo: Difel, 1978.

VIOTTI DA COSTA, Emília. *Da monarquia à república*. São Paulo: Grijalbo, 1977.

WEBER, Max. *Economía y sociedad*. México: Fondo de Cultura Económica, 1969.

______. *Economy and society*. Ed. Guenther Roth e Claus Wittich. Berkeley: University of California Press, 1978.

______. *Parlamento e governo numa Alemanha reconstruída*. São Paulo: Abril, 1980. (Col. Os pensadores).

WEFFORT, Francisco C. *Por que democracia?* São Paulo: Brasiliense, 1984.

WERNECK SODRÉ, Nelson. *Formação histórica do Brasil*. 11. ed. São Paulo: Difel, 1982.

WERNECK VIANNA, Luís. Revolução processual do direito e democracia participativa. In: ______ (Org.). *A democracia e os três poderes no Brasil*. Belo Horizonte: Ed. UFMG, 2002.

WHELAN, F. F. Prologue: Democratic theory and the boundary problem. In: PENNOCK, J. R.; CHAPMAN, J. W. (Ed.). *Nomos XXV*: liberal democracy. Nova York: New York University Press, 1983.

WILKINSON, Paul. *Terrorism and the liberal State*. Nova York: New York University Press, 1979.

WINCH, Peter. Man and society in Hobbes and Rousseau. In: CRANSTON, M. (Ed.). *Hobbes and Rousseau*: a collection of critical essays. Nova York: Anchor Books, 1972.

WITTFOGEL, Karl A. *Oriental despotism*. New Haven: Yale University Press, 1957.

WRIGHT, Lawrence. *O vulto das torres*: a Al-Qaeda e o caminho até o 11/9. São Paulo: Companhia das Letras, 2006.

ZELDIN, Théodore. *Histoire des passions françaises (1848-1945)*. Paris: Recherches, 1979. v. 4.

Lista de quadros e tabelas

Quadros

Tabelas

Este livro foi impresso nas oficinas gráficas da Editora Vozes Ltda.,
Rua Frei Luís, 100 – Petrópolis, RJ.